资助课题：

2018年国家社科基金教育学一般课题：高校教师教学学术水平评价体系研究

2019年山西省软科学项目：文化本质视域下的新教师身份认同研究

2019年山西省研究生教育改革课题：全日制专业学位硕士研究生教育质量保障机制研究

2019年山西省"1331"工程教师教育学科群指令性课题：山西教师教育信息化理论与实践研究

2018年山西省高等学校教学改革创新项目：独立院校信息技术与课程深度融合模式的理论与应用研究

2015年山西省高等学校教学改革项目：基于数字化学习资源的课程教学模式的理论与应用研究

感谢以上基金资助

信息化时代的教学创新

环境、资源与模式

李志河 等 著

中国社会科学出版社

图书在版编目（CIP）数据

信息化时代的教学创新：环境、资源与模式/李志河等著.
—北京：中国社会科学出版社，2020.7
ISBN 978-7-5203-6321-1

Ⅰ.①信… Ⅱ.①李… Ⅲ.①高等学校—教学研究
Ⅳ.①G642.0

中国版本图书馆 CIP 数据核字(2020)第 064809 号

出 版 人	赵剑英
责任编辑	张　林
特约编辑	宋英杰
责任校对	郝阳洋
责任印制	戴　宽

出　　版	中国社会科学出版社
社　　址	北京鼓楼西大街甲 158 号
邮　　编	100720
网　　址	http://www.csspw.cn
发 行 部	010-84083685
门 市 部	010-84029450
经　　销	新华书店及其他书店

印　　刷	北京明恒达印务有限公司
装　　订	廊坊市广阳区广增装订厂
版　　次	2020 年 7 月第 1 版
印　　次	2020 年 7 月第 1 次印刷

开　　本	710×1000　1/16
印　　张	22
插　　页	2
字　　数	328 千字
定　　价	128.00 元

凡购买中国社会科学出版社图书，如有质量问题请与本社营销中心联系调换
电话：010-84083683
版权所有　侵权必究

序 言 一

教育是立国之本，强国之基。教育的核心功能和终极目标是培养全面而有个性发展的人才。新时代教育改革发展的时代任务之一是探索教学创新，提高人才培养质量。要实现教学创新，信息技术与教学的双向深度融合成为重要取向。

纵览信息技术与教学融合的发展历程，每一次信息技术的变迁，都会引发教学模式的变革。信息技术发展之初，主要作为教学的外部辅助工具，聚焦于教学资源和工具的延伸拓展。随着互联网、计算机教育等信息技术的普及以及创新人才培养的需求，信息技术与教育教学的整合成为教育领域的热点话题，信息化教学环境、资源建设以及模式构建成为信息技术与课程教学整合的表现形式。当前，人工智能、物联网、虚拟现实和区块链等新的信息技术在教育领域不断渗透，教学与信息技术的融合已经成为教学创新的必然趋势，对于教育教学理念、教学和学习方式、教学组织形态和教室布局、教学管理和评价模式带来了直接的冲击，也为改善教学效果、提高学习效率带来了新的机遇。

近年来，我国先后出台《教育信息化2.0行动计划》《关于深化教育教学改革全面提高义务教育质量的意见》《关于深化本科教育教学改革全面提高人才培养质量的意见》等一系列政策文件，推出一系列改革举措，对信息技术与教学的双向深度融合做出了新诠释，提出了新要求。教学环境的智能化重构、教学资源的多维化呈现、教学模式的多元化创新等成为教学创新发展的新范式，也成为培养创新人才的重要途径。

在这个大背景下，李志河教授及其团队的专著《信息化时代的教学创新：环境、资源和模式》正式出版，为信息化时代的教学创新提供了多主题、多维度的理念引导与实践模式。该书立足于新时代未来教育发展趋势，基于学习科学的视角，探析教育教学与信息技术的契合点，力求推动教学创新和培养未来创新人才。该书以信息技术与教学环境、教学资源的互融互构，进而催生了新颖多样的教学模式为主脉络，从高校多媒体教室、具身认知学习环境、场馆的非正式学习环境、网络学习空间、混合式学习共同体、智慧学习环境、问题式微学习单元包和交互式微学习单元包等方面，对融入信息技术的教学环境和资源进行了深入的研究和全面的阐释。在新型教学环境和资源的支撑下，对混合式学习、翻转课堂、深度学习和项目式学习等教学模式等进行了系统化研究。这既有益于加深对信息时代的新型教学环境、资源和模式的认知理解，也为信息时代的教学创新研究提供了系列性的理论、方法和实践层面的参考模板。

全书不仅具有教学理论的指导，又有教学环境、资源的设计过程和教学模式的具体实践操作，充分体现了本书的实践应用价值。全书对正式学习环境与非正式学习环境、正式学习与非正式学习、线上教学与线下教学的混合学习空间等方面做了较为深入的探讨，实现了学校教育与校外教育，线上教育与线下教育的有效衔接，既重视学习者对教学环境的外部深层化体验，又注重学习者的内部意义建构，契合了当前教育教学模式的新常态。

我希望并相信，本书的出版对学校创新教学和培养创新人才会起到积极的促进作用。

是为序。

钟秉林
2020 年 7 月 1 日

序 言 二

山西师范大学作为一所人才培养体系完备、办学特色鲜明的综合师范大学和基础教育师资的重要基地，有责任和义务承担教育信息化、智慧教育高层次人才培养的重任。学校高度重视本科教学工作，不断深化教育教学改革。2014年开始，实施"以学生为中心"的课堂教学改革。2016年以来，又实施以课堂教学改革为突破口的人才培养模式改革，着力改造现有大学课堂，建设智慧教室和智慧校园，全面更新教育教学理念，努力创新教育教学方法，大力实施教学改革创新计划，全面深化实践教学改革，全面加强大学生创新创业教育，积极推进信息技术与教育教学深度融合，积极探索精英人才培养模式，努力培养具有前瞻性、批判性和战略性的未来教育科技创新领军人才。

《教育信息化2.0行动计划》的"两高"建设关键是以师生为中心的全员信息素养提升。以人工智能技术为主的新兴信息技术与教育教学的深度融合赋予了师生角色新的内涵，师生的角色与定位、技能与素养要求等方面也发生了新的变化。我国教育目前正处于从"应用"向"融合"和"创新"转型的时期，只有当教师拥有先进的教育理念与方法，且技术应用技能达到娴熟时，信息技术与课程的深度融合乃至技术赋能的教学创新才可能发生。

我校李志河教授及其研究团队长期从事信息技术教学与研究，取得了突出成绩，在学校教育教学改革中具有先锋带头的重要作用，历经20多年的持续研究，近期完成《信息化时代的教学创新：环境、资源和模式》这一学术著作。该书立足信息时代和全球教育信息化，顺应教育教学改革发展的需求，从教育教学环境、资源和模式等方面对多媒体教室、具身认知学习环境、非正式场馆学习环境、网络学习空间、微教学单元包、混合式学习模式、翻转课堂教学模式、混合式学习共同体活动机制、智慧学习环境下的满意度等方面进行了多方位和系统性研究，契合当前世界教育改革的发展趋势，及时准确地进行信息化教育教学改革创新，很好地践行了信息技术与课程深度融合的发展理念。

在各种信息化教学环境下，建设数字化资源，创新教学方法和模式，无疑是一部我国教育教学领域的重要研究著作。书中各章节内容全面，方法创新，实践性和可借鉴性高，非常契合当前我国教学改革发展工作的需要，为我国深化教育信息化发展和改革创新提供了一个很好的范本。

2020 年 7 月 2 日

前　　言

我们身处信息化和智能化时代，面对复杂多变的社会环境和教育领域一系列的全新变化。特别是近年来，由于信息技术对教育的深刻影响和社会对创新型人才的需求，世界许多国家都在基于信息技术进行教育教学改革。我国自从 2001 年开始，在教学资源建设、教学环境建设、专业标准建设、人才队伍建设以及政策措施引导方面持续发力，先后出台和实施多项信息化教学改革的政策措施，如本科教育质量工程、教学发展中心、精品共享资源课程、教学名师、本科"双万"和"金课"计划、"互联网＋教育"、师资卓越计划、"人工智能＋教育"以及创新型人才培养基地等教学改革项目。这些政策和措施极大地推动了我国教育领域的教学改革进程，提升了我国人才培养的质量和水平。

在我们的学校里，传统的教学观念、教育方式逐渐被取代和颠覆；传统的教室逐渐被多媒体教室、创客教室或者智慧教室代替，并且赋予了教室学习空间的新概念和理念。教学除了正式的学校教育，还有越来越多的非正式学习活动，如场馆学习、创客教育和慕课学习等。传统的黑板加粉笔的教学方法逐渐被合作式、探究式和项目式的教学活动取代。教师使用电子教鞭和网络教学平台，学生使用交互式学习工具，利用网络教学平台进行混合式翻转课堂教学活动等。这些变化每天都在发生，也促使我们去研究这些教学变革，探寻最佳的教学方式和模式以及最好的学习资源和优质的学习环境。

本书是由李志河教授领衔的教研团队经过 20 多年的潜心研究和应用，在学习环境、学习资源、教学模式、教学评价以及学习者满意度等方面形成的系列研究成果。

本书各章作者分工如下：李志河撰写第一章，葛世鑫撰写第二章和第十三章，许芳撰写第三章，刘芷秀撰写第四章和第八章，师芳撰写第五章，周娜娜撰写第六章和第十一章，杜星月撰写第七章，李玲玲撰写第九章，李珊珊撰写第十章，李宁撰写第十二章。

本书得到山西省"十三五"重点建设学科教育学，山西省"1331"工程项目：高师院校教学创新团队，山西省"1331"工程项目：教师教育学科群指令课题（山西教师教育信息化理论与实践研究，Jsjyxkq201904），山西师范大学2016年度优质课程《现代教育技术》以及2019年山西省高等学校精品共享课程《现代教育技术》等课题基金的资助。

感谢山西师范大学党委书记卫建国教授和校长杨军教授，他们对高校本科教育改革的情怀和坚持，引领山西师范大学课堂教学改革不断走向深入，并且给予本书编写极大的信心和支持。

感谢山西师范大学教师教育学院院长闫建璋教授和山西师范大学教育科学学院的各位同人，本书顺利出版得到了他们的很多帮助和支持。

感谢山西师范大学教务处处长范哲锋教授，2017年山西师范大学课改教师赴苏州西交利物浦大学教研培训活动中，我们的多次交流和互动播下了教学创新研究的种子，结成今天的硕果。

感谢中国社会科学出版社，编辑张林和校对郝阳洋等人对本书给予的大力支持与帮助。另外，在编写过程中，我们参阅和引用了大量专著等文献资料，在此对各位作者深表谢意。

由于编者水平所限，书中难免有所疏漏，敬请广大读者批评指正。如有疑问或者需求可与作者联系（381373449@qq.com，李老师）。

李志河
山西师范大学毓秀园亭斋
2020年4月

目　录

第一章　引言 …………………………………………………（1）
  一　信息化时代教育教学改革的要求 ………………………（1）
  二　教育教学形态和功能逐渐转向 …………………………（2）
  三　我国相继推出一系列教育政策和措施 …………………（4）
  四　我国相继实施一系列提升人才培养质量的措施 ………（5）

第二章　研究价值与方法 ……………………………………（8）
  一　研究价值 …………………………………………………（8）
  二　研究方法 …………………………………………………（10）

第三章　高校多媒体教室应用现状 …………………………（16）
  一　研究背景 …………………………………………………（17）
  二　研究目的与意义 …………………………………………（18）
  三　文献综述 …………………………………………………（20）
  四　多媒体教室概述 …………………………………………（25）
  五　多媒体教学现状调查设计 ………………………………（28）
  六　访谈设计 …………………………………………………（36）
  七　实地观察 …………………………………………………（37）
  八　本章小结 …………………………………………………（38）

第四章　具身认知学习环境构建 ……………………………（41）
  一　具身认知学习环境概述 …………………………………（42）

二　具身认知学习环境的特征 …………………………………… (45)
　　三　具身认知学习环境要素及相关技术 ………………………… (48)
　　四　具身认知学习环境的构建原则 ……………………………… (50)
　　五　具身认知学习环境构建及应用 ……………………………… (52)
　　六　本章小结 ……………………………………………………… (55)

第五章　数字化场馆中的非正式学习影响因素 ……………………… (56)
　　一　研究背景 ……………………………………………………… (57)
　　二　研究目的与意义 ……………………………………………… (58)
　　三　相关概念 ……………………………………………………… (59)
　　四　理论基础 ……………………………………………………… (62)
　　五　文献综述 ……………………………………………………… (63)
　　六　研究设计与过程 ……………………………………………… (69)
　　七　本章小结 ……………………………………………………… (98)

第六章　非正式学习环境下的场馆学习环境设计 ………………… (104)
　　一　非正式学习环境概述 ………………………………………… (104)
　　二　场馆学习环境的特点 ………………………………………… (107)
　　三　场馆学习环境设计 …………………………………………… (110)
　　四　场馆学习环境的构建 ………………………………………… (114)
　　五　本章小结 ……………………………………………………… (119)

第七章　混合式学习空间构建 ……………………………………… (121)
　　一　学习空间概述 ………………………………………………… (122)
　　二　混合式学习空间概述 ………………………………………… (129)
　　三　文献综述 ……………………………………………………… (134)
　　四　混合式学习空间特征 ………………………………………… (138)
　　五　混合式学习要素 ……………………………………………… (138)
　　六　混合式学习模式类型 ………………………………………… (144)
　　七　混合式学习空间模型 ………………………………………… (150)
　　八　案例研究 ……………………………………………………… (152)

九　本章小结 …………………………………………… (172)

第八章　翻转课堂本地化教学模式建构 …………………… (173)
一　研究背景 …………………………………………… (174)
二　研究目的与意义 …………………………………… (175)
三　相关概念 …………………………………………… (176)
四　理论基础 …………………………………………… (177)
五　文献综述 …………………………………………… (178)
六　翻转课堂本土化教学模式的建构 ………………… (181)
七　案例研究 …………………………………………… (191)
八　本章小结 …………………………………………… (211)

第九章　问题式微教学单元包设计 …………………………… (213)
一　研究背景 …………………………………………… (214)
二　研究目的与意义 …………………………………… (215)
三　相关概念 …………………………………………… (216)
四　文献综述 …………………………………………… (222)
五　微教学单元包的设计 ……………………………… (224)
六　案例研究 …………………………………………… (236)
七　微教学单元包的评价 ……………………………… (245)
八　本章小结 …………………………………………… (253)

第十章　交互式微学习单元包设计 …………………………… (255)
一　研究背景 …………………………………………… (256)
二　研究目的与意义 …………………………………… (256)
三　相关概念 …………………………………………… (257)
四　交互式微学习单元包的设计 ……………………… (258)
五　交互式微学习单元包的开发 ……………………… (267)
六　案例研究 …………………………………………… (275)
七　本章小结 …………………………………………… (282)

第十一章　混合式学习共同体活动机制构建 (283)
  一　相关概念 (284)
  二　文献综述 (285)
  三　混合式学习共同体活动机制构建 (286)
  四　案例研究 (291)
  五　本章小结 (298)

第十二章　智慧学习环境中学习者满意度 (300)
  一　相关概念 (301)
  二　文献综述 (304)
  三　学习者满意度影响因素假设模型构建 (305)
  四　研究方法与过程 (308)
  五　学习者满意度模型评估与修正 (313)
  六　本章小结 (322)

第十三章　研究总结 (326)
  一　学习环境 (326)
  二　学习资源 (327)
  三　教学模式 (327)
  四　学习者满意度 (328)

附　录 (329)
  附录1　高校多媒体教室使用情况调查问卷（教师部分） (329)
  附录2　有关 Photoshop 微教学单元包学习满意度的调查问卷 (331)

参考文献 (334)

第 一 章

引 言

21世纪以来，人类进入信息化时代，各行各业的信息化和智能化程度越来越高，需要更多有创新精神与创新能力的人。全球教育领域逐渐掀起了重视教学、重视教学研究的浪潮。近年来，我国相继推出了一系列政策和措施，进一步促进高校教育教学改革的深入发展，拓展教育教学研究范围，提升教师进行教学与教研能力，提高人才培养的水平和质量。

一 信息化时代教育教学改革的要求

近年来，随着多媒体技术、移动互联技术、大数据分析、人工智能和VR/AR等技术在教育领域的不断推进与渗透，学校的学习环境、学习资源及教学模式逐渐发生巨大的转变，虚拟仿真实验室、网络学习平台和数字博物馆等新型学习空间不断涌现，网络学习空间功能不断拓展，为师生开展教与学活动提供了很多的便利条件，学习从离身走向具身成为必然。通过教育信息化资源，改变课堂结构，改变学校、课堂与外部联系的方式等，有效地利用技术，整合资源，改善教育过程和引领并帮助学生的全面发展[1]。

《国家中长期教育改革和发展规划纲要（2010—2020年）》指出，要推进信息技术与教学融合，实施教育技术能力培训，增强教育信息化后

---

[1] 《教育部副部长杜占元在教师培训改革高级研修班上的报告》，中国教育信息化网，http://www.edu-info.moe.edu.cn/laws/jianghua/duzhanyuan/n20131128_6083.shtml。

备人才培养能力。将学科课程教学与信息技术相结合,增强优质教育资源的利用效率,改变长期以来的灌输法教学模式,增加教师和学生之间的相互交流和学习,在教学思想上务必体现学生的自主性和教师的主导作用,不断在教学质量上改进与提升。

二 教育教学形态和功能逐渐转向

随着大数据时代的到来,数字原住民已经逐步成为正规学校教育中的主力军,他们有着全新的学习思维和理念,也迫切需要一种适合他们的新学习方式。特别是在终身教育理念下,非正式学习逐步得到公众的重视和认可,人们获取知识的场所不再局限于学校和教室,逐渐拓展至学校以外的非正式学习环境,如操场、咖啡馆、宿舍或者其他馆舍。场馆作为典型的非正式学习环境具有情境感知、具身学习、分布式认知、移动互联与分享以及个性化体验等特点,逐渐进入大众视野,受到越来越多人的重视。以博物馆、科技馆和图书馆为典型代表的场馆,不只是参观一次的学习环境,而是我们可以反复前往获取知识的非正式环境。数字化场馆基于实体的场馆环境结合虚拟在线的信息资源,融入的技术手段将在整个场馆学习过程中影响参观者的学习体验,打破学习者的传统参观过程,为参观者打造更具有吸引力的学习空间。

"互联网+教育"的发展推动教育信息化的发展进程,MOOC(慕课)作为"互联网+教育"的产物使混合式学习成为可能,"慕课"带给高等教育的改革,最突出地体现在"翻转课堂"上,即在线的课堂环节,加上课堂内部的深入探讨和解决问题,即混合式教学模式[①]。在我国,"翻转课堂、混合式教学等教学方式改革"已经列入教育部《2016年教育信息化工作要点》和《教育信息化"十三五"规划》中。"翻转课堂"教学模式通过学生课前微视频、导学案等资源的自主学习,课中学习任务单、案例教学等协作方式完成知识内化,课后的反思和评价,从而达到有意义学习的目的。这种教学方式颠覆了传统的教学模式,关

---

① 郭英剑:《"慕课"与中国高等教育的未来》,《高校教育管理》2014年第5期,第29—33页。

注学生的有意义学习，注重提高学生的创新能力，充分利用学习资源，重新定位师生角色，重构和谐的师生关系，实现分层教学，体现教育公平原则。

"人工智能+教育"引起的教育革命，使教育发生了重大的和革命性的变革。它改变着教育生态、教育环境、教育方式以及师生关系。教师要引导学生，充分发挥他们的主体性和自主性，改变单向传授知识的方式。学生通过自我学习发现问题、提出问题，自主探索，或者与同伴合作，交流探讨。教师可以利用人工智能和大数据等技术优势，设计科学的、合理的学习方案，随时了解学生的学习情况，解决困难，批改作业，帮助学生实现个性化学习。让技术替代教师一些机械式的劳动，减轻教师的负担，使教师有更多的时间和学生接触沟通。

随着网络技术的发展，人们更愿意接受快捷、高效的学习方式。近十年里，各种资源不断以"微"资源的形式涌现，如微电影、微信、微博等，预示着我们已步入了"微"时代。各种微形式的资源孕育而生，而当下教育改革也要求改变传统的教学方式，采用新型的教育方式来提高学生解决问题、合作学习和创新学习的能力。教育也顺应时代的需求，逐渐出现了"微课"与"微学习"。微课由于具有短小精悍、目标明确和主题突出等特征，更易于学习者接受，得以迅速发展起来。由此，出现了"微课+半翻转课堂"教学模式、混合式教学模式、问题式微教学模式和交互式微教学模式，这些教学模式对于改善传统教学模式，提高教学效能和提升学生学习自主性、主动性与合作性具有一定的价值与意义。

适应信息化时代发展，现代教学环境逐渐由物理环境层面拓展到心理环境、虚拟环境（技术环境）和人际环境，更加注重学习者的学习体验、技术支持和学习共同体氛围。多媒体教室相对于传统教室有其独特的优势，作为课堂教学的物理环境，为新型教育理念的实施提供了可能，也对教学模式的转变、学生学习内容和方法的改变具有一定的促进作用。目前，多媒体教学在高校已经非常普遍。多媒体教室由功能设备齐全的多种媒体组合教室，逐渐向集成化、多元化、交互性和智能化方向发展，出现了录播一体化教室、智慧教室和创客教室等新型教学空间。在新型教学空间中，不仅教学环境得到了一定的改善，而且也拓展了教学知识的呈现方式。同一个教学内容，教师可以灵活地根据学生的认知方式，运用各种有效的教学策略进行教学，形成活跃的和自主的课堂教学氛围。

三　我国相继推出一系列教育政策和措施

我国历来重视政策规划设计，党和政府已提出远景目标和具体实施策略。近年来，针对全球经济的快速发展，信息化时代对人才的需求越来越迫切，我国政府和教育行政部门先后制定了一系列教育政策和措施推进我国的教育教学改革，特别对培养信息时代创新人才的教学模式、学习资源、学习环境和学习方式等方面做了具体的安排和部署。

1.《国家中长期教育改革和发展规划纲要（2010—2020 年）》在人才培养体制改革方面强调学校要更新人才培养观念，创新人才培养模式，倡导启发式、探究式、讨论式、参与式教学，帮助学生学会学习。

2.《中国教育现代化 2035》提出充分利用现代信息技术，丰富并创新课程形式，推行启发式、探究式、参与式、合作式等教学方式，实现深度学习，推动教育现代化发展。

3.《教育信息化 2.0 行动计划》要求以优于教育信息化 1.0 的独有特征，遵循坚持"育人为本"的基本原则，抓住这个时代带来的新契机，充分利用人工智能、虚拟现实、区块链等的突出优势，探索灵活、泛在、智能的学习体系，推进新一代智能技术与教育教学的深度融合，促使学习者的学习理念有质的飞跃，学习资源实现了广度上的流动共享和宽度上的内涵拓展，学习方式突破时间、空间和数量等的局限，从群体教学细化到个人定制、精准智能推送，在确保学习质量的同时让学习变成一种愉悦的常态化行为，进而提升学习者的创新创造等综合能力，构建高层次的人才培养体系。

4. 中共中央和国务院《关于深化教育教学改革全面提高义务教育质量的意见》提出促进信息技术与教育教学融合应用。联合国教科文组织《教育中的人工智能：可持续发展的挑战与机遇》提出人工智能技术能够支持包容和无处不在的学习访问，有助于确保提供公平和包容性的教育机会，促进个性化学习，并提升学习成果。

5. 教育部《网络学习空间建设与应用指南》提出网络学习空间中应

包含个人空间和机构空间,并集成公共应用服务和数据分析服务,将网络学习空间构建成为支撑人人皆学、处处能学和时时可学的平台。学习共同体作为一个动态社会系统,融合教师、学习者、学习资源和学习环境等要素,形成网状的和相互关联的群体系统结构,促进学习者知识建构,实现深度学习。

6. 教育部《关于深化本科教育教学改革全面提高人才培养质量的意见》提出全面提高课程建设质量,加强课程体系整体设计,提高课程建设规划性、系统性,积极发展"互联网+教育"、探索智能教育新形态,推动课堂教学革命,打造具有高阶性、创新性和挑战度,线上线下混合、虚拟仿真和社会实践有机融合的金课。

四 我国相继实施一系列提升人才培养质量的措施

随着高校人才培养目标的完善,课程建设、专业建设逐渐成为人才培养质量和水平提升的主要措施。为此,我国先后建立了各级教学发展中心,实施"双万"计划,进行校际或者其他形式的课程教学联盟,为教学搭建教研平台。

1. 建立教师发展中心,着力提高教师的教研能力和水平

教师教学发展中心的建立表明我国在政策导向、制度建设和资源配置等方面搭建良好的教研交流和提升平台,以此提高教师的教研能力和水平。2011年以来,我国在国家层面、省级层面和高校层面建立教师教学发展中心,推动高等教育教学改革,确保师资质量不断提升。2011年教育部要求各高校深入推进"本科教学质量与教学改革工程",加强高校中青年教师培养培训工作,建立国家级高校教师教学发展中心。2012年,教育部在下发的《关于全面提高高等教育质量的若干意见》中提出,高校要建立教师教学发展中心,提升中青年教师专业水平和教学能力。此后,其他高校纷纷建立了校内教师教学发展中心,如中国人民大学、北京邮电大学、北京师范大学、河南大学、山西师范大学,并开展校内教师入职培训、微格教学、教研工作坊、教学咨询、教学交流和研讨、习明纳(Seminar)工作坊、信息技术技能培训和校际合作等多元化的教学学术活动。

2. 实施本科"双万"专业建设和"金课"计划

基于高校"双一流"建设关于强化人才培养的核心地位和一流本科教育的基础地位的新要求，我国提出了"以学生发展为中心"，落实立德树人、全面振兴本科教育的要求。为推进各高校开展"金课"建设，引导高校教师投身于"以学生为中心"的教学方法、课程改革与学习方式变革，探索智慧教学发展的创新思路和创新应用新模式，助力高等教育教学质量的全面提升。2018年教育部印发《关于狠抓新时代全国高等学校本科教育工作会议精神落实的通知》，提出到2022年，教育部将实施一流课程"双万计划"建设，打造1万门国家级精品课程和1万门省部级地方精品课程。各高校全面梳理各门课程的教学内容，淘汰"水课"、打造"金课"，切实提高课程质量。"金课"将围绕线上、线下、线上线下混合、虚拟仿真和社会实践这五个角度来打造。线下"金课"以课堂教学为主阵地；线上依托"互联网+教育"的新形态课程慕课展开。线上和线下结合可以利用"翻转课堂"，实现以"教"为中心转为以"学"为中心，同时也要推进"智能+教育"，打造虚拟仿真"金课"，社会实践类"金课"则依托思政类和创新创业类"金课"展开。

金课的标准是"两性一度"，即高阶性、创新性、挑战度。所谓"高阶性"，就是知识能力素质的有机融合，培养学生解决复杂问题的综合能力和高级思维。所谓"创新性"，是课程内容具有前沿性和时代性，教学形式呈现先进性和互动性，学习结果具有探究性和个性化。所谓"挑战度"，是指课程有一定难度，需要跳一跳才能够得着，对教师备课和学生课下有较高要求。

3. 建立教师联盟或者课程联盟的学习共同体

近年来，随着信息技术的快速发展及其在教育领域广泛应用，特别是从2003年麻省理工学院的公开课面向全球免费开放开始，人们已经不仅仅满足于学校等实体性教学研究与促进机构，先后成立了很多各种联盟机构，如学科课程联盟、国内外联盟、地区性联盟、省内联盟和专业教师联盟等，并且逐渐形成了学习共同体，以此提升教学质量和教师教学能力水平。舒尔曼认为教学属于公共财富，倡导建立教学研究规范，将学习科学的新成果引入教学研究并指导实践，强调教学研究与实践要关注当前的 MOOC，并将教学学术和 MOOC 有机结合起来，促进高校管理和教师重视教学和研究教学。MOOC 的出现为进一步不断深化教师教学发展创造了新机遇。目前，在国内外不仅形成了数量庞大的课程学习群体，而且慕课课程教师群体也在逐渐形成，国际著名的慕课联盟有 edX、Coursera 和 Udacity 等，国内有东西部高校课程共享联盟、学堂在线、顶你学堂、华文慕课、爱课程和小学初中慕课联盟等。以上各种教育联盟和课程联盟的建立，很大程度上推动了教学交流，形成了有效的学习共同体联盟，增加了教师的教学交流机会，促进了教师教研能力的提升和发展。

4. 对教学和教研成果进行奖励

近年来，我国各级政府设立教学荣誉奖，如"万人计划"国家级教学名师奖、省级教学名师奖；教学成果奖奖励，如国家级教学成果奖、省市级教学成果奖等。各高校普遍设立教学优秀奖或者卓越教学奖，以激励教学优秀教师，如四川大学针对学校存在的"重科研、轻教学"的倾向，设立以"师德、师风、学术修养"为标准的"卓越教学奖"，重奖那些师德高尚、教学卓越和学术突出的一线教师。武汉大学将公共基础课教学的超课时酬劳标准上涨 30%，并对指导学生参加竞赛并获得重要奖项的教师给予各种奖励，将指导学生获奖作为专业技术职务晋升条件之一；成立"青年教师联谊会"，以此加强教师教研交流，加强青年教师教学发展培训等；出资 450 万元重奖教学优秀者。山西师范大学从 2016 年开始实施"莳英学者"教学奖励计划，重点表彰和奖励长期在本科教学一线工作中表现优异、对教学改革作出突出贡献的优秀教师，每项奖励 10 万元，鼓励教师不断深化教学改革，加强专业建设，为学校改革发展奠定坚实的基础。

第二章

研究价值与方法

一　研究价值

我们身处信息化时代，信息技术手段层出不穷，教学变革快速推进，新型的学习理论、学习环境、学习资源和教学模式不断涌现，我们对教学形态、教学模式、学习环境和学习资源开展研究，探索特征，总结实践模式，形成较为可行的实施方案，这对于我国当前教育教学改革，提高人才培养质量，具有一定的时代引领性和重要的理论与实践方面的价值。

第一，当今社会，对教学仅从知识传播、实践探索和交流反思的角度去考察，已经无法满足社会与教育发展的要求。教学作为一种学术形式成为必然，教学过程也是一种学术研究过程，既关注教师教学，也关注学生学习，并深刻地进行教与学过程反思、研究和评价。宏观层面上，教学研究关注教育政策、专业设置、教学条件、人才培养和办学水平等方面的研究。中观层面上，教学研究关注课程设置、教学资源、教学环境、教学方法和教学模式等方面的研究。微观层面上，教学研究注重学习者特征、教学媒体的选择与应用、教学策略、学生成长、专业发展、教学方法和教学评价等方面的研究。教学研究关注真实场景下的教学活动和行为，关注信息技术影响下的各种新型教学空间、教学模式等方面的研究，教学研究的成果愈发具有一定的通用性和可借鉴性。

第二，随着信息化时代的教学与学习理论发展，新的概念和理论对教学和教学研究的影响越来越突出，建构主义、人本主义、弹性学习、多元智能、具身认知以及绩效效能理论成为现代教育理论的先锋。其中建构主义衍生出了新建构主义思想和理论，基于信息技术构建的学习环境，学习是学习者在原有知识经验基础上，在一定的社会文化环境中，主动对新信息进行加工处理、建构知识意义的过程。人本主义强调"以人为本""和谐发展"的学生观，对忽略学生的个性和感受，只要求学生适应学校的传统教育深感不满，认为教育应改革传统教育，推动人本主义学习理论的形成。而多元智能理论则更加符合当前碎片化、混合式学习的特点，强调学习者多元智能的协调发展，最终培养全人。具身认知理论以现象学为基础，基于唯物主义理论观点，强调信息技术与人的感知能力深度融合，从而影响学习者的认知能力。这些适应信息化时代发展的学习理念在教学中的有效应用，对于当前人才培养和教学改革无疑具有很重要的奠基作用。

第三，随着移动互联、人工智能和大数据等信息技术在教育领域的不断深入渗透，传统的教与学环境发生了很大的变化，融合信息技术手段的具身认知环境，非正式的场馆学习环境以及以混合式学习空间为典型特征的网络学习空间，将逐渐代替场所固定、形式统一的实体教室环境，代之以感知式、智能式、探索式、沉浸式和体验式的具身认知学习环境。为此，我们试图通过理论研究与教学实践探究这些新型学习环境的构成、特征以及教学应用等多个方面，聚焦数字化场馆中的非正式学习影响因素研究，并以此创建良好的学习环境，充分发挥参观者非正式学习的主动性和积极性，最终达到优化数字化场馆等学习空间环境的目标。

第四，多媒体技术促进了教育教学的现代化。教学内容的数字化、多媒体化特征越来越明显。教学内容的表现形式由静态的纸质形态、模拟形态逐渐转向动态的多媒体形态、交互形态和数字化形态。传统的口授、纸质媒体资源逐渐被课件、网络课程、微课或者微教学单元包等教学资源形态所取代。结合微学习的理念，以改善教学效果和提高学习成效为目标，进行交互式和问题式微学习单元包的设计、开发以及应用研究，积极探索数字化学习资源的新形态，验证翻转课堂教学本地化和混合式教学模式的有效性。

第五，契合当前教育教学改革和发展的方向，本书研究主题、内容及成果将会对我国教育教学管理、信息技术与教育领域的深度融合具有一定的影响力和借鉴意义，并对提升教学学术内涵特征具有积极的影响力。

二 研究方法

一般来说，科学研究程序包括以下六个方面：（1）选择研究问题；（2）提出研究假设；（3）设计研究方法；（4）搜集研究资料；（5）分析研究资料；（6）得出研究结论。每种方法都有其使用前提和条件以及适用范围，都有其优势和局限性。选择合适的研究方法，对科学研究的顺利进行能起到事半功倍的效果。

本书历经多年研究，成果多样，涉及多种研究方法，为了统整书本内容，现对各项研究中的主要研究方法及其应用情况做一说明。

（一）文献研究法

文献研究法主要指搜集、鉴别和整理文献，并通过对文献的研究形成对事实的科学认识的方法。文献研究法是开展研究的第一步，通过对大量相关文献的检索和阅读，找出符合主题的资源，然后对文献进行分析比较，发现该主题用什么方法，已经研究了什么，有什么优点，存在哪些不足，对未来的展望等，进而确定研究主题和奠定理论基础。

本书在以下几个研究主题中应用了该方法。

1. "高校多媒体教室应用现状"研究中，采用文献研究法结合互联网信息中的在线资源，查询相关领域的基本原理，学习并理解了多媒体软件、多媒体硬件、多媒体物理环境、多媒体教室的建设和多媒体评价体系等相关的理论与研究成果。

2. "数字化场馆中的非正式学习影响因素"研究中，采用文献研究法，查找并搜集大量有关非正式学习的文献，筛选出与数字化场馆相关的非正式学习资料，理清非正式学习和场馆的概念，研究相关理论基础和国内外研究现状，为数字化场馆中的非正式学习影响因素的提出提供理论依据。

3. "混合式学习空间构建"研究中，采用文献研究法梳理混合式学习和学习空间的研究现状与实践进展，分析与本书研究内容相关的研究成果，以此作为研究的理论基础和指导。

4. "翻转课堂本地化教学模式建构"研究中，采用文献研究法搜集整理有关翻转课堂的文献，分析对翻转课堂进行本地化的必要性，研究相关理论基础和国内外研究现状，以此作为研究基础。

5. "问题式微教学单元包设计"研究中，采用文献研究法检索、整理和搜集国内外与基于问题的教学模式以及微课程相关的论文及论著等资料，总结出国内外发展现状及一些重要的概念解析。

6. "交互式微学习单元包设计"研究中，采用文献研究法在中国知网上检索了"交互式""教学单元包""微视频"和"个性化学习"等相关方面的文献，并进行分析归类总结，进而归纳出目前的研究现状、研究成果以及应用现状，确定研究问题，提出假设，作为研究开展的理论基础。

7. "智慧学习环境中学习者满意度"研究中，采用文献研究法对智慧教室、学习体验和学习者满意度进行概念界定，概括归纳智慧教室和学习者满意度的国内外研究现状，相关理论基础，为智慧教室环境下学习者满意度及影响因素研究提供理论依据，初步构建学习者满意度模型并提出假设。

（二）问卷调查法

问卷调查法是目前广泛使用的一种研究方法，它以实证主义为理论基础，将调查的内容以文字表述的形式呈现，然后通过纸质版或网络发放给特定研究对象，并将问卷收回，然后对其数据进行整理分析以得出研究结论的一种调查方法。

本书在以下几个研究主题中应用了该方法。

1. "高校多媒体教室应用现状"研究中，采用问卷调查法得到教师和学生这两种不同人群对多媒体现状的不同认识。针对调查对象不同制作了两份问卷分别发放给大学的各科教师和不同年级、不同专业的在校生。两份问卷调查形式结构相似，包含四个部分：基本信息供被调查者填写其个人信息；客观题由前后两部分组成，其中，前一部分主要了解被调查者对多媒体教学的认识，后一部分采用李克特量表的形式，调查教师、学生对多媒体教室的物理环境的满意程度；最后一部分是开放性主观题，借助被调查者的描述，找出阻碍利用多媒体教室进行高效上课的物理环境方面的因素，并提出改进建议。

2. "数字化场馆中的非正式学习影响因素"研究中，通过设计"数字化场馆中非正式学习调查问卷"，向参观者了解参观情况，旨在探究参观者在数字化场馆中非正式学习的影响因素。

3. "混合式学习空间构建"研究中采用问卷调查法开展学习者学习行为前测调查和混合式学习在教学中的应用效果调查。学习者学习行为前测调查旨在了解课程开始前学习者的基本学习行为，为设计课堂活动提供依据。混合式学习在教学中的应用效果调查是在《现代教育技术》混合式课程结束后了解其在教学中的应用效果。

4. "翻转课堂本地化教学模式建构"研究中，采用问卷调查法调查学生对翻转课堂教学模式的看法、学生对翻转课堂提升能力的看法、学生对评价考核制度的看法等，将得到的数据进行统计分析。

5. "问题式微教学单元包设计"研究中，针对研究对象对微教学单元包满意程度的情况进行了问卷调查，目的在于了解研究对象对微教学单元包设计的满意程度的真实情况，随后可以对微教学单元包中存在的问题进行修改与完善。

6. "交互式微学习单元包设计"研究中，以问卷形式向学习者提出一些问题，希望学生在使用微学习单元包以后，填写出相应的使用体验及感受，以便在实验教学完成以后分析教学的效果。问卷主要以单选题、多选题以及简答题的方式从不同的角度对学习者的使用感受进行调查，最后通过对调查问卷的数据分析，得到调查结果。

7. "智慧学习环境中学习者满意度"研究中，以智慧教室学习者满意度模型确定的影响因素为依据，在各个维度分别设置相应的题目，编制了智慧教室学习者满意度调查问卷。研究共发放两次问卷，第一次是以在智慧教室上课的 50 位学生为调查对象进行小范围的试测，检验问卷的信度和效度，并对其进行项目分析，将决断值低的题项删除或对其进行修改，确定最终版的问卷。第二次是以在智慧教室上课的 10 个班的学生为调查对象展开大范围的实测，对收集的数据进行分析整理，统计智慧教室学习者满意度现状，研究各影响因素之间的关系，以及各影响因素对学习者满意度的影响程度，修正模型和验证假设。

（三）访谈法

访谈法是以编制的访谈提纲为依据，有目的、有计划地与受访者就提纲中的问题进行交流沟通，以获得真实信息的一种研究方法。访谈法是对定量研究方法的补充，可以从访谈中为数据分析结果探究原因和解释差异。

本书在以下几个研究主题中应用了该方法。

1. "高校多媒体教室应用现状"研究中，在查阅参考文献以及收集资料的基础上，列出访谈提纲，对教师、学生、管理和多媒体教室的维护人员进行访谈。访谈内容主要包括：你认为教师多媒体教学运用的怎么样？你对多媒体教室的物理环境满意吗？上课时能看清荧幕吗？上课时教室的灯光亮度怎么样？上课时教室闷热吗？您喜欢教室墙壁、座椅的颜色吗？之后，对访谈记录进行整理，并整合在问卷结果之中。

2. "数字化场馆中的非正式学习影响因素"研究中，主要对参观过场馆的人员进行访谈，访谈内容包括被访人员的个人特征，访谈者在参观数字化场馆环境前、参观时和参观后的学习情况。为数字化场馆环境中非正式学习影响因素的提出提供辅助支撑。

3. "混合式学习空间构建"研究中，采用访谈法了解教师使用混合式学习的反馈情况。并在此基础上，分析教师使用混合式学习支持下的学习空间影响因素，为混合式学习空间模型的构建提供实证依据。

4. "智慧学习环境中学习者满意度"研究中，以10位在智慧教室上课的教师为访谈对象，从对智慧教室的感知、智慧教室使用现状、在智慧教室采用的教学方法、智慧教室持续使用意愿和对智慧教室的改进建议等几方面，采用半结构式访谈或微信访谈的方式进行，收集教师对智慧教室的有效利用情况，为定量数据分析和提升策略的制定提供支撑。

（四）观察法

观察法指根据一定的研究目的、研究提纲或观察表，用自己的感官和辅助工具去直接观察被研究对象，从而获得文献资料的一种研究方法。

科学的观察具有目的性、计划性、系统性和可重复性。常见的观察方法有：核对清单法；级别量表法；记叙性描述。观察法一般利用眼睛、耳朵等感觉器官去感知观察对象。由于人的感觉器官具有一定的局限性，观察者往往要借助各种现代化的仪器和手段，如照相机、录音机、显微录像机等来辅助观察。

本书在以下几个研究主题中应用了该方法。

1. "高校多媒体教室应用现状"研究中，对被调查教师和学生的多媒体课堂进行实地观察，观察在当时的多媒体教室物理环境中，他们的生理疲劳度和心理疲劳度，课后通过及时的与观察现场中的人进行谈话，通过他们的反馈信息来弥补课堂观察中的遗漏与不足，以此纠正观察偏差和增加观察质量。

2. "数字化场馆中的非正式学习影响因素"研究中，通过观察记录表，从参观者学习展品的停留时间和交互行为等两方面观察记录分析，旨在了解参观者在数字化场馆中进行非正式学习的实际情况，为数字化场馆中非正式学习影响因素变量的确定提供科学依据。

3. "翻转课堂本地化教学模式建构"研究中，在教学实施环节运用观察法，观察实验班与对照班学生在实验课上举手提问教师的次数以及课堂中的表现，通过课堂观察记录学生询问教师的次数、提问的主要知识点和课堂活跃程度。

4. "问题式微教学单元包设计"研究中，通过课堂观察研究对象的学习参与情况及学习的积极性，从而证实微教学单元包在课堂教学中的实用性。

（五）数理统计法

在问卷调查的基础上，将收集到的数据通过 SPSS 软件进行分析，对已提出的研究假设进行验证，分析过程主要从因素分析、信度分析、描述性统计、相关分析和回归分析等方面进行。

"数字化场馆中的非正式学习影响因素"研究中，为保证问卷的合理性，通过因素分析和信度分析对问卷进行调整；通过描述性统计描述样本中的变量，如性别、年龄、受教育程度和参观频率等，以及对数字化场馆环境中非正式学习效果及其影响因素得分的均值和标准差进行描述；通过相关分析检验各种影响因素的维度与数字化场馆中的非正式学习效果间的相关性；通过多元回归分析中的"逐步回归法"，探寻各个影响因素对数字化场馆学习效果的影响系数，进而建立数字化场馆中非正式学习效果与其影响因素的关系模型。

（六）结构方程分析法

结构方程模型是利用协方差和路径分析原理来建立模型的一种多元统计技术。综合了路径分析、探索性因子分析、验证性因子分析与一般统计方法，是社会科学领域常用的研究方法，主要应用于市场、经济和管理等领域。该模型包括由可观测变量组成的观测模型和潜在变量组成的结构模型，既可以表示观测变量和潜变量之间的关系，又可以研究各潜变量之间的相关关系，以及与目标变量之间的路径关系，更好地检验修正模型。

"智慧学习环境中学习者满意度"研究中，以顾客满意度模型和技术支持模型为依据，结合智慧教室特征将原因变量确定为学习者预期、行为意向、感知体验和感知价值四个维度，目标变量是学习者满意度，结果变量是持续使用意愿。

（七）准实验研究法

准实验研究法是指将原始群体作为被试对象，在自然状态下进行实验处理的方法。"问题式微教学单元包设计"研究中，将山西师范大学大三美术系的学生作为被试对象，通过课堂观察比较使用微教学单元包前后学生的表现，从而得出使用微学习单元包进行教学的优势与可行性。

（八）实验研究法

实验研究法是针对某一问题，根据理论或假设进行有计划的实践，从而得出科学结论的方法。"交互式微教学单元包设计"研究中，根据所要研究目的设计实验，依据相关理论提出假设，选择合适的实验对象，让学习者使用微教学单元包进行学习，在学习的过程中观察实验现象，并分析实验结果。

第三章

高校多媒体教室应用现状

伴随着互联网技术的飞速发展,我们的社会也进入了信息时代。尤其对于学校而言,正在由传统教学向多媒体教学转变。多媒体教室是多媒体技术与教育教学相互促进和融合的产物,是信息时代教育发展的需要。多媒体教室的声、光、电、热、色等物理环境和多媒体硬件环境的建设质量是影响多媒体教学质量不可忽视的重要因素,它直接影响到教师、学生在课堂中的生理、心理。目前,大部分高校的多媒体教室不是按照现代教育装备的规范与标准建设的,而是在传统的教室中增加了多媒体设备,这也使得师生在上课时出现了人机方面的问题,如果能对此现状加以改进,可以提高目前多媒体教室的适用性。基于这些突出的问题和矛盾,以S大学的多媒体教室为研究对象,通过分析大量的多媒体教室应用状况的调查案例,结合时代发展的新情况,从教师与学生两个视角对多媒体教室的物理环境和硬件环境进行调查研究。同时,在深入研究影响多媒体教学效果的物理环境因素、硬件因素和多媒体教室评价指标体系建设的基础上,设计调查问卷,制定访谈提纲,进行多媒体课堂观察,并对调查结果进行科学合理的处理,分析S大学多媒体教室应用现状,提出目前多媒体教室在物理环境、硬件环境等方面存在的问题。

从教师、学生这两类多媒体教室的实际应用者对多媒体教室的声、光、电、热、色等物理环境因素的看法和态度,来对该校现有多媒体教室的应用状况进行分析,将调查结果转化为具体的理论方法,注重多媒体教室的物理环境对多媒体教学质量、教学效果的影响,多媒体教学与多媒体教室两者的关系，对于建立和运用多媒体教室的物理环境、硬件环境评价体系等方面有一定帮助。

一 研究背景

21世纪以来，信息技术发展非常迅速，它的产生与发展带动了各行各业的信息化，对于高校更是如此。将高校教学与信息技术相结合，可以增强优质教育资源的利用效率，改变长期以来的灌输法教学模式，增加教师和学生之间的相互交流和学习，在教学思想上体现学生的自主性和教师的主导作用，不断在教学质量上进行提升。因此，许多高校都非常重视多媒体教室的建设。关于多媒体教学、多媒体硬件、多媒体软件的研究也如雨后春笋般出现，多媒体教室的应用状况、评价指标体系等这些实际问题在许多专业技术人员、教授、学者的反复钻研与探讨下显现出来，并且得到了细化与完善。但是，教育技术化与多媒体教学是一个复杂的问题，仅仅提高教育软件的制作质量、提高教师的多媒体技能是远远不够的，还得注重学生在多媒体教室中学习时的身心状态。目前，许多大学都建设了功能齐全的多媒体教室，利用多媒体软件和网络进行教学在高校中已经很普遍。计算机的引进给多媒体教学提供了可能，利用多媒体上课，不仅可以使教学模式得到改善，而且也拓宽了教学资源的获取方式，给学生呈现一种全新的教学模式，使学生在活跃、自主的课堂氛围中高效学习。然而，通过细致地探讨和调研，无论是教师还是学生都或多或少指出了多媒体教学的不合理之处。事实上，在多媒体教室进行教学时，虽然教师对多媒体教学掌握得很好，师生互动也设计得非常合理，但是在教室中为了看清荧幕不得不把遮光窗帘拉起，教室中除了荧幕都是暗的，学生很难看清楚笔记本，如果持续时间长了，也容易引起视觉疲劳，出现头晕症状，造成学生上课效率低，无法认真听讲的不利现象，严重降低了多媒体教室的利用效率与教师教授和学生学习的质量。基于此，探究多媒体教室的物理环境因素对多媒体教学效果的影响；师生对音响效果、室内的温度环境、视觉环境、通风效果等不满意的原因有哪些；多媒体教室中人—机—环境三者之间如何达到和谐，针对现有状况解决的途径有哪些是十分必要的。

二 研究目的与意义

（一）研究的目的

在现有传统教室中安装多媒体设备的基础上，研究如何进行物理环境与硬件环境的改进，从而更好地发挥该类多媒体教室的效能，提高教学质量。

实际上，相对于传统教室，多媒体教室已成为学生与优质教育资源连接的媒介，而且多媒体本身也以包含信息量大、涉及领域广而被学生们认可，对同一个教学内容，它可以灵活地根据学生的认知方式因材施教，运用不同的方法进行教授，适用于各个年级的课堂。然而，在具体教学实施中，出现了许多由于多媒体教室设计不合理导致的一系列人机方面和人因方面的问题。尤其是以下几个方面：多媒体教室的物理环境（音响效果、温度适宜度、灯光亮度），多媒体教室的空间情况（教室大小、桌椅舒适度），多媒体的硬件情况（荧幕大小、荧幕与黑板的相对位置）等，如果设计不当，不仅使得多媒体资源被浪费，而且还损害身处其中的师生的身心健康。

借鉴相关研究成果和经验，结合 S 大学多媒体教学实际，对该校中的多媒体教室存在的问题进行调研，主要调查方法有两种，访谈调查法和问卷调查法，调查对象主要选择 S 大学的教师和学生。本研究在查阅相关文献的基础上，通过对现在高校中高频使用多媒体教室的人员进行问卷调查、访谈、观察来收集数据，并通过数据结果的分析与讨论，分析目前该校多媒体教室的声、光、电、热、色等物理环境的现状、教师和学生的满意程度，同时对影响教学效果的这些隐性因素归纳总结，充分考虑多种人机关系、人因因素、人性化建设，对其进行综合分析，探索和发现改善多媒体教学的一些可行措施。从而实现多媒体教室的信息化、网络化和人性化，提升教授质量和学习效果，降低身处其中的教师和学生的疲劳感，保证人与多媒体环境和谐发展。

本研究具体调查项目包括：多媒体教室中的基础设施的空间布局合理性，对多媒体教室的现有布局形态的满意度，多媒体教室的物理环境是否促进了教师的教学效率和学生的学习效率，一个好的多媒体教室的设备配置、空间布局、整体环境应该是什么样的。主要调查教师、学生对利用多媒体教室上课时教室中的声、光、电、热、色的满意程度以及期望值，多媒体教学中的硬件环境，教师上课是否使用多媒体进行教学、使用什么样的课件进行教学，教学效率相对于传统黑板教学是否有所提高，是否提高了学生的学习兴趣，多媒体教室的管理维护情况。

(二) 研究的意义

由于教学实施中影响多媒体教学绩效的原因有很多，我们必须找到它们并加以规避。其中，多媒体教室的物理环境是重要因素之一。物理环境、空间布局的设置是否合理直接影响多媒体教学效率的高低，因此我们不仅要重视多媒体教室的软件建设，还要重视多媒体教室物理环境的设置。本章从理论和实践两方面论证高校多媒体教室物理环境的重要意义。

首先，在查阅了许多和多媒体相关的资料与文献的基础上，分析得出，这其中有关多媒体的教学软件、教师的多媒体技能等研究较多，但是对于多媒体教室物理环境的研究相对较少，并且只是研究了其中的几个侧面因素。因此，影响多媒体教学效果的物理环境方面，以及多媒体教室的物理环境中的人机、人因因素方面都有待研究。鉴于此，我们借鉴了关于多媒体教室物理环境的优秀研究成果，并结合实际情况进行总结，对S大学多媒体教室中影响教学效率的声音、光线、电路、温度、色彩等物理环境因素进行了人机学方面的理论探讨，接着遵照研究过程中的问卷调查、观察、访谈等一系列过程调研手段找出影响师生生理疲劳、心理疲劳的物理环境因素，并从理论上找到一些可行的改善疲劳的措施。

其次，教育技术在高校中的运用使得多媒体教室逐渐增加，并且具有普及化的趋势。但是，相对于传统的教室而言，多媒体教室的造价较高，不仅需要购置多媒体相关的硬件设施，还要对多媒体教室进行合理的空间布局，对音响、光线、温度、视觉等人因、人机因素进行考虑、设置。在这样的高投入下，大家一致认为教学效率理应提高，但是，由于许多多媒体教室中的物理环境设置不合理，导致学生在上课时出现视力模糊、颈椎疼痛等问题，更有学生出现心理上的排斥，这使得多媒体教室的利用率大大降低，从而影响了多媒体的教学质量。

本研究以调查问卷的形式为主，结合对师生、多媒体教室管理员的访谈以及我们在多媒体教室中的实地课堂观察，发现多媒体教室的物理环境在影响课堂教学效果方面存在的问题，在实践中可以更加合理布局多媒体教室，完善物理环境设置。除此之外，能够让教育技术高效地服务于多媒体教学，改善教师和学生在多媒体教学中的人—机方面问题，缓解上课过程中的心理疲劳感和生理疲劳感，进而提升多媒体教室的利用效率，促进多媒体教学的教授品质和学习效果向更高水平发展，具有实践意义。

三 文献综述

(一) 媒介理论

媒介理论最早是由加拿大著名学者麦克卢汉提出的，他第一次阐明了"媒介是人体的延伸"的论断，并且在《理解媒介：人的延伸》《地球村》等著作中详细地阐释了这一理论。该理论认为，无论在哪个时代，媒介传递的并不是真正意义上的信息，真正的信息是媒介本身，这是媒介作为传播工具的本质属性，为此，它可能引起新的社会变革。另外，麦克卢汉还表示，人是一种特殊的媒介，它可以通过感觉和各个器官传递信息，媒介不断发展变化，社会的发展总是受到媒介变化的影响。媒介是人的内在存在，它不能脱离人而存在，人的存在随着媒介的变化而发生改变，媒介改变了人与外界世界的联系方式，也改变了人对现实世界的态度反应。

媒介有"冷媒介"和"热媒介"之分，它们都是人感受事物的客观存在。冷媒介的显明特征为：低清晰度和高参与度，现实中的很多动画和电影都属于冷媒介，电视、报纸、广播等都属于热媒介。多媒体教室中的音响、麦克风、多媒体荧幕等硬件和多媒体课件、教学视频等多媒体软件都是教学过程中的媒介，正是这些媒介的有机整合提高了学习者对学习内容的态度，延伸了学习者对学习内容的感觉方式。相对于课本、练习册等静态文字性教学内容，动画、视频等动态教学内容打开了学习者的听觉、视觉的阈限。但是，这些媒介有利作用的发挥离不开它们所处的物理环境，学习者的视觉系统能分辨自然采光与顶灯灯光的强度，听觉系统能感受不同音响的刺激，如果音响电压不稳定，就会对学习者的听觉产生干扰，教室中的温度是否适宜也会影响学习者的肤觉，进而会对学习者的学习心理产生影响。

（二）人本主义

人本主义是心理学发展的产物，产生于1950—1960年，在1980年以后得到快速的发展，一时间风靡整个美国。人本主义强调人的自我实现，反映了人们通过创造性活动实现人的价值的理念。代表人物是著名心理学家马斯洛和罗杰斯。该理论认为教育的目标是要培养学生健康、全面的人格，在教育教学活动过程当中，我们必须遵从学生情感变化规律，从学生兴趣、需要、认知、情感等方面培养学生的创造力，为他们积极向上的情感服务，努力通过学习实现学生的自我价值。这也是马斯洛需求理论的最高境界，即把学生的自我实现作为人最高的需要。该理论以建构主义作为基础，着重突出人的主观方面。在马斯洛的需要层次理论中，把"自我实现"作为人的各种需要的最高一层，这也是人本主义的本质要求，在教育中也是如此，主要任务是帮助人们满足最高要求的"自我实现"。该理论认为学习不是被动地对外界刺激进行强化，也就是不把学习看成是简单的刺激和反应（S-R）联结，这种S-R理论是行为主义强调的问题，是一种较为低级的条件作用。其次，将理论和具体实际相联系也是人本主义强调的，它主张将教学知识同个人身心愿望结合起来，即学习者不断地主动通过各种途径寻求外界知识，并结合自己的经验与脑中的原有认知结构对新知识进行整合、加工，以便把所学科学文化知识融入自己的认知系统中，从而实现自我价值，更加深刻考虑实际问题。

学习理论的发展经历了一个由注重外界环境到注重学习者内在认知结构的过程，行为主义的提倡者注重外界刺激，认知主义的提倡者认为学习者的信息加工能力比较重要，建构主义学习的提倡者把学习者对外界知识的理解内化作为重点，以人为本理论的最高目标是人的自我发展与实现。其关注点是从注重外界客观刺激因素到注重内在主观因素的一个转变过程。在教学中，该理论的运用有助于"教师主导，学生主体"的教学模式的展开，强调了学习者的主体地位，注重其内在认知结构与情感的发展，提倡学习的最终目标是学习者自我价值的实现。但是，我们也要认识到，不同的学习理论有不同的侧重点，不能覆盖所有的学习活动。每种学习理论都有各自的优势和劣势，在具体的教学活动中，教师结合学生和学校的实际情况，遵从不同的教学内容、教学目的，考虑哪种教学理论能调动学生学习的积极性，能让学生更深刻地领会学习内容，并将其运用于实践。

（三）人机工程学

1. 人机工程学的内涵

在各行各业，人与环境的和谐可以提高工作效率和环境的利用率，降低人的疲劳感。研究人机问题有很好的理论意义和实际价值，在欧洲被称为人体工程学，这个名字是波兰科学家雅斯特莱鲍提出的。该理论主要的研究内容，是如何在一种生产环境中，使得其中的生产者能够在高效生产的同时还可以不超过劳动强度，生产设备的运转能够符合人的身心特点，从而使得人与环境和谐相处。该理论是结合心理等相关学科内容，结合人与机器磨损的特性，合理地分配操作功能，并且使相互适应，这样人们就可以创建一个用于实现最佳工作效率的舒适、安全的工作环境的一个综合性的学科。人体工程学是基于人文关怀的设计，目的是设计人性化产品。所谓人性化的产品，包括符合人体工程学的产品，只要我们能够描述它们作为"人"的使用时，必须考虑到造型产品的人体工程学，这样可以最大限度地提高我们人类的潜能，建立人与事（产品）之间的和谐，进而全面、均衡地利用人体肌肉，促进人体和生产生活的和谐发展。

人机工程学是多媒体教室人性化设计的理论基础。人机理论的研究对象包括以下三类：操作机器的人、高速运转的机器以及二者所处的空间环境。研究内容为三个对象之间如何才能和谐，不再把工人单纯的作为工作机器，而是让工人在工作时不对所处的空间环境产生抱怨，进而影响到生产的效率与利用率。该理论不是孤立地研究上述问题，而是积极地将心理学、脑科学等理论接纳进来，使得人机研究的数据满足绝大部分人的要求。

本章主要围绕多媒体教室中人—机—环境三者之间的关系进行研究。笔者通过对某高校的多媒体教室的物理环境、师生交流的软环境等的调研，分别从声（教室中的音响设备配备不合理，音响系统的质量影响了学生的听课效率）、光（目前教室中是不可调节的光，如果能采用可调节光更好；布窗帘改为百叶窗式，以适应不同天气、不同方位、不同教室在使用多媒体时对光的要求）、热（大的多媒体教室人数较多，太闷热影响学生的情绪与听课的质量，学生易昏睡）、色（多媒体教室宜采用淡蓝、淡绿等冷色调色彩，减少学生的压抑感、紧张感）四方面对多媒体教室进行分析，并提出了合理的改进建议。

2. 人机工程学中的声学设计

声音作为人与人交流的工具，音质的好坏直接影响教学中师生相互作用的效果。多媒体教室中音响效果的研究是必要的，以确保语言清晰度。声场混响时间分布不均、过长或过短等都会导致声音模糊。在多媒体教室内，声音产生必须有声源，声音传播必须有媒介，声音在空气中传播时有一部分被空气吸收，还有一部分被教室墙壁和座椅等吸收或反射。经房间的墙壁和其他光滑物体表面的多次反射，各个声源发出声音传播时间相差较大时可能听到回声。

高校多媒体教室的设置规则通常是紧凑型，学习对象为大学生。要让学生在上课的时候可以清楚地听清教学内容，不感到刺耳，教师需要将音量控制在 70 分贝以下（大于 70 分贝时听起来像噪音），音频播放系统的合理分布也是至关重要的。

3. 人机工程学中的采光与照明设计

光的来源有两种：太阳辐射光和人工光源。人们可利用自然光，也可利用电灯等人造光源。相对于人工采光而言，自然光最适宜人类的需求，也更舒适健康。当自然光线不足需补充人工光线时，宜采用接近自然光色温的高色温光源。对于多媒体教室而言，由于屏幕的亮度直接受采光的影响，光线太亮会影响人们对屏幕的视觉效果。不同的光照环境会影响学生的学习效果。

4. 人机工程学中的色彩设计

多媒体教室中色彩的搭配也十分考究。实际上，太阳光就是一种七色混合光，两种或两种以上色彩组成光容易出现色相对比，其中的一种是零度对比。对于多媒体教室而言，采用零度对比比较好，比如白色与深蓝色、白色与浅蓝色和白色与黑色等。另外颜色可分为冷色系和暖色系，色彩本身并没有冰冷与温暖的温度差异，人们之所以觉得色彩不同，本质上是因为视觉效果引起了人们对冷暖感觉的心理联想。常见的暖色调有红、黄等颜色，会使人产生温暖热烈的感觉。常见的冷色调有蓝色、蓝紫色等，易使人产生理智平静的感觉。正是由于颜色与人的视觉、心理上的联系，室内色彩的设计尤为重要。我们在设计多媒体教室色系搭配时，可以设计成激发同学们思维活跃的颜色，以及庄重的能使人沉思的颜色。

5. 人机工程学中的微气候环境设计

在多媒体教室设计过程中，需要考虑它的微气候环境，具体包括空气热对流、湿度等。这些因素在一定限度内可使人觉得舒适，如果空气太干燥、太热都会使人感到不适。教室空气温度在18—24℃的范围内为最佳，如果超过25℃，人体表温度上升，出现发热冒汗、虚脱等症状。如果多媒体教室的温度超过25℃，师生就会有胸闷、心慌、烦躁等不利于教学的生理和心理反应。在湿度方面，室内相对湿度控制在30%—70%的范围比较合适，最佳湿度为50%。为了让室内人呼吸新鲜空气，保持空气流量为0.15m/s以上，多媒体教室一般采用通风良好的窗进行通风。

（四）人因工程学

该理论主要强调人的因素的重要性。人因工程学对人的生理、心理特点等方面进行了详细研究，为了使人工作状态最佳，也研究了环境与人之间的合理设计问题。该理论包含三方面的影响，侧重于影响一件事情的人的因素，包括：客观事物对人的主观方面的影响，人的主观因素对客观事件的影响，客观和主观之间的相互影响。人的因素主要研究生理与心理两部分因素，生理因素又包括视觉、听觉、肤觉等，心理因素包括情绪、思维等。客观因素也是错综复杂，由此可见人因工程学是非常值得研究的理论，有助于从人因方面考虑客观环境的合理设置，通过改善不合理的环境因素来降低人的生理疲劳、心理疲劳感，提高人在作业中的健康与舒适度，最终提高工作效率，实现人与外界环境的和谐相处。

在这一理论中，人的疲劳是一个非常复杂的生理和心理现象，它不是单纯地包含其中某一种因素，而是认知、情绪、情感、外界环境等因素的综合结果。倦怠乏力是人们的一种主观体验，作业效率的下降是反映疲劳的直接表现。工作疲劳的性质不同，分类也不同。合理的分类从宏观上包括身体疲劳、心理疲劳、身心疲劳三种现象。导致疲劳产生的原因是多方面的，其中恶劣的工作环境是最主要的原因，包括照明昏暗、空气潮湿、室内太热、周围太吵以及教室扬尘等，这很可能会加重室内人员的心理和生理负担，增加疲劳感。

四 多媒体教室概述

（一）国内外高校多媒体教室应用情况的现状及发展

信息化技术逐渐进入了教育领域，尤其是多媒体教学日益发达的今天，它更是近年来学校教学的主流媒体传播工具。多媒体是一个多媒体元素的集合体，多媒体教学是指充分利用多媒体的软件、硬件和互联网技术进行教学，把文字、图形、图像、动画以及音乐等内容和教学进行整合，改变了传统教学模式中的黑板粉笔的教学风格的新型教学方式。多媒体教室中学生应该有一个"虚拟现实"的感觉，学生可以通过自主发现知识来提高主观上的知识体验。因此，多媒体教学是教学活动的必然趋势，这种教学方式有助于教学改革，促进实现学生主体地位和教师主导地位，有利于创新教育、素质教育的发展，并且可以提高教学效率，所以多媒体教室是必不可少的。

教室的产生与变革经历了一个漫长的过程，随着信息技术的不断进步，多媒体教育活动融入了更广泛的计算机技术、多媒体技术和网络技术，使得多媒体设备及器件向以下三方面发展：电视、广播；大屏幕投影仪；网络化计算机。

1. 电视教学

电视显示分辨率相对较低，屏幕尺寸不会很大，在课堂上通常把

4—6台电视机悬挂在教室前,学生需要抬起头观看。与此同时,普通的电视画面粗糙、闪烁情况比较严重,长时间观看可能会导致疲劳,并且也不像看电视那样,学生是边看边思考。

2. 大屏幕投影仪多媒体教室

大屏幕投影如图3—1所示。由于投影仪投影,具有非常强的光源,可以在课堂上提高分辨率。然而,大屏幕投影仪也有缺点,尤其是在整个过程中交互性比较差,学生主要是当观众,几乎将学生钉在座位上,只是观看而不表演。

图3—1 大屏幕投影仪多媒体教室

3. 多媒体网络教室

在已有的大屏幕投影仪设备下,为每位学生都配备了计算机,并且该类教室可以通过网络实时和教师互动,学生与学生之间也可以小组合作,并且可以及时获取外界优质资源。教师通过计算机给学生示范、讲解,甚至可以对学生进行单独辅导,学生可以通过计算机及时向教师提出问题。在这样一个多媒体教室,教师的讲解、演示与学生的实践结合起来。

如今,网络化多媒体教学很多条件已经成熟,电脑价格也相对便宜,丰富多彩的互动教学软件也有很多,并且很多高校也建了多媒体教室。

我们认为多媒体教室的声、光、电、热、色等物理环境也是多媒体教学中值得研究的问题，比如不理想的物理环境改变了多媒体教学中教师和学生的生理、心理状况，从而阻碍了多媒体教学的效果与效率的提高，进而降低了多媒体教室的利用率，不利于新课程改革的顺利实施。

（二）多媒体教室

1. 多媒体教室的内涵

多媒体教室属于先进的教育装备。教育技术装备为教师和学生提供了有选择地使用所有专用和通用设备的途径与方法。它包括传统的粉笔、教学媒体，而且还包含实验室设备、多媒体硬件和软件等现代教学工具。最常用的教育装备是学校建设的教育设施，是开展教学活动的一个重要工具。

多媒体教室作为推进教学改革、改变教学模式、提高教学质量的重要场地，是教学活动中不可忽略的一种教育装备的有机整合体，它是传统实体教室和多媒体技术相结合的时代产物，是多媒体技术在教育领域的应用。多媒体教室中的教学是利用多媒体硬件、软件以及网络，将教学内容以适合学生学习认知特点的方式，传递给学生的一种新型的教学模式。其设备主要包括投影仪、数码视频站台、数字中控系统、屏幕、声音放大器、音响、主机、内置软件、辅助工具及调试设备。多媒体设备结构精细，购置、安装、维护成本较高且有一定的使用寿命。为了充分发挥现代多媒体技术在教学中的作用，借助多媒体教室，教师可以通过多媒体设备将语音、教学课件、优质的网络教学资源传送给学生。

2. 多媒体教室的物理环境分析

多媒体教室的"人—机—环境"是多媒体教学系统的有机组成部分，重点涉及了光、声、色、空间等多方面。多媒体教室的物理环境建设是形成有效教学的重要条件之一，合理、符合人机工程学的物理环境建设，可以改善师生在教学过程中，使用教学软件、教学硬件的效率，避免耽误学生的学习。研究多媒体教室的"人—机—环境"，营造一种和谐的物理环境氛围有利于充分挖掘出多媒体教学在人才培养中的巨大潜力，为现代化建设服务。

3. 现代高校多媒体教室的功能分析

①交互式电子白板是一种新型的教学媒体，它如同一台大型一体机，存有多种教学资源，也可连接网络获取有趣多样的内容给学生视觉上的享受，有助于学生创新思维构建，增加了教师与学生之间的教学互动，增强了技术对学生个体学习和协作学习的支持。同时，交互式电子白板中强大的表征、抓图等功能，使师生使用起来更加便捷，更形象直观地演示图像移动和文字跳跃等行为，激发想象力。②语音教学，教室各处的学生可听到从教师话筒传出的声音，教师通过语音教学实时传递信息，类似于传统教学中教师讲授知识。③电子教鞭，它提供了在学习过程中的彩色电子笔，相当于传统教学中的粉笔，如广播教学时可以在屏幕上画重点、做注释。④锁屏，教师要解释一些比较重要的知识，希望学生注意听讲，此时可以使用此功能将学生电脑锁屏。

五 多媒体教学现状调查设计

（一）调查问卷分析

1. 研究对象

以 S 大学的不同年级、不同专业本科学生和各科任课教师为研究对象。采取分层抽样方法，按照相应比例随机抽取各类人群中的 300 人作为调查对象，其中，教师人数占总数的 33%，学生占总数的 66%，无回答者仅占 1%。专业包括生物工程、计算机科学与技术、物理科学与技术、汉语言文学、外语、经济与管理、教育技术与传媒。年龄结构百分比例为：18—25 岁占 67%，26—35 岁占 23%，36—45 岁占 8%，46—55 岁占 2%。性别比例为男 55%，女 45%。调查对象以年轻人为主，因为学生和青年教师现在是多媒体教室的主要使用者，对多媒体设备的使用也比较在行，所以调查对象的选择是合理的。

2. 调查问卷设计与实施

首先，以《2004 年高校信息化调查问卷》的设计思路和教育部进行问卷调查时使用的样本为参考，将问卷初稿设计为客观题和主观题两部分。其次，由专家、相关专业教师对问卷设计的题目提出修改意见，并对该校多媒体教室的建设者、多媒体管理人员开展访谈调查，结合访谈修改意见，从问卷初稿整理出可行问卷定稿。问卷根据教师的个人信息、教师信息素养能力、教师对多媒体教室硬件的安装情况满意度、教师对多媒体教室的物理环境满意度这四个问题，将教师问卷设计成四层次内容。

（1）基本信息：被调查者填写其个人信息。教师所填内容有年龄、性别、学历、教授专业、教龄、职称等。学生仅有年级、性别和专业。

（2）选择题：教师问卷中，有关多媒体教室使用现状的问题10道。学生问卷中，有关多媒体教室应用情况的问题8道。该部分主要调查师生对利用多媒体进行教学的态度。

（3）里克特五点量表：学生问卷与教师问卷题目包含了被调查者对多媒体硬件、多媒体教室的物理环境的满意程度。此部分主要研究教师对多媒体硬件的显性认可情感。问卷分别调查教师在教学过程中对不同的多媒体教学硬件的满意程度，并且问题采用有利项目。该部分采用里克特五点量表的方式进行统计，五个选项内容有"非常满意""基本满意""一般""不太满意""非常不满意"，分别给各项以降序5分、4分、3分、2分、1分的方式进行赋值，如果有利选项得分在2—4分则表示受测者认同这种观点。为了直观地体现教师对于多媒体教室硬件的态度，我们计算得出其平均值来表示此项测量大小。

（4）开放问题：题目关于教师、学生对改善多媒体教室现有的物理环境、硬件环境的看法以及期望。第四部分是针对教师对多媒体教室的物理环境满意度进行调查，该部分中又分为两个分项，前一分项和第三部分相同，采用里克特五点量表调查教师对多媒体教室物理环境的满意度。后一分项采用开放式主观题的方式，让教师采用文字描述的方式对多媒体教室的灯光明暗度、墙壁色彩、桌椅色彩、温度、音响声音强度、教室空间大小等物理环境提出建议。

针对教师问卷、学生问卷进行了信度分析与效度检测。信度（Reliability）是指一个问题的可靠性，当同一个问题在不同的相似场合中，得到的结果趋于一致性，说明该问题的可靠性满足要求，信度很好。对于问卷，一般用 α 信度系数表示问卷的可靠性，α 信度系数一般位于0—1区间，其值越接近于1，说明可靠性越好。

效度（Validity）是指一个问题或测量方法的有效性，是指调查问题的结果与预期结果在内容上的一致性，如果调查结果偏离了预期的调查目的，说明该问题的效度较低。在具体分析时，一般从内容效度、结构效度、准则效度三方面对问题进行效度检测。

以上两类问卷用数据分析软件 SPSS 17.0 进行分析[①]，教师问卷的可靠性检验结果如表 3—1（a）、表 3—1（b）所示。

表 3—1　　　　　　　　　　（a）可靠性统计量

Cronbach's Alpha	基于标准化项的 Cronbach's Alpha	项数
0.719	0.699	17

（b）KMO 和 Bartlett 的检验

取样足够度的 Kaiser – Meyer – Olkin 度量		0.742
Bartlett 的球形检验	近似卡方	7534.403
	df	164
	Sig.	0.000

学生问卷也做了相同的检测。以上检测结果显示，问卷可靠、有效。

通过分析，可以间接调查出教师对当前多媒体教室物理环境的关注点以及感受。两种问卷的构成以及调查内容相类似，该问卷也依次分为四部分，以便与教师问卷的结果相互印证，确保调查结果的真实可信。

3. 问卷的实施过程

问卷首先通过了专家的测试，这些专家是 S 大学心理学院的心理测试专家，问卷的对象选择为测试学校的任课教师，先后进行了多次修改，其中修改内容有如下量表题目："您对多媒体教室的亮度满意吗？"一题宽泛不具体，分解为多媒体教室使用者对室外光源、教室的灯光两类光源分别进行描述："您对多媒体教室的明暗度是否满意？""上课时教室的

---

① 李志河：《基于 Web 的高校教师绩效考评系统的研究》，《电化教育研究》2011 年第 11 期，第 59—63 页。

灯光亮度怎么样？"如此修改更能真实反映答案的科学性，为了体现问卷的广泛性，我们以分层的方式随意抽样了7个专业人员进行调查，本次发放问卷共400份。并已将回收的问卷进行汇总，初步统计问卷数量及比例。也对问卷中某些无效题目或者不合实际的结果进行删除。此外，我们与S大学教育技术学院的教授和研究生进行交流，就问卷中的题目数目、问题排序、问题问法等内容进行了修改，最后完成问卷。

教师问卷的发放和回收情况如表3—2所示，发放问卷200份，其中电子版50份，纸质150份，回收总数为190份。通过亲自发放问卷的方式，回收了143份，有效数量为138份，回收率为95.3%，有效率为92.0%。通过电子邮件的方式，回收了47份，有效数量为43份，回收率为94.0%，有效率为86.0%。

表3—2　　　　　　　　　教师问卷发放和回收统计

类别	亲自发放	电子邮件发放
发放总数量（份）	150	50
回收数量（份）	143	47
有效数量（份）	138	43
回收率（%）	95.3	94.0
有效率（%）	92.0	86.0

教师问卷的覆盖范围情况可见表3—3，从表可看出各学院问卷发放数量和所占比例。

表3—3　　　　　　　　　教师问卷覆盖范围

专业	物理科学与技术	计算机科学与技术	教育技术与传媒	经济与管理	外语	汉语言文学	生物工程
数量（份）	26	28	32	24	27	29	34
比例（%）	13.0	14.0	16.0	12.0	13.5	14.5	17.0

表3—4是学生问卷的发放和回收情况，共发放问卷200份，回收总数为183份。通过亲自发放问卷的方式，总共发放问卷150份，回收141份，有效数量为137份，回收率为94.0%，有效率为91.0%。通过电子邮件的方式，共发放问卷50份，回收42份，有效数量为39份，回收率为84.0%，有效率为78.0%。表3—5是学生问卷的覆盖范围情况。

表3—4　　　　　　　　　　学生问卷发放和回收统计

类别	亲自发放	电子邮件发放
发放总数量（份）	150	50
回收数量（份）	141	42
有效数量（份）	137	39
回收率（%）	94	84
有效率（%）	91	78

表3—5　　　　　　　　　　学生问卷覆盖范围

专业	物理科学与技术	计算机科学与技术	教育技术与传媒	经济与管理	外语	汉语言文学	生物工程
数量（份）	28	23	36	27	25	18	19
比例（%）	15.9	13.0	20.4	15.3	14.2	10.2	10.7

4. 数据与结果的分析与讨论

通过分析整理，得到如下调查结果，并以数据形式呈现。对于教师问卷，表3—6横向分为三大部分，依次是：调查问卷大项、调查问卷小项、满意度。在调查问卷大项中，包括三个涵括范围较大的题目：多媒体教室的物理环境、多媒体教室的硬件环境、开放问题。对于每一个调查问卷大项，又细划分为若干个和主题相关的调查问卷小项。被调查者对每一个调查问卷小项的回答都以李克特五点量表的形式呈现。在满意度中，对每个问题都划分为非常满意、比较满意、一般、不太满意、非常不满意五个点，对于每一个量点，表中都通过选择该量表的问卷人数以及比例来表示。通过表中数据的对比，可以分析出教师对多媒体教室的物理环境、硬件环境的满意度。表3—6是教师问卷量表题目的满意程度的数据整理，以及问卷的结果分析。

表3—6　　　　　　　　　教师问卷量表题目的满意程度

题项	子项	非常满意 人数（人）	非常满意 比例（%）	比较满意 人数（人）	比较满意 比例（%）	一般 人数（人）	一般 比例（%）	不太满意 人数（人）	不太满意 比例（%）	非常不满意 人数（人）	非常不满意 比例（%）
多媒体教室物理环境	音响响度	12	6.6	23	12.7	54	29.8	63	34.8	21	11.6
	灯光亮度	5	2.8	13	7.2	69	38.1	67	37	27	14.9
	自然光亮度	3	1.7	15	8.3	54	29.8	24	5.3	27	14.9
	温度适宜度	5	2.8	18	9.9	78	43.1	74	40.9	6	3.3
	能否看清荧幕	6	3.3	32	17.7	96	42.0	65	36.0	2	1.0
	座椅、墙壁颜色	9	5.0	16	8.8	72	39.8	64	35.4	20	11.0
	座椅舒适度	13	17.2	17	9.4	83	45.9	58	32.0	10	5.5
	教室大小	8	4.4	26	14.4	64	35.4	72	39.8	11	6.1
多媒体教室硬件环境	荧幕位置	7	3.9	20	11.0	76	45.0	77	42.5	1	0.6
	荧幕与黑板相对位置	26	14.4	32	17.7	72	39.8	42	23.2	9	5.0
	荧幕大小	8	4.4	41	22.7	73	40.3	48	26.5	11	6.1
	设备配备	12	6.6	38	21.0	89	49.2	37	20.4	5	2.8
开放问题	您对目前多媒体教室物理环境的感受及期望											

该问卷主要调查了与研究目的相关的多媒体教室硬件环境、物理环境的情况，问卷中的第二部分表明教师认同多媒体教室相对于传统教室的优势，它可以改变教学方式、增强师生之间的互动、增强教学资源的利用率、提高教学效率与质量。但是通过以上调查问卷中的量表分析，可以发现以下几点。

（1）对于温度适宜度的调查，43.1%的人认为一般，40.9%的人认为不太满意，二者之和高达84%。被调查教师中38.1%的人认为灯光亮度一般、37.0%的人认为不太满意,二者之和超过了半数,其他量表题目的满意度中认为一般与认为不太满意的百分比比例之和也超过50%,只有在自然光亮度这一项量表中,二者之和为35.1%。可见教师对于多媒体教室的物理环境的整体设置不太满意,物理环境中的各因素设置存在不合理之处,其中音响效果、光照亮度、温度适宜度、桌椅色彩等都存在着不同程度的缺陷。

(2)结合以上量表,我们将其中每一量表中得分的均值以下图的方式呈现,如图3—2。由于对于每一量表题目,我们的赋值方式为:非常满意到非常不满意,依次赋予1—5分。柱形图显示,12道题目中有6道的均值在3.5分到4分之间,5道题目在3分到3.5分之间,1道题目为2.73分。由此也可以证实上述调查结果。

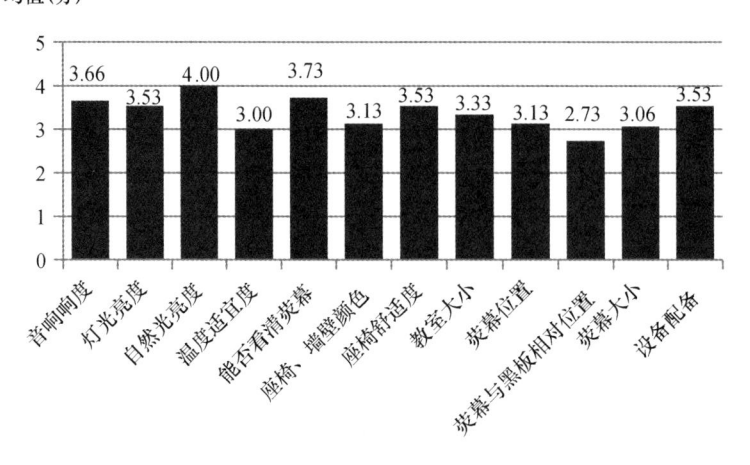

图3—2 各项量表得分均值

学生问卷调查表的结构与教师问卷的结构相同,调查问卷见附录1,具体调查数据的分析整理如表3—7。

通过分析问卷,所得结论如下。

(1)虽然学生都认同在多媒体教室上课大大提高了他们的学习兴趣、调动起了他们的学习积极性,也增加了学生在课堂中的学习主体地位,但是对多媒体教学中的物理环境因素满意度较低。

表 3—7　　　　　　　　　　　学生调查数据分析

题项	子项	非常满意 人数(人)	非常满意 比例(%)	比较满意 人数(人)	比较满意 比例(%)	一般 人数(人)	一般 比例(%)	不太满意 人数(人)	不太满意 比例(%)	非常不满意 人数(人)	非常不满意 比例(%)
多媒体教室物理环境	音响响度	6	3.4	27	15.3	72	40.9	69	39.3	2	1.1
	灯光亮度	7	4.0	29	16.5	71	40.3	66	37.5	3	1.7
	自然光亮度	4	2.3	26	14.8	68	38.6	73	41.5	5	2.8
	温度适宜度	6	3.4	26	14.8	70	39.8	70	39.8	4	2.3
	能否看清荧幕	5	2.8	30	17.0	65	36.9	69	39.3	7	4.0
	座椅、墙壁颜色	8	4.5	27	15.3	70	39.8	65	36.9	6	3.4
	座椅舒适度	7	4.0	28	15.9	66	37.5	71	40.3	4	2.3
	教室大小	6	3.4	24	13.6	71	40.3	72	40.9	3	1.7
多媒体教室硬件环境	荧幕位置	5	2.8	28	15.9	69	39.3	65	36.9	9	5.1
	荧幕与黑板相对位置	5	2.8	25	14.2	74	42.0	67	38.2	5	2.8
	荧幕大小	6	3.4	27	15.3	69	38.7	72	40.9	3	1.7
	设备配备	5	2.8	26	14.8	74	42.0	66	37.5	5	2.8
开放问题	您对目前多媒体教室物理环境的感受及期望										

（2）大多数学生认为多媒体教室中的光线设置不合理，上课时不太能看清屏幕，自然光与灯光的配合有待改进。

（3）大多数学生对多媒体教室的音响效果比较满意，但是认为多媒体教室中的温度不适宜，通风效果不好。

（4）大多数学生认为多媒体教室中的荧幕位置较高，桌椅的构造有待改进。

通过比较两种问卷，可以发现以下几个方面。

（1）不管是学生还是教师，大多数人都认为相对于传统教室而言，在多媒体教室中上课，不仅可以改变教学方式、增强师生之间的互动、增强教学资源的利用率、提高教学效率与质量，而且有助于"教师主导、学生主体"教学模式的展开，对多媒体教室的教学效果给予了肯定。

(2) 在影响多媒体教学效果的多媒体教室物理环境因素方面，无论是教师还是学生，大多数人都认为音响效果、室内的温度环境、视觉环境、通风效果有待改进。

六 访谈设计

(一) 访谈提纲

在研究过程中，我们认为访谈法是一种利用人与人对话交流的方式获取信息的调查研究法。此种方法可弥补问卷调查法的不足，为结果分析提供改善型方案，以便更科学合理地设计问卷问题，访谈提纲如表3—8所示。

表3—8　　　　　　　　　　访谈提纲

你认为多媒体教学怎么样？	多媒体教学与传统教学相比优点是什么？ 多媒体教学能否代替传统教学方式？
你认为教师多媒体教学运用的怎么样？	教学效果如何？ 课堂互动如何？ 课堂氛围如何？
你对多媒体教室的物理环境满意吗？	上课时能看清荧幕吗？ 上课时教室的灯光亮度怎么样？ 上课时教室闷热吗？ 您喜欢教室墙壁、座椅的颜色吗？
您对目前多媒体教室的物理环境有什么建议？（声、光、电、热、色）	

问卷调查不能反映全部问题，可将访谈调查作为它的补充部分，二者相互整合才能得到更加全面的问卷分析结果。因此，我们将二者进行了结合，希望获得更加有意义的调查结论。

(二) 访谈结果与讨论

通过对访谈内容的梳理，我们发现教师、学生对利用多媒体进行教学给予了肯定，并且认为多媒体技术与教育的融合会推动教学改革、提高教学效率、改变教学模式。但是对目前多媒体教室的物理环境还不太满意，这也印证了问卷结果。以下是几例访谈内容。

物理科学与技术学院教师甲说："在多媒体教室中上课，有多媒体软件与硬件的参与，可以更高效地开展教学工作。因为多媒体课件可以把图片、动画、视频等内容以形象生动的形式展现给学生，这样可以增加学生的学习兴趣，但是在上课过程中，我发现有的学生低着头不看屏幕，我询问其原因，他说抬得时间过长，教室又太昏暗，脖子僵硬且眼睛不舒服。教学过程设计得再好，课件制作再精美，多媒体教学效果和质量也受到了影响。"

外国语学院教师乙说："公共英语都是几个班一块上，多媒体教室人比较多，并且教室是坐东朝西的，无论是春天、夏天、秋天还是冬天，我发现学生都集中在远离窗户的位置，感觉教室一边坐满了人，另一边靠窗户那一排几乎没人。我利用听课的时间坐在窗户边，发现冬天窗边较冷，夏天窗户边进来的阳光刺眼，反射光使学生根本看不清荧幕。"

汉语言文学的学生丙说："在上课过程中，由于外界光线刺眼，必须把窗帘拉起来以遮挡光线，结果荧幕虽看清了，但是室内采光非常不足，尤其是在阴雨天，自然光微弱，再加上窗户紧闭，在这样一个闷暗的环境中，我感觉头晕眼花，没心思听课。从心理上也不愿意在这样的环境中待着。"

以上是比较典型的几个访谈案例，通过分析访谈结果，我们发现学生是应用多媒体教室最多的人群，现有的多媒体的物理环境中的声、光、电、热、色等因素在一定程度上造成了学生的生理疲劳、心理疲劳，间接地影响了多媒体教室的利用效率和多媒体教学的效果。

七 实地观察

（一）观察内容

观察高校多媒体教室的硬件设施、多媒体设备的空间布局以及整体的物理环境；分别在不同规格的多媒体教室听取不同专业的课程，同时观察各位教师使用多媒体设备时的情况，多媒体教室的声、光、电等物理环境是否影响了教学，学生听课时的态度是否积极以及兴趣是否高涨。如今，我国普通高等院校还是以班级授课制的方式进行教学活动，为了发挥学生的主体能动性，保证教师引导作用，学生不能一味地被教师进行填鸭式灌输，必须让学生参与到教学互动中来。事实上，在教学中，教师也应关注学生的个体差异性，做到因材施教，使学生不因不同的学习天赋而产生不同的学习效果。学生评价多媒体教学有非常大的发言权，因为置身其中的学生可以最直接感受教室内物理环境等因素的变化。如果想更全面系统了解多媒教室的使用现状，对学生进行访谈和问卷势在必行。

（二）观察结果与讨论

在该调查研究部分，根据该校多媒体教室物理环境的具体状况，以及查阅物理环境方面的最新研究成果，我们采用了三种研究方法，即问卷和访谈以及观察相结合的方法。

在问卷调查部分，按基本信息、被调查者对多媒体教学的态度、被调查者对多媒体教室的物理环境满意度、开放问题四部分进行编写、发放、回收与分析，得出了在多媒体教室中影响师生身心疲劳物理环境因素；在访谈部分，我们首先列出访谈提纲，通过对调查对象进行访谈，并对访谈结果进行分析；同时，将观察部分作为问卷、访谈的补充。

通过以上调查研究，我们发现，大部分师生对多媒体教室的物理环境不太满意，在上课过程中，音响效果、视觉环境、温度环境、光照强度等因素不同程度地影响了师生的生理与心理状况，尤其是对于学生，多媒体教室物理环境中的不合理因素导致他们出现视力模糊、颈椎疼痛等生理不适，以及由此带来的心理疲劳。同学们上课时的这些状况进一步证明多媒体教室在设计过程中存在人机学方面的问题。多媒体教室的空间布局不太合理，声、光、电、热、色等无形的物理环境因素设置不合理、不灵活是教师和学生对多媒体教室不满意的根本原因。

八　本章小结

在多媒体教室适用状况的研究和分析的基础上，我们认为有必要对现有的多媒体教室进行人性化改进，由此不仅可以向多媒体教室的建设规范与标准靠拢，还可以弥补传统教室在向多媒体教室转型的过程中出现的一些设计中的问题。

人性化设计也是人机工程学的理论要求，能更充分了解多媒体教室使用过程中人、机、环境的协调发展的细节。特别是从多媒体教室中教师和学生两个角度，充分设计多媒体教室中采光和照明、音响效果、通风、色彩搭配、座椅配置等硬件设施，还应该考虑教师对多媒体功能区使用时的方便程度，以及学生在感受投影幕布角度和位置高低问题的舒适程度等问题，力求系统地提升多媒体教室的使用品质，增加使用效率。对多媒体教学中上述物理因素不足的地方，提出了改善方案，目的是让师生教学互动的过程在高效、舒适的环境中进行。例如，根据问卷分析结果我们发现同学们在多媒体教室上课时感觉光线较为昏暗，特别是将窗帘全部拉合后，他们好像置身于封闭的空间，觉得身心不悦，影响上课效果。

首先，多媒体教室调光设计十分重要，随着上课时间段的不同，光照亮度应该可以调节。因为多媒体荧幕对光照的要求较高。多媒体教室在使用时通常会关闭窗口、拉合窗帘，防止自然光照射进来，与此同时也会关闭室内顶灯，从而达到屏幕清晰可见的目的。但是，多媒体教室采光设计还要考虑如下因素：其一是教室太亮导致座位靠后的学生看不清屏幕上的文字；其二是教室太暗，教师无法准确操作多媒体按钮，也看不清讲义和学生的表情，而同学们也无法看清教材和做笔记。如此非常容易导致学生和教师的眼部劳累。所以，调节教室亮度适中尤为重要。这也说明在多媒体教室使用过程中，采用遮光窗帘避光和关闭顶灯的做法影响照明的均匀度，存在人因工程学方面的缺陷。我们可以在现有基础上采用百叶窗、可调节灯管。教室使用可调节的百叶窗和顶灯可以较好地解决这个问题。百叶窗可根据季节变化、天气状况、上课时间等情况，控制自然光进入教室的强度，比普通的遮光窗帘透进来的光线均匀，可增加使用者的舒适感，可避免遮光窗帘忽明忽暗的采光效果。教室顶灯选择能调节光强度的顶灯，当光线较暗时，可适当使用较亮的灯辅助采光；当教室光线太亮时，可适当关闭或打开弱光灯，此灯发射出的黄色光有助于减轻人们视觉疲劳。尤其是坐在第一排的学生，在长期的学习中，他们两只眼睛一直斜向上注视屏幕，此过程颈部肌肉一直绷紧，容易引起视觉神经疲劳及颈部肌肉疼痛等不适反应，甚至出现眼睛流泪、颈部扭伤等严重后果，长时间使用会影响学生的身体健康。此外，由于屏幕在斜向上位置，在水平角度上，双眼是看不清屏幕的，必须通过颈部和背部肌肉发力向上仰视，长时间保持更会导致背部肌肉酸痛甚至脊椎变形。这些都是由水平视角的人因缺陷导致的，必须加以改进设计。如果照明的目的是适用视觉需求，那就采用功能性的明视型照明；倘若照明是为了使人们感觉舒适，那就设计成以保证环境舒适感为主的气氛型照明。

再者，多媒体教室的色彩改进十分重要，例如，墙面一般设计成白色，室内桌椅理论上最好选取浅蓝或浅绿等冷色调，如此既不影响教室采光，构造舒适的学习环境，又帮助学生降低紧张感，利于集中更多注意力学习和上课。这一点印证了我们访谈中"多媒体教室内桌椅用什么颜色最能使你集中注意力？"的问题的科学性，大多数同学们选择浅蓝或浅绿进一步验证结果的正确性。

多媒体教室的升级换代迫在眉睫，随着交互式电子白板、直播教室、智慧教室以及虚实结合的创客教室的不断普及，未来的多媒体教室将更加注重学习空间的布局、人际关系和资源等方面，注重学习空间的体验性、知识性、智能性和交互性，以满足学习者的个性化需求和实施有效的深度学习策略。

第四章

具身认知学习环境构建

具身认知理论是当前认知科学研究热点，聚焦于身体感知器官与各种环境交互作用，强调身体的具身体验、情境交互和协作互动，为学习环境设计与转变提供了新的思路。

本章主要对具身认知学习环境的概念进行了界定，分析了具身认知学习环境的特征、构成要素及构建原则，并在此基础上形成具身认知学习环境的境脉图。最后，以 S 大学智慧教室具身学习环境中的《教育传播学》课程教学为例，通过对比研究发现，智慧课堂学习环境的使用可以有效地提高学习者的学习效果。

21 世纪以来，随着信息技术的迅猛发展，智能设备的不断普及，学习方式、学习活动及学习环境正在发生巨大的转变，学习从离身走向具身成为必然。具身认知学习环境建构和设计是当前研究热点。国外对具身认知学习环境的研究较为全面，具有代表性的主要有亚利桑那州立大学 2010 年创立的媒体情境艺术实验室（SMALLab）、哥伦比亚大学建构的 3D 虚拟力学反馈教学环境开展的汉字具身学习环境以及 Second Life（第二人生）学习环境等。它们整合了以具身认知理论为基础、具身技术为支撑的现实环境和数字化虚拟环境，调动学习者身体各种感知器官充分参与，通过身体与其各环境要素的沉浸式交互，观察、体验和动态地进行知识学习和能力提升。

我国学者多在具身认知理论的基础上设计教学活动，改变课堂教学模式、策略及规范课程行为,李敏娇[1]等人以具身认知理论为基础,分析了教学活动设计的目标、原则以及流程等;王靖[2]等人分析了具身认知理论对于教学设计、数字化学习实践活动和多媒体技术应用的价值与意义;普煜[3]等人分析了具身认知理论对课堂中的教学意蕴、有效教学及行为规范的积极指导作用,并通过具身认知工具与技术,让师生的身体回归课堂,增强师生、生生身体与环境的互动,从而提升了课堂教学效果。对于具身认知学习环境的研究比较少,比如王美倩[4]等人以新系统观和动力学为视角,具体分析了具身认知学习环境的进化机制,并从现象学的角度分析了工具中介支持的关键作用等,这些研究成果主要以理论探讨的方式分析具身认知学习环境对具身学习活动的关键作用。

本章通过对具身认知学习环境的特征、构成要素及其应用等方面的多维分析,以期有利于促进学习者的有意义学习,提高学习效能和培养创新思维能力。

一 具身认知学习环境概述

(一) 具身认知理论与学习环境

具身认知(Embodied Cognition)也被称为身体性认知、体现认知等,是在皮亚杰认知理论、加涅信息加工理论以及维果斯基社会文化观等理论的基础上,用于解释人类通过身体与外界交互获得认知的新理论。其源出于现象学和生物学。胡塞尔强调以意识体验为主,梅洛-庞蒂在此基础上提出人类是借助身体和外界进行交互,应重视身体体验,为具身

---

[1] 李敏娇、张怀南等:《具身学习环境 SMALLab 的架构分析及启示》,《现代教育技术》2015 年第 1 期,第 100—106 页。

[2] 王靖、陈卫东:《具身认知视角下的混合式学习本质再审视》,《远程教育杂志》2016 年第 5 期,第 68—74 页。

[3] 普煜:《基于具身认知的课堂教学意蕴与改进路径研究》,《教育参考》2016 年第 3 期,第 35—39 页。

[4] 王美倩、郑旭东:《基于具身认知的学习环境及其进化机制:动力系统理论的视角》,《电化教育研究》2016 年第 6 期,第 54—60 页。

认知的发展奠定了理论基础；瓦雷拉[①]等人从生物学角度认为认知源于多感官身体产生的不同经验，且身体的感知能力天然融入一个更宽广的物质、文化、心理等的具体情境中。总体而言，具身认知是指在认知加工过程中，身体发挥关键作用，认知主要是通过身体各种感官在环境中的交互体验及其活动形式而形成的。具身认知认为认知、身体和环境是相互嵌套、不可分离的，认知存在于大脑中，大脑存在于身体中，也就是说，认知附着于身体的各种感官产生的经验，而身体则是融入不同的物理、生理和文化环境中，三者都不可缺。其宏观关系如图4—1所示。

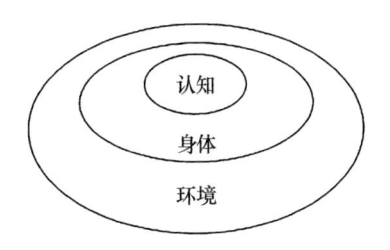

图4—1 认知、身体与环境关系

学习环境通俗来讲就是与学习者有关学习的一切因素合成的环境，其大致由物的因素（课桌、黑板、粉笔、教科书、学案等）、人的因素（学习者、教师或其他专家）和技术因素（投影仪、多媒体、播放器、电子书包等）构成。学习环境的设计理念与构建方式受到文化观念、知识水平和技术发展的影响。武法提[②]等人提出学习环境是指学习者基于某个场所，利用学习资源、认知工具和师生进行交互，并发现问题、探索解决问题。传统的离身认知学习环境无法有效地促进学习者进行有意义的建构性学习，而随着数字技术的不断发展，以及各个学科领域中认知理论的创新，研究者们逐渐将身体带入课堂，融入学习环境中，基于具身

[①] Varela, F. J., Rosch, E., & Thompson, E.（1992）. The embodied mind: Cognitive science and human experience. Cam-bridge: MIT Press: 173.

[②] 武法提、李彤彤：《生成性目标导向的网络学习环境设计研究》，《电化教育研究》2014年第3期，第58—64页。

认知的学习环境随即引起了人们的重视。

(二) 具身认知学习环境

具身认知学习环境，是一种基于具身认知理论的身心融合、主客一体理念下建立起来的一种心智嵌入大脑、大脑嵌入身体、身体嵌入环境的多种内嵌性的学习环境。路易斯（R. Lewis）和门德尔松（P. Mendelsohn）[①]认为，人类的所有认知活动都包括两种形式的加工过程：一是依赖外在环境刺激的由外到内的加工，这是人类对外部刺激进行适应、调节的过程；二是依赖人类自身的主体意识由内到外的加工，这是人类对知识的主动解释、构造的过程，这两种加工过程不是独立存在的，而是相互作用、互利共生的关系。认知科学哲学家马克·罗兰兹[②]（Mark Rowlands）认为，认知是一个涵盖外在环境辅助加工和内在个体主动加工的混合过程。其中，外在的加工过程主要是依靠环境构成要素中资源技术环境的显性支持，如抽象的数理化概念及规则通过应用相关技术进行可视化处理、高难度的技能分步骤呈现等；而内在的认知加工过程则需要外在环境各要素的隐性支撑，如学习者的认知特征、学习经验和认知风格等。总之，有效的具身认知学习环境有利于师生身体释放、有效交流和教学转向具身化。

具身认知学习环境主要由物理环境、资源支持环境、情感心理环境和社会文化环境四部分组成。物理环境中的各要素是学习者顺利实施学习活动的前提和保障，其主要由教学开展的场所（教室的地理位置等），场所中的基本设施（桌椅布局、多方位摄像头、多媒体及白板等），教学场所的温度、色彩、采光和隔音等组成；资源支持环境是学习者进行有意义学习的支架与桥梁，主要包括学习资料、相关的学习策略、多媒体、各种认知工具、虚拟技术和支持教学的具身技术等要素；情感心理环境主要包括学习者之间的关系、课程教学中的学习氛围和交流对话等要素；

---

① R. Lewis, P. Mendelsohn (1994). Lessons from Learning. Amsterdam: North - Holland Press.

② Rowlands, M (2009). Extended cognition and the mark of the cognitive. Philosophical Psychology, 22 (1): 1 - 19.

社会文化环境包括学习者和教师的信仰、思维模式以及学习习惯等要素，其中后两种环境为学习者的内在认知加工过程提供了隐性的支持和帮助。在具身认知学习环境中，学习者的知识获取不仅存在于认知层面的信息加工，而且与身体紧密相关，并借助身体的各感知器官，将身体的行为显性化或者通过具体的角色体验来实现与环境中各要素之间交互作用，充分考虑学习者身体的行为化（结合课程的具体内容，将能够通过身体的感官感知来获得的知识点整理出来，在教学实践过程中将学习者的身体行为最大化地融入环境中，使得具体的知识点能够和身体的认知体验之间建立连接）、技术化（借助具身技术、认知工具等将身体各感知器官的功能无限放大化，促进学习者进行具身化的学习）、社会化（强调学习者和教师将各自的学习习惯、观念、思维模式等融入具体的教学实践活动中，亲身体验不同科目的学习过程）和交互（主要是强调学习者之间在营造的不同的学习氛围中，通过交流互动、角色扮演、具身体验等方式将其学习到的知识借助技术用可视化的方式表示出来）来实现，如图4—2所示。

图4—2 具身认知学习环境

二 具身认知学习环境的特征

具身认知学习环境是学习者与物理设施、教学材料、具身技术和教学情境等要素相互影响、耦合发展的有机系统。它主要具有以下四个主要特征。

（一）具身认知学习环境的开放性

具身认知认为，认知是身体、心理与环境持续交互的动态开放系统，因此，具身认知学习环境具有开放性的特点，一是指开放的学习资源，如教学课件、导学案、教学视频、音频等教学资源的开放性网上公开课程（如 MOOC、SPOC 等）、网站论坛、贴吧等网上学习社区的开放性；网上信息的可随时获取、可随时搜索、可免费共享等网络开放性；具身技术、认知工具等支持服务性工具的开放性等。二是任务情境的开放性，主要指结合具体的内容，提前设计没有固定解决方案的任务，并引导学生多角度思考、发现与课程相关的问题本质、探究问题，并提出尽可能多的解答思路。正是由于任务情境的开放性特征，学习者才可以从不同的视角、不同的层次去思考问题，并通过与各种学习资源、认知工具、具身技术、教师、其他学习者等进行充分交流互动、亲身体验等来寻找解决问题的方法，使得学习者的学习由单纯的脑力认知过程变成身体、心理与外部环境共同交互，持续进行的一个动态的过程。

（二）具身认知学习环境的复杂性

具身认知理论突破了身心二元论的计算机隐喻，延伸了认知的边界，从而使学习环境越来越复杂，其复杂性主要体现在以下两方面：一是环境中要素的复杂性，除了包含桌椅、多媒体和投影等硬件设施外，还包括共享互联网、虚拟现实、物联网、随时下载的资料、交流工具和软件程序等具身技术支持性资源，以及学习者之间的亲密度、信任度、心理活动和学习内在需求等情感要素，这些要素难以清晰界定和描述。二是各要素之间关系的复杂性，各要素会随着教学活动的开展而发生动态变化，这些变化不是线性的、固定的和清晰可辨的，很难被显性描述出来，如情感变化、交流对话以及人际关系等方面的变化；环境中各要素之间同时发生作用，如学习者互相讨论问题时，同时与学习资料、认知工具、学习态度以及物理设施等并行发生作用，这些要素之间的相互作用是持续变化的。

具身认知学习环境的复杂性,信息非线性地呈现满足了创新性思维的联动性和灵活性的需要。学习者在与学习资源、教师、认知工具和具身技术等其他要素交互时,可以随着感官知觉和想象力,对知识进行深层次的加工,体现了学习者的主体性,有利于学生多视角思考问题。

(三) 具身认知学习环境的适应性

具身学习环境中的教学方案、教学流程和教学内容的呈现方式会随着教学活动中各种"突发情况"的变化而作出相应的改变。因此,它本身应该具有适应性。

具身认知学习环境的适应性主要体现在以下两方面:一是充分考虑学习者的(视觉、听觉、触觉等)各感知器官的优势和劣势,在实际的教学活动中结合具体的教学目标并依据学习者对外界的灯光、颜色、声音、认知工具和设备的感知来选择和设计更有利于学习者学习的照明设备、墙壁颜色、音乐、教学工具等;二是由于具身认知理论强调认知存在于身体,身体是融于环境中的,认知主要发生于身体与环境的持续交互中,这就要求具身认知学习环境可以根据不同学习者的认知特征、学习风格、学习需求、思考问题的方式而实时地作出灵活的调适。这种调适主要体现在根据教学情况对具体的活动流程的改变、对学习工具的重新选择和即时资料的呈现等,其主要目的在于解放学习者的身体,促进学习者与环境之间的具身交互,这种交互更加强调学习者身体的深度参与和融合。由此可知,要做到这种适应性的变化,应该着重从以下四方面考虑:(1)具身认知学习环境能够根据具体的教学活动灵活支持教学策略的调整,比如提供各种情况下的多样化的辅助性教学工具(教学模型、黑板、白板、多色粉笔等);(2)具身认知学习环境能够灵活地支持教学情境的重构,比如选择可移动的桌椅、可变换的学习空间;(3)具身学习环境满足不同学习方式的环境需求,比如提供满足自主探究性学习的学习资源、协作讨论式学习的交流工具以及适合传统课堂学习与在线的课程相结合的混合式学习情境等;(4)具身认知学习环境具备适应传递不同学习内容的境脉支持,以促进学习者对不同的知识点进行有意义的认知加工。

具身认知学习环境的适应性,使得学习者在面对情境性、开放性的问题时，可以紧随着自己的思维跳跃，多角度思考问题的解决方案，有利于学习者在教学活动实施的过程中独立思考遇到的问题，提高学习者的提问能力、归纳能力、演绎能力和辨别能力。

（四）具身认知学习环境的生成性

具身认知学习环境是一个各要素之间相互作用、共同发展的动态生成性系统，主要体现在以下两方面。一是学习者与具身认知学习环境之间是相互影响、耦合发展的关系，学习环境是持续变化的，可以根据教学策略及学生的认知特征作出相应的调整，可以结合不同的教学目标提供不同的认知工具等。二是在具身认知学习环境中，要参照预设的教学方案，考虑师生、生生互动过程中产生的想法，汲取师生与认知工具、交流工具、体感技术等作用时产生的想法、思路或灵感，这些都对学习环境的生成有一定的作用。可以说，各要素之间的非线性交互，不仅可以提高学习者的学习效果，使得学习者自身的素质得以良好的发展，而且也促进学习环境动态生成。

三 具身认知学习环境要素及相关技术

（一）具身认知学习环境的构成要素

具身认知学习环境的要素主要由以实情、实地、实物为主的物理环境因素，以认知工具、技术资源等为主的资源支持环境要素，以学习氛围、人际关系等为主的情感心理环境要素以及以学习习惯、思维模式、价值观等为主的社会文化环境要素组成。在具身认知学习环境中，学习者、学习共同体等核心主体在各要素融合的环境中进行具身性学习，并且各要素之间是相互影响、耦合发展的关系，共同促进学习环境的动态生成。具体如图4—3所示。

其一，以实情、实地和实物等为主要要素的物理环境是具身认知学习环境的基本组成部分。它为学习者的深层次加工学习提供了教学场所和物化设施，使其沉浸在具体的物理环境中，同时影响着学习者思考问题的方式、学习动机、师生之间的亲密度以及学习氛围。其二，在具身认知学习环境中，教师、学习者和学习共同体等与各要素之间的交流互

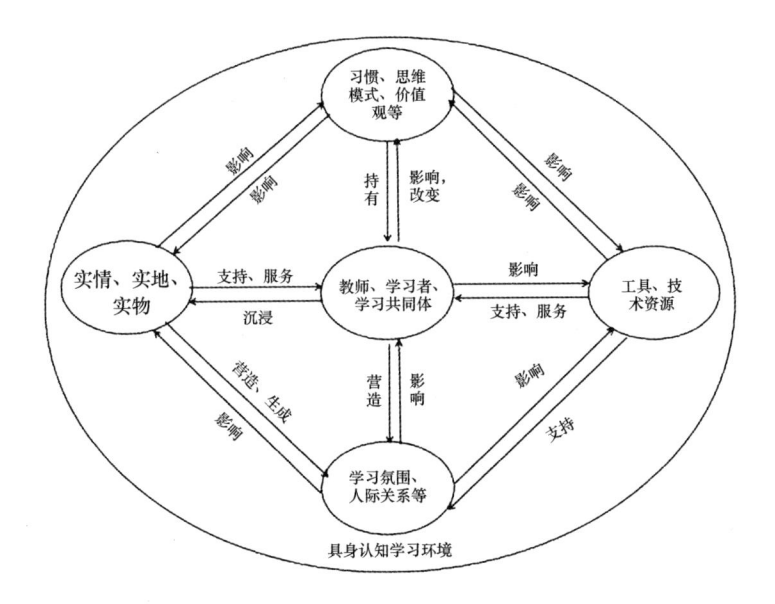

图 4—3　具身认知学习环境构成要素

动，在一定程度上改变或影响了学习者的学习习惯和思维模式，借助交流工具、可视化工具等具身技术营造出不同浸润性的学习氛围和人际关系等。其三，学习氛围及师生、生生之间的人际关系会影响物理设备、认知工具及具身技术的选择、布局和使用。其四，认知工具、学习资源、教学策略和具身认知工具等为学习者具身学习起到了支架和桥梁的作用，促进学习者为有意义的学习作出适应性的变化，并且一定程度上影响了学习者、教师、学习共同体的学习习惯、思考模式以及师生、生生之间的人际关系等。结合以上的分析可知，在具身认知学习环境中各构成要素之间是互利共生、相互影响的。

（二）具身认知相关技术

具身技术是离身认知环境向具身认知学习环境转变的支架和桥梁，是促进学习者进行具身学习的关键要素，也是培养学生思维创新发展的重要条件。伊德（Don Ihde）[①] 在胡塞尔（Edmund Gustav Albrecht Hus-

---

[①] ［美］唐·伊德：《技术现象学》，载吴国盛编《技术哲学经典读本》，上海交通大学出版社 2008 年版。

serl）的意向性理论、海德格尔的支架理念、梅洛－庞蒂（Maurice Merleau-Ponty）的人的肉身意向性理念等思想观念的影响下，提出了人与技术之间的四种关系，分别是具身关系、诊释关系、它异关系和背景关系，其中人与技术之间最容易被理解的关系是具身关系。在具身关系中，人与相关的具身技术融合在一起，身体各感官的体验或者对知识信息的感知会借助技术中介而发生或多或少的变化。伊德曾提出，技术在人类的认知过程中是真实存在的，但其作用不是中立的，而是具有扩大或弱化的功能，如运动手环，人们刚开始使用时，会觉得有压力，每天会随时看自己的运动步数、心跳的快慢以及晚上的睡眠质量等，但一段时间之后，这种感知技术就依附在人们身体的各种体验中，人们就会习惯该技术的存在，技术就会"撤退"，与人的各类感知体验融合在一起。由此可见，技术在学习者的具身学习中发挥着重要的作用。在具身认知学习环境中，技术的具身可以通过多种方式进行，根据技术与身体部位的嵌入点不同对具身技术进行分类：（1）内嵌在体内；（2）在身体接近的位置；（3）依附在身体某部位；（4）在体外。具体内容如表4—1所示。

表4—1　　　　　　　　具身技术分类及介绍

交互点	特点	具身技术
内嵌在体内	这类主要特点是固定的、可植入的	纳米技术、连接器、微刺激等
在身体接近的位置	将人的身体作为转换的媒介，邻近交互的技术主要在于存储、传输信息	无接触交互、跟踪定位技术、虚拟游戏、体感技术、投影虚拟物呈现技术等
依附在身体某部位	可随时佩戴与拆卸	3D眼镜、数据手套、运动手环、助听器等
在体外	日常生活中常见的	全方位转向摄像头、电子触摸屏、虚拟游戏等

四　具身认知学习环境的构建原则

根据对具身认知学习环境的特性及要素的分析，具体构建学习环境时应注意该环境的特殊性，关注如何能有效地将学习者的身体带入课堂，促进有意义学习的发生，最终达到概念转变。在构建具身认知学习环境时应考虑以下四个基本原则。

(一) 使身体各感官能够更多地、多方位地融入环境中

具身认知的两大特征之一就是强调认知主要来源于学习者身体多感官在具体体验中产生的不同种类的经验，强调身体与物理环境、情境支持环境和社会文化环境等交互中对认知进行有意义的建构。身体的各种感官所发出的信号，比如学习者的面部表情、眼神或肢体的动作等感官信号是学习者对知识的理解、迁移和运用的窗户，身体各种感官的适当反应能够被学习者有意或无意地调入大脑的工作记忆中进行更深层次的加工，这样更有助于促进学习者对教学内容的理解和迁移应用。学习者进行学习时，学习环境中能够刺激学习者各感官的技术应用（如3D眼镜、3D打印机、虚拟数据手套、交互技术、体感技术等）越具体，所能感知的感觉形态（如视听觉材料、平面图的立体呈现等）越丰富，越能够全方位地刺激学习者身体的各运动感官，使得学习者身体沉浸在学习环境中，进而促进学习者对知识的深入理解、思考和探究。

(二) 使学生的思维显性化，用身体动作展现自己的思维模式

学生思维显性化主要包括两个方面：一方面是借助某种技术、交流工具将抽象的教学材料以显性的方式呈现出来，使得学生感官上具体感知；另一方面是学生在感知之后可以借助具身认知学习环境中的具身技术，采用显性化的方式将自己的理解、思维展示和阐述出来，可以方便教师、专家及其他学生了解其对知识概念、规则的推理过程和解决问题的思考模式。要使学生的思维显性化，在具身认知学习环境中需结合具体的科目、课程特征，选择所需的显性化工具及具身技术。

(三) 可兼容各要素交互时发生的变化，并作出灵活的调整

具身认知学习环境是一个庞大的、具有兼容性的整体性系统。由上文分析的环境的复杂性可知，各构成要素之间并不是平行关系，而是错综复杂的非线性关系。可从以下两个视角考虑：一方面是该环境中的一个要素可与其他的任意多个要素同时产生影响，也就是说，各要素之间是并行、交叉、多方向地产生影响的。例如，学习者与具身技术交互的

过程中，同时也与学习共同体中的其他成员、物理环境中组成部分以及学习资料等都同时发生或多或少的作用；另一方面是在不同或相同的学习进程中，各要素之间的相互作用不是单一重复的、模式化的，而是一直处于动态的变化中。也就是说，即使不同的小组成员在学习同一课程时，由于成员与不同要素的交互顺序、时间的长短等不一致，使得各要素之间的相互作用不是一成不变的，而是一直处于动态的变化中，这就要求具身认知学习环境可兼容各要素之间关系的变化，容纳各种难以清晰描述的要素的改变，如学习氛围、学生的情绪等，并适时地作出调整。从以上论述来看，可兼容、灵活可变的具身认知学习环境，需要及时根据学习者、教师以及学习资源等各要素之间发生的变化而作出相应的改变，才能有利于培养学习者的发散性思维。

（四）满足教学活动的动态生成

从具身认知理论的视角来看，学习者的学习也是一种具身性的学习，因而教学也必然是具身性的，教师、学习者以及环境之间是双向交互、互相影响的关系。在传统的离身学习环境中，教师是根据提前准备好的教案或电子课件，主要以讲授的方式将内容传授给学习者，即使有的教师在教学活动中会组织学习者进行交流互动，但是针对不同的听课群体讲授相同的课程知识时，教学的活动流程、课件资料等是一成不变的、模式化的。而在具身认知学习环境中，虽然教师也会提前准备相关的课程资料，预测教学活动的大致方向，但由于在具体的教学环节中具身技术、活动的物理设施、多媒体技术等的使用，学习氛围、学习者情绪以及不同的学习者对知识的意义建构、概念的转变等都处于不断变化之中，就要求具身认知学习环境能够容纳这些不可预知的改变，并且可以巧妙地采用环境中的一些要素将这些"意外事件或对象"融入真实的教学活动中，提高学习者对知识的认知建构能力，以及满足具身认知学习环境中学习活动的动态性。

五　具身认知学习环境构建及应用

（一）具身认知学习环境境脉

具身认知学习环境构建的核心目标是为学习者和教师提供具身性学

习的环境。同时，也要考虑以学生的学为中心，促进有意义学习的发生。学习目标是构建学习环境的一条主线，从具身认知学习环境中各环境要素的分析与安排到知识概念的转变和重建，学习目标始终贯穿其中。构建具身认知学习环境主要从四个层面由内到外逐渐展开，使不同层面的各个要素互利共生、耦合性循环发展，不断使学习者在具身交互学习过程中进行有意义的学习，完成学习目标，如图4—4所示。

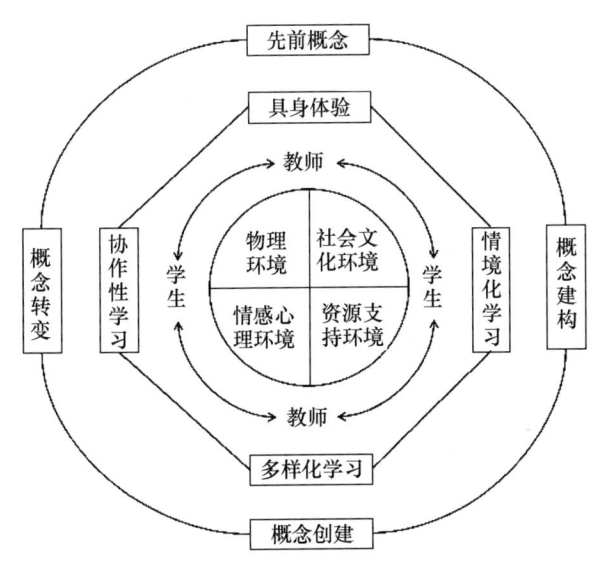

图4—4 具身认知学习环境境脉图

具身认知学习环境的四个环境要素是境脉图的核心部分，也是教学活动顺利进行的保障。在该环境中，学习者、教师浸润在各要素中，将身体带入其中，与各要素之间发生多感官交互作用，促进不同形式的学习体验的顺利进行，包括具身体验、情境化学习、多样化学习、协作性学习，结合具体的科目、知识的类型、信息的显性化呈现方式等选择最适当的学习方式，可以是一种，也可以是多种学习方式交叉进行（如LU等人开展的汉字具身学习环境，学习者在其中学习汉字时，是具身体验和协作性学习的结合），最终使得学习者在学习活动中实现概念回忆、概念建构、概念创建以及概念转变等过程的循环往复、耦合发展，逐步完成学习目标。

（二）具身学习环境的实践应用效果

S大学于2017年9月至2018年1月在教育技术学本科专业的15级和16级同时开设《教育传播学》课程，授课教师是同一个人。由于条件所限，15级教育技术学专业学生（43人）在普通多媒体教室上课，16级教育技术学专业学生（44人）在智慧教室上课。通过课堂观察、课堂测验和问卷调查等方式，主要从学生的学习状态、学习方式及学习效果三个方面对两个年级学生的学习情况进行考察和分析。其中，学习状态主要指的是学生的注意力和参与度，学习方式主要指协作性学习、多样性学习及情境中的具身性学习等，学生效果主要以测试成绩为主。

1. 就学习状态而言，在课程教学中，16级学生的注意力和参与教学活动的次数明显高于15级，15级学生在开课后15分钟之内保持较高的注意力，但是在15分钟之后有的学生就开始走神、玩手机、看其他书籍等，而16级学生在整个教学过程中几乎都保持高度的注意力并积极参与各项教学活动，他们全身心融入智慧教室学习环境中，借助平板电脑、手机等认知工具主动完成学习任务，形成了有效的智慧学习环境学习共同体。

2. 就学习方式而言，16级学生在学习过程中采用的学习方式明显比15级学生的多，突出体现了以学生为中心的教学理念。16级学生能够根据具体的问题选择不同的学习方式，如在协作学习时，小组成员能够明确任务，在遇到困难时积极互助协作，利用平板电脑和手机等工具在线查询、协作讨论以及梳理整理资料，最终解决问题；而15级学生采取的是被动式的听课学习方式，在小组讨论或合作学习的过程中，呈现"能者多劳"和"坐收其成"等现象。

3. 学习效果分析是在学期末通过知识测试进行的。测试内容包括教育传播媒体中5种媒体的概念、传统媒体和现代媒体的区别、现代教育环境下的教师与学生的关系、教育信息传播基本模式以及教育传播效果评价方式等内容。测试结果表明，16级学生的学习效果明显好于15级学生。其中概念题的答案，16级绝大部分同学能用自己的语言进行概括，并且列举出生活中各种实例；而 15 级大多数学生则用课本上的原话进行作答，这说明 16 级学生将学到的概念知识与自己原有的知识进行了有效整合，进而达到了概念转变，提升了学习的质量与成效。这也进一步表明，智慧教室的具身认知学习环境可以有效提升学生的学习效果，而且学习效果也明显好于一般的多媒体教学环境。

六　本章小结

从传统的离身认知学习环境到当前的具身认知学习环境的转变，将会成为学习环境的重要改变，也契合了人类认知发展的需求。通过构建具身认知学习环境，其环境中各构成要素之间交互影响、互利共生，使得学习者的身体得以解放，将身体各感官带入学习环境中，激发学习者的各感官感知能力，引导学习者多角度、发散性地探索解决问题的方法，为培养学习者的技术思维、发散性思维和创新性思维奠定基础。

具身认知学习环境中的各种学习活动如何有效地促进学习者的意义建构，如何选择适当的工具、技术等更好地激发学习者学习的潜能以培养学习者的创新性思维，仍是需要进一步关注的重点。另外，具身认知学习环境是在真实的教学活动中动态生成的，要着重考虑构成要素的变化。我们可以结合智慧教育、未来课堂等学习环境，有效地促进学习者对知识的深层加工和运用，充分发挥学习者的具身性学习，提高有意义学习水平，进行深度学习。

第 五 章

数字化场馆中的非正式学习影响因素

场馆学习在非正式学习中扮演着至关重要的角色，在得到人们的普遍关注之余，伴随着科学技术的日益发展，也受到新兴技术的推动和冲击。本研究在对非正式学习、场馆学习及其影响因素等相关研究予以文献综述的基础上，立足已有成果，寻求新的视角，关注新兴技术的影响，对数字化场馆环境中非正式学习的影响因素进行全面研究。回顾以往研究，我国对场馆学习的研究普遍缺乏实证性，对场馆学习影响因素的研究不仅缺乏采用数据量化结果得出结论的科学性，还缺乏对当下技术影响因素考虑的全面性。因此，从实证角度研究数字化场馆中非正式学习的影响因素，从而提高数字化场馆非正式学习效果，是一个具有重大理论意义和实践意义的课题。

本章主要内容如下：通过查阅文献资料，对数字化场馆和非正式学习等相关概念予以定义阐述，并根据情境学习理论和社会认知理论，借鉴已有文献中涉及的场馆学习的影响因素、对参观者的客观观察分析和主观访谈参观感受中得出的关键因素综合归纳，从学习主体、物理环境、数字技术、互动交流四个维度设计数字化场馆环境中非正式学习调查问卷。对问卷回收后的数据采用描述性统计分析、相关分析和回归分析等方法，排除干扰因素，确定数字化场馆中非正式学习的关键影响因素。

研究结果表明：学习主体主要通过兴趣、参观动机和期望、先前知识和经验对数字化场馆中非正式学习产生直接影响；物理环境维度下的影响因素包括展品设置、场馆环境氛围和学习活动设计；数字技术借助移动应用技术和虚拟现实对数字化场馆中非正式学习产生直接影响；互动交流主要通过与展品的交互和与社会成员的交流对数字化场馆中非正式学习产生直接影响。基于以上研究结果构建数字化场馆中非正式学习影响因素模型，分析各影响因素与数字化场馆中非正式学习效果的关系，并对如何提高数字化场馆中非正式学习效果提出一些建议。

一　研究背景

终身教育理念要求我们在自己有限的生命时间里，尽可能利用各种学习机会，进一步更新固有的知识，不断学习改变，从而适应当下瞬息万变的社会。我国在《国家中长期教育改革和发展规划纲要（2010—2020）》中提出，要"构建灵活开放的终身教育体系"，终身学习理念也逐渐深入人心。"终身教育"和"终身学习"蓬勃发展，掀起了全新的教育思潮，已然在我国教育界乃至社会大众心中占据主要位置。终身教育体系全面覆盖了我们社会生活的各个领域，包括学校的正式教育、学校外的非正式教育，可以说终身学习始终贯穿我们整个生命历程，是面向社会全体公众，以学习型知识网络为基础，重点整合社会生活中可利用的各类信息资源和工具，加强教育学习同社会经济、政治、文化、生活的密切融合。终身教育弥补了以往学校教育时间的限制，力求为社会公众提供陪伴一生的教育学习机会。"活到老，学到老"，实现整个生命历程中教育过程的统一，终极目标是提升全民人文素养，营造良好和谐的社会学习氛围，促进社会向终身学习型社会过渡。

随着时代的变迁和学习型社会的建立，在终身教育理念下，非正式学习逐步得到公众的重视和认可，人们获取知识的场所不仅仅局限在学校，已经拓展至学校以外的非正式学习环境，场馆作为典型的非正式学习环境逐渐进入大众视野，受到越来越多人的重视。场馆可以收集人类的记忆，珍藏民族的文化灵魂，传播科学思想，普及科学知识，弘扬人文精神，肩负社会实现终身学习和非正式学习的重要使命。以博物馆、科技馆和图书馆为典型代表的场馆，不只是我们参观一次的学习环境，而是可以反复前往获取知识的非正式学习环境。随着信息时代的到来，数字技术的崛起也为场馆注入了别样的活力。数字化场馆基于实体的场馆环境，结合虚拟在线的信息资源，融入的技术手段将在整个场馆学习过程中影响参观者的体验学习，打破传统参观过程，为参观者打造更具有吸引力的学习空间。数字化场馆中的非正式学习发生在真实的自然情境中，以学习者为中心，以个体认知发展与场馆中的展品交互形式展开，可以借助技术为参观者打造个性化的学习空间，帮助参观者提升学习兴趣，进而提升学习效果。场馆学习作为一种新兴的学习方式，目前研究大多在定性的层面上分析场馆学习的特征以及影响因素，很少有研究从实证的角度出发，并且对场馆学习影响因素的研究仍停留在传统的场馆中。在数字化技术日益发展的时代背景下，场馆学习影响因素应该包含哪些因素还需要进一步确定。因此研究数字化场馆环境中非正式学习影响因素显得尤为重要。只有不断与时俱进，跟上时代步伐，我们才能抓住研究重点，才能对在当下的数字化场馆中开展的非正式学习提供有意义的指导。

基于以上对研究背景的探讨，本研究以数字化场馆中非正式学习的影响因素作为研究主题。在国内外学者提出的相关理论和实践研究成果的基础上，重点探索影响数字化场馆中非正式学习的各种因素，试图回答以下问题：数字化场馆中非正式学习的影响因素主要有哪些？各因素的影响程度如何？哪些因素对数字化场馆环境中非正式学习效果影响更显著？

二 研究目的与意义

（一）研究目的

回顾以往研究，不难发现我国对场馆学习的研究普遍缺乏实证性，对场馆学习影响因素的研究不仅缺乏采用数据量化结果得出结论的科学性，还缺乏对当下技术影响因素考虑的全面性。鲜有研究重视数字技术对场馆中的非正式学习的影响。通过文献研究与实践探索，聚焦数字化场馆中的非正式学习影响因素研究，得到参观者在数字化场馆中非正式学习的关键影响因素，根据数字化场馆非正式学习影响因素为参观者创建一个良好的学习环境，充分发挥参观者非正式学习的主动性和积极性，最终达到优化数字化场馆学习效果的目标。

(二) 研究意义

1. 理论意义

媒体的新技术和发展正在改变个人、团体和社会的交流、学习、工作和管理方式。博物馆、美术馆、植物园、科技馆、动物园、水族馆和图书馆，是重要的公共教育环境，技术也在悄然改变参观者的参观方式。在这些环境中提供的自由选择学习与哪些因素有关系？所以探究参观者在数字化场馆中非正式学习影响因素是很重要的。目前，针对场馆中非正式学习影响因素的研究缺乏全面性、系统性和实证性，研究仍停留在对传统的场馆学习影响因素上，并未涉及现代虚实融合环境中技术因素的影响，少有研究从实证角度全面探索现代化数字场馆中非正式学习的影响因素。本研究以情境学习理论和社会认知理论为依据，从本质层面理解和认识数字化场馆环境中非正式学习影响因素的基本构成，从宏观层面构建数字化场馆环境中非正式学习影响因素模型，从而为优化数字化场馆环境中的非正式学习提供理论支持。

2. 现实意义

研究数字化场馆中非正式学习影响因素，确定影响学习效果的关键因素，构建数字化场馆中非正式学习影响因素模型，不仅可以为参观者自身开展场馆学习提供有效参考，还可以为相关机构提升和改善非正式学习效果提供建议。通过对数字化场馆和非正式学习研究，聚焦参观者在数字化场馆环境中的非正式学习影响因素，从而为场馆改进设计或研究者建立评估标准提供可靠数据和依据，唤起国内相关学者对面向公众的场馆设计的重视，提高场馆对公众的持续吸引力，从而提高数字化场馆资源的利用率，为参观者有效利用场馆资源提供借鉴和指导。

三 相关概念

(一) 非正式学习

非正式学习在我们日常生活中随处可见，我们大多数知识的获取都是以非正式学习的方式获得的。区别于传统、固定的学习模式，它是一种相对自由、不受任何约束和限制的学习形式，弥补了学校正式学习的规则化和教条化带来的固定性，充分发挥学习主体参与学习过程的自由性、积极性和主动性，让学习主体按照自己喜欢的方式，自主选择时间、地点，符合当下追求个性化教育的主旨。菲利普·贝尔[①]将非正式学习环境分为日常生活环境、项目学习环境和经过设计的环境三种。可见非正式学习环境众多，广泛存在于我们日常生活中，非正式学习在不知不觉中融入我们生活，自然而然的发生。非正式学习，主要通过参观者互相交流学习经验，或者通过观察，体验感受获得隐性知识，学习主要发生在参观者自发的学习活动中，多以感知和体验的形式表现出来。所以非正式学习无处不在，紧密伴随在我们生活的左右，包括我们随时进行的参观、读书、聚会、打球等，可以说我们每天都在不经意间进行非正式学习。

（二）场馆

场馆是国家为提升全民精神素养，创设人文环境而建立的公共机构，包括我们日常生活中的博物馆、科技馆、图书馆、美术馆、体育馆等。除了室内各类场馆，还包括室外的动植物园。不同的场馆有不同的服务宗旨，如弘扬历史文化或普及科学知识等。Tamir 研究[②]发现，参观者在经过学校的正式学习后再去场馆内进行非正式学习，对学生的学习效果有明显的提升。当然场馆的作用并不仅仅是辅助学校的正式教育，场馆自身的价值和潜力无限，相对于传统正式教育学习，它提供了更为多样的认知方式，对推动非正式学习的发展意义重大。场馆中的行为活动被称为场馆学习，具体包括实体场馆中的参观体验或参与展览活动和基于虚拟资源的网络场馆的学习，不管是哪一种场馆学习方式，都是参观者掌握主动权，自由选择参观的学习活动。

（三）数字化场馆

近年来，随着互联网和信息技术的发展，传统的学习环境正在逐渐

---

① [美] 菲利普·贝尔等编著：《非正式环境下的科学学习：人、场所与活动》，赵健、王茹译，科学普及出版社 2015 年版。

② Tamir, P. (1990). Professional and personal knowledge of teachers and teacher educator. Teaching and Teacher Education, (7): 263-268.

由"实"变"虚"。但虚实融合环境很好地规避了只有实体环境或只有虚拟环境的弊端，结合了二者的长处，所以更有利于学习。数字化场馆是实体场馆环境与虚拟网络信息资源的融合，是典型的虚实融合环境，如图5—1所示。技术改变了传统的实体场馆的发展方向，使得实体场馆向着数字化、智慧化、网络化的场馆方向发展，虚实融合的数字化场馆正在逐步成为主流。

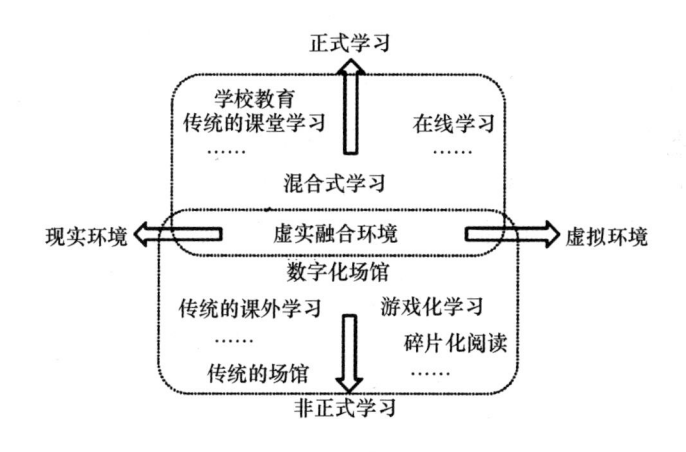

图5—1 虚实融和环境

虚实融合的数字化场馆带来全新的学习体验，不仅能够满足参观者的真实感受，更加关注参观者的学习互动和社会参与，还能满足参观者的交流需求。交互式多媒体技术通过提供数据和网络技术的数字融合技术，提高场馆的教育水平。数字化场馆基于网络资源、移动应用和数字技术为参观者的学习过程提供了海量的学习资源、智能化学习引导和个性化的学习辅助，帮助参观者在真实情境中开展不受时空限制的非正式学习，弥补了必须在学校学习接受知识的时空局限性和在线学习氛围情境缺失性等不足，可以说数字化场馆是为参观者量身打造的个性化学习空间，满足参观者的各种学习需求，致力于提升参观者的学习体验感受。

四 理论基础

(一) 情境学习理论

情境学习理论认为学习过程应该在情境中进行意义建构，学习过程中的知识都在创建的情境中互相传递，交互影响，是学习者共同建构的社会性过程。知识的传递、学习者自身认知重组都是在与自身交互和学习者与情境的互动过程中形成的，如图5—2所示。情境学习理论认为学习是个人情境、社会情境和物理情境共同交互体验的过程，个人情境是学习者自身系统，物理情境是学习主体所处的空间环境，社会情境是学习过程中涉及的互动交流。数字化场馆环境中的非正式学习是参观者主动建构的过程，是参观者认知与场馆学习环境的交互过程，所以，在确定数字化场馆环境中的非正式学习影响因素时应注意参观者在个人情境、物理情境和社会情境中的交互体验的影响。

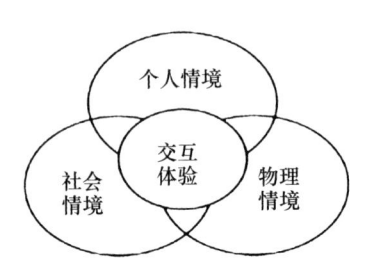

图5—2 情境学习理论

(二) 社会学习理论

社会学习理论认为，学习系统包括个人因素、行为因素和环境因素，重点关注学习过程中学习者的行为和环境的交互过程，三者之间的关系如图5—3所示。行为因素不单单指具体的学习行为，还包括学习过程中的自我观察和反思，是为了获得知识而开展的一切活动的总称。环境因素是指学习者开展学习活动所处的物理空间或情境。行为因素、个人因素和环境因素三者不是独立作用，而是共同影响、交互作用。

因此，数字化场馆环境中非正式学习影响因素可以由学习主体（个

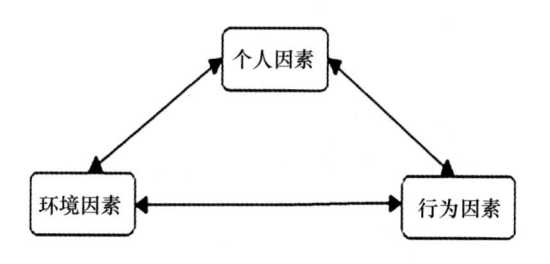

图5—3 社会学习理论

人因素)、互动交流(行为因素)和物理环境(环境因素)等构成。在数字化场馆环境的非正式学习中,物理环境一般包括场馆营造的学习氛围、场馆展品的摆放和场馆建筑风格等。互动交流是学习活动的具体化表现,在数字化场馆环境中,非正式学习过程是基于与展品建立联结和与其他社会成员交流这两个活动展开的。数字化场馆环境中的非正式学习并不仅仅局限于与展品的交互,还包括一切参观者发起的社会交流。因此,互动交流能够更准确地表达参观者在数字化场馆环境中的非正式学习过程。基于以上分析,数字化场馆中非正式学习影响因素可能包含学习主体、互动交流和物理环境等因素。

五 文献综述

(一) 国外研究文献综述

国外对非正式学习和场馆的研究范围广,内容深刻有参考意义,大多属于实证研究。黄蓉蓉、田泽(R. Huang、Z. Tian)[1]研究了个体特征、环境与非正式学习之间的关系,实证研究结果表明,个体特征和环境对非正式学习有积极的影响作用,并在实证研究结果的基础上提出了建议。马雷克·哈塔拉(Marek Hatala)[2]等人介绍了一种自适应家庭博物馆指

---

[1] R. Huang, Z. Tian. Staff Informal Learning Problems and Influencing Factor Empirical Study. Springer Berlin Heidelberg, 2011: 403 – 411.

[2] Marek Hatala1, Karen Tanenbaum. Experience Structuring Factors Affecting Learning in Family Visits to Museums. Springer Berlin Heidelberg, 2009, 5794: 37 – 51.

南的设计和评估。根据总体评价结果,利用模型发现方法,确定哪些经验结构因素对学习的影响显著。帕克(J. Packer)[1] 设计了一个问卷,调查游客在三个地点——博物馆、美术馆和水族馆的期望、对学习机会的看法、参与动机的学习行为和对学习经验的看法。研究认为,动机因素的研究可能有助于为博物馆和其他非正式学习环境的解释建立一个共同的理论基础。哈珀(B. Harper)[2] 等人探讨了学习者如何利用互联网,特别是与博物馆展览相关的网页,将基于网络的内容和数据联系起来,以更广阔的视角探讨博物馆的体验,为学习者创造真实而复杂的学习环境。乔治等(A. C. H. Lin)[3] 从最终用户的角度对网站的设计进行了定性的探索性研究,以鼓励人们享受网络体验和非正式的在线学习。该研究确定了一套鼓励普通大众在线学习体验的措施,并提出了一些基于网络终端用户观点开发在线学习网站的概念指南。雷诺德(Reynolds)[4] 研究了一个开发和测试设计学生使用移动设备进入博物馆的项目。它详细说明了在博物馆设计时考虑学习者的需求,以及移动学习在支持学习者需求方面的能力。认为技术可以在场馆的非正式学习中发挥重要作用,可以将技术作为不同学习环境之间任意切换的关键,不仅连接物理位置,还连接学习者、历史和社会的联系。施泰尔(R. Steier)[5] 设计以了解互动博物馆展览的空间技术特征与青年游客创造体验和互动的意义为目的,从社会文化视角,探索青少年在移动数字博物馆整个参观过程中的互动,包括学习者对移动设备的反应以及该工具对博物馆学习者学习设备的适

---

[1] J. Packer, R. Ballantyne. Motivational Factors and the Visitor Experience: A Comparison of Three Sites. Curator the Museum Journal, 2002, 45(3): 183-198.

[2] B. Harper, G. Brickell, J. Herrington. Exploring students' museum experiences in the context of web—based learning environments. World Conference on E—learning in Corporate, 2006, 26(1): 1977-1983.

[3] A. C. H. Lin, W. Fernandez, S. Gregor. Designing for Enjoyment and Informal Learning: A Study in A Museum Context. Pacis Proceedings, 2010, 53(4): 846-858.

[4] Reynolds, R. C. Speight and K. Walker. Bridging formal and informal learning using mobile digital museum trails. 3rd WLE Mobile Learning Symposium: Mobile Learning Cultures across Education, Work and Leisure. London, UK.

[5] R. Steier. Learning landscapes: physical space and digital technology in museum collaboration and learning. Acm International Conference on Supporting Group Work, 2012: 297-298.

用性使用。可以说，移动数字博物馆是联通正式学习和非正式学习的纽带，为正式和非正式学习之间架起交互的桥梁。

关注场馆学习影响因素的研究主要有：福克（Falk）和迪尔金（Dierking）（2000）[1]基于互动体验模型，关注个人、物理和社会三大情境，在此基础上提出影响场馆学习效果的8个因素，构建了场馆"情境学习模型"。福克（2005）对之前研究的影响因素作再一次整理分析，进一步归纳出影响场馆学习效果的12个因素。韩国首尔大学的研究者孙震雄（Jinwoong Song）（2013）[2]在福克等研究中所提的12个影响因素的基础上，组织两个专家小组通过两轮的讨论，基于三大情境，重新整合影响个体场馆学习效果的因素，具体见表5—1。

表5—1　　　　　　　国外场馆学习影响因素研究

影响因素	福克、迪尔金（2000）	福克（2005）	孙震雄（2013）
个人情境	动机和期望、先前知识、兴趣和信仰、选择和控制	参观动机和期望、先前知识、先前经验、兴趣、选择和控制	先前知识、先前兴趣、选择和控制
物理情境	先行组织者和方位、设计、后续强化和场馆外体验	先行组织者、建筑和大尺度的空间、展品和学习活动的设计、后续的强化和博物馆外的经验	展品的内容、展品的设计、展览室空间环境
社会情境	组内社会交互、组外社会交互	群体内的社会交往、群体内与群体外的交往	组内社会交互、与其他参观者交互、与工作人员的交互

---

[1] Falk, J. H., and Dierking, L. D. Learning from Museums: Visitor Experiences and the Making of Meaning. AltaMira Press, 2000: 39.

[2] Oksu H., Jinwoong S. A new method of understanding learning in science centers: Context diagrams of learning experiences. Visitor Studies, 2013, 16 (2): 181–200.

（二）国内研究文献综述

我国对场馆学习的研究主要关注场馆学习本身，包括特点、模式和评价等方面，研究选取优秀的硕博论文和具有代表性的期刊论文，主要研究如表5—2所示。

表5—2　　　　　　　　　国内场馆学习研究

作者	研究内容
陈玮（2017）[①]	提出技术在场馆的应用主要有以下方面：移动应用技术、物联网、虚拟现实、增强现实技术。通过搜集整理国内外增强现实技术在科学场馆的典型实例，归纳增强现实技术在小型科学场馆的若干应用方式
李志河、师芳（2016）[②]	基于场馆学习环境的特点，借助网络技术和移动设备的支持，设计与构建非正式学习环境下场馆学习环境
郑旭东、李志茹（2012）[③]	指出场馆学习最具有相关性的信息技术主要有移动应用技术、智能与虚拟现实、资源开发与知识管理技术。三者结合在一起，有力地推动了场馆学习的数字化转向
张燕、梁涛、张剑平（2015）[④]	从资源与学习效果两个视角对场馆学习评价，构建了包含资源内容质量、资源内容呈现、资源内容组织、资源内容使用四个一级指标的场馆数字化资源质量评价体系
许聪（2014）[⑤]	指出新媒体技术在场馆中的应用有智能手机APP、二维码技术、虚拟现实、社交媒体等。并以天津博物馆为例阐释构建智慧博物馆思路

---

① 陈玮：《基于增强现实的小型科学场馆的开发与应用》，硕士学位论文，华东师范大学，2017年。

② 李志河、师芳：《非正式学习环境下场馆学习环境设计与构建》，《远程教育杂志》2016年第5期，第98—113页。

③ 郑旭东、李志茹：《新兴信息技术在场馆学习中的创新应用：现状、趋势与挑战》，硕士学位论文，华东师范大学，2012年。

④ 张燕、梁涛、张剑平：《场馆学习的评价：资源与学习的视角》，《现代教育技术》2015年第10期，第5—7页。

⑤ 许聪：《新媒体技术在博物馆中的技术应用与开发设计研究》，硕士学位论文，天津师范大学，2014年。

续表

作者	研究内容
黄金（2014）①	介绍了非正式学习理论及其特点，在网络调研的基础上，重点分析了国内100家一级博物馆新浪官方微博平台应用的现状，阐述利用微博搭建博物馆非正式学习平台的必要性与可行性，最后，通过非正式学习的视角，给出博物馆微博内容具体建构办法
汤雪平（2012）②	以场馆学习为例，从非正式环境科学学习中产生经验兴趣与动机学习、理解科学知识、验证科学推理、在学习过程中能够积极反思科学、参与科学活动并使用科学语言工具的能力、发展科学学习者的自我认同能力六种学习结果，设计出了非正式环境下科学学习评价标准
李康力（2011）③	研究采用观察法、问卷调查法，选取上海世博会中的温哥华馆进行实证研究。关注博物馆中的展品设计如何引发有效的观众学习行为。研究借鉴了以学习者为中心的教学设计的观察和研究方法，将观众设定为对展品中蕴含的信息和知识的学习者，立足观众对展品的反应，来评估展品设计所引发的学习的效果

目前现有的研究中，专门针对场馆中非正式学习影响因素的文献较少，研究总结现有的关于场馆学习和影响因素的研究成果，主要如表6—3所示，为后续数字化场馆环境中的非正式学习影响因素的提出作依据参考。

---

① 黄金：《非正式学习视角下博物馆微博的内容建构——以国家一级博物馆新浪官方微博为例》，《博物馆研究》2014年第4期，第57—62页。
② 汤雪平：《非正式环境中的科学学习研究——以场馆学习为例》，硕士学位论文，华东师范大学，2012年。
③ 李康力：《展品设计与观众学习的关系：一个关于非正式环境中学习的案例研究》，硕士学位论文，华东师范大学，2011年。

表5—3　　　　　我国关于场馆学习和影响因素的研究

作者	研究内容	涉及影响因素/要素
王嘉舟 (2017)①	参考多个已有研究工具,设计了场馆技术和学习的调查问卷,针对性考察五个技术因素和动机激发、认知反思、技能实践、身份认同四个学习因素的作用关系。通过对浙江自然博物馆调研结果的数据分析,归纳出各个技术因素变量对场馆学习的影响	五个技术影响因素(技术用户、信息获取、人机交互、物理环境、沟通途径) 六个维度(动机激发、知识理解、科学推理、认知反思、技能实践、身份认同)
许玮、张剑平 (2016)②	研究以"面向对象的概念模型"为分析理论依据,借鉴并整合已有学习环境特征要素调查工具,设计了包含八个要素的调查问卷,以探究杭州市民对场馆功能了解学习的形式以及对数字化场馆环境特征要素的关注度等	①学习主体(反思、探究学习、学习者协商) ②情境(易参观性、自由选择性) ③数字化展品(多源性、相关性、互动性)
伍新春、季娇等 (2010)③	从家庭和学校两种团体参观形式出发,具体分析了家庭成员之间、学生同伴之间和师生之间的社会互动特点以及影响互动效果的因素	①家庭团体(性别、知识经验、目的和计划、参观时间、参观角色、交流行为、展品说明方式、家长的经验) ②学校团体(先前知识经验、参观动机、参观方法、同伴交流)
伍新春、曾筝等 (2009)④	主要研究场馆科学学习的主要特征与影响因素	①个人因素:知识背景、兴趣、参观的时间、先前知识和动机 ②物理环境:建筑风格、空间环境、展品设置(特征、摆放和说明)、场馆服务的感受 ③社会因素:成员间的互动交流

---

① 王嘉舟:《场馆学习中技术影响因素的研究——以浙江自然博物馆为例》,硕士学位论文,浙江大学,2017年。
② 许玮、张剑平:《数字化场馆环境特征要素调查研究》,《开放教育研究》2016年第4期,第95—102页。
③ 伍新春、季娇等:《科技场馆学习中社会互动的特征及影响因素》,《首都师范大学学报》(社会科学版)2010年第5期,第79—83页。
④ 伍新春、曾筝等:《场馆科学学习:本质特征与影响因素》,《北京师范大学学报》(社会科学版)2009年第5期,第13—19页。

综上所述，已有的研究已经提出了一些影响因素，然而，在数字化技术日益发展的时代背景下，场馆学习影响因素应该包含哪些维度还需要进一步确定。回顾以往研究，不难发现我国对场馆学习的研究普遍缺乏实证性，对场馆学习影响因素的研究不仅缺乏采用数据量化结果得出结论的科学性，还缺乏对当下技术影响因素考虑的全面性。鲜有研究重视数字技术对场馆中的非正式学习的影响，而且对场馆中学习影响因素的研究仍停留在传统的场馆。因此研究数字化场馆环境中非正式学习影响因素显得尤为重要。

六 研究设计与过程

（一）调查问卷的设计

调查问卷的设计分前期准备阶段和设计阶段，前期准备阶段主要是为后期问卷的编制提供依据和参考。前期准备阶段包括两个阶段。第一阶段为文献研究，借此获得可借鉴的信息材料，主要查找与研读国内外该领域的相关文献。第二阶段在文献综述的基础上，以观察与访谈的形式展开。通过观察并记录参观者在数字化场馆环境中的非正式学习情况，访谈了解参观者在参观前、参观时和参观后的学习情况，力图从客观和主观的角度多方位考察参观者在数字化场馆中的非正式学习。

（二）调查问卷的前期准备阶段

1. 文献研究

研究从文献综述结果得出：基于社会认知理论和情境学习理论，综合参考国内外相关研究现状，本研究将影响数字化场馆中非正式学习的因素划分为学习主体、物理环境、数字技术和互动交流四方面。如表5—4所示。

表5—4　　　　数字化场馆环境中非正式学习影响因素

学习主体	人口学变量、先前知识和经验、参观动机和期望、兴趣、参观时间
物理环境	展品设置、建筑风格、场馆环境氛围、学习活动设计
数字技术	移动应用技术、虚拟现实、二维码、人工智能、社交媒体
互动交流	与社会成员的交流

2. 实践探究

采用观察法和访谈法对学习主体从客观和主观角度观察记录分析，目的是了解公众在数字化场馆中的非正式学习情况，通过观察和访谈场馆学习的活动主体，结合理论综述结果，进而确定影响因素，从而为本研究影响因素的提出提供科学的论证支撑。

（1）对参观者的观察

参观前先设计观察记录表，于 2017 年 10 月 1—7 日，选取山西博物院和山西科学技术馆这两个人口流量较大的场馆开展研究，主要对参观者进行跟踪观察，在多次了解实地考察后给展品进行编号记录，跟随参观者同步参观场馆，并对参观者在不同展品上的停留时间、不同的参观行为进行观察记录。根据参观者进入场馆的行为表现，意图从客观的角度研究参观者在数字化场馆内开展非正式学习的影响因素。因为场馆非正式学习的有效性在很大程度上取决于学习者与展品的交互体验，产生意义学习大多是从观察时间长短和交互行为的多少来体现。因此，根据参观者在数字化场馆环境中进行非正式学习的情况，研究从停留时间和行为表现两个维度去分析观察结果。

第一，从停留时间分析。研究选取场馆中具有代表性的十个展品并进行编号，根据观察记录表内容记录参观者停留时间等情况，统计平均的参观时间可以得出如图 5—4 所示结果。

根据柱状图的高低，参观时间显而易见。其中高居首位的是展品 1，其平均参观时间是 64.98 秒，时间明显超出其他展品。究其原因是因为展品 1 借助多媒体呈现，视频时长大约 180 秒，可见，展品的呈现方式对参观过程是有一定影响的，进而可能影响学习效果。其次平均参观时间相对较高是展品 5、展品 9 和展品 10，其中展品 5 的平均参观时间为 36.73 秒，展品 9 的平均参观时间为 32.86 秒，展品 10 的平均参观时间为 26.33 秒。而平均参观时间很短的是展品 3 和展品 7。由此可见，参观者在展品 1、展品 5、展品 9 和展品 10 上的停留的时间相较于其他展品来说是比较长的。

通过记录参观者在每个展品的停留时间，综合观察结果分析，对比选取其中停留时间相对较长的展品 1、展品 5、展品 9 和展品 10，分别分

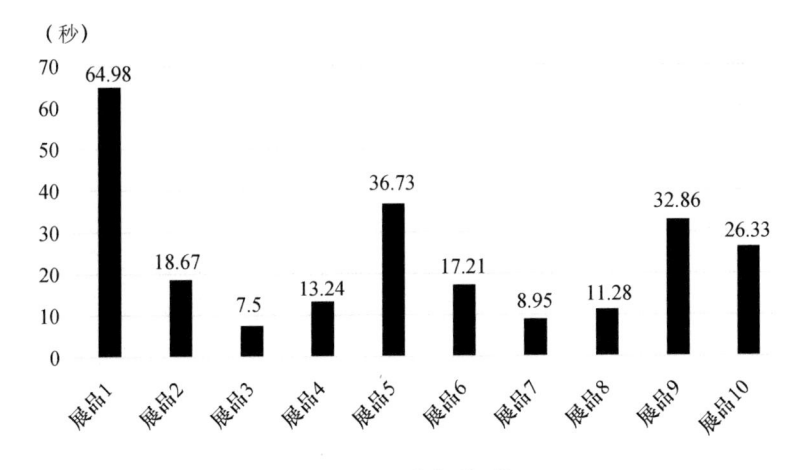

图 5—4　平均参观时间

析其具有的特征,从而得出可能影响参观者在数字化场馆中非正式学习的因素。分析结果如表 5—5 所示。

表 5—5　　　　　　　　　　基于停留时间的分析

展品	停留时间（秒）	说明	展品特征
展品 1	64.98	运用声光影多种媒体呈现	展品呈现方式多样化
展品 5	36.73	虚拟现实的应用	借助技术展览
展品 9	32.86	展品属于该馆的"镇馆之宝"	展品非常著名
展品 10	26.33	展品本身非常漂亮,内涵丰富	展品内容有吸引力

从展品的特征上分析,"展品内容有吸引力""展品呈现方式多样化"这些特征说明展品的设置对数字化场馆学习可能有影响;从"展品著名"这个特征得到参观者对展品的兴趣可能会影响数字化场馆学习;"借助技术展览"说明数字技术对数字化场馆学习可能产生影响。

第二,从行为表现来分析,场馆的设计激发参观者的互动和体验欲望,引发参观者的交往与会话,促进参观者个性化的非正式学习。停留时间越长,发生交互行为的可能性越大,所以依据观察记录参观时间相对比较久的展品 1、展品 5、展品 9 和展品 10,选取这四个展品观察停留期间的行为表现可以得出图 5—5。

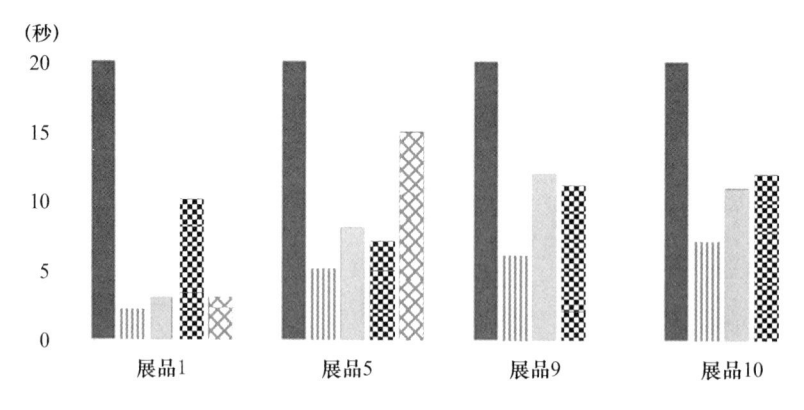

图 5—5 行为表现频次

从图 5—5 可以看出，行为表现中"观看"的发生频率最高，展品 1、展品 5、展品 9 和展品 10 的行为表现都有观看，主要是观看展品本身、展品说明文字和播放的相关视频等；其次是"扫描二维码"这一行为发生频率平均较高，说明参观者普遍愿意通过扫描二维码获取更多相关信息以满足学习需求；"交流互动"这一行为主要集中在展品 9 和展品 10，由于展品 9 非常著名，所以可能很多参观者会交流关于该展品的历史背景知识；"拍照"这一行为在展品 1、展品 5、展品 9、展品 10 中均有发生，主要是参观者对学习过程学习内容的记录；而"亲身体验感受"这一行为主要集中在展品 5，由于展品 5 借助虚拟现实呈现，因此很多参观者愿意体验感受。由此可见，从观看这一行为可以说明展品设置可能影响参观者的非正式学习；扫描二维码和亲身体验感受这些交互行为说明数字技术对非正式学习的影响；交流互动说明与社会成员的交流可能对场馆中的非正式学习产生影响。

（2）对参观者的访谈

①访谈框架

参观者是重要的学习主体，为了能够从参观者本身获取有用的信息，获得参观者的主观感受，从而为数字化场馆中非正式学习影响因素的提出作参考，我们对参观者进行了访谈。查阅相关文献研究，结合观察记录结果设计访谈提纲。研究采用等距离随机抽取样本方法，选取访谈对象为每一次进入场馆参观的第五名参观者。在访谈时进行笔录和现场录音。访谈对象随机选取20位涉及中学生、大学生、研究生和各行各业的成年人，涵盖了不同年龄段、不同学历、不同职业的多元化人群。访谈之前先科普包括非正式学习和数字化场馆等相关概念知识，使被访者对访谈问题有一定的认知。访谈的问题主要集中在以下三个方面：a. 参观数字化场馆前的个人情况；b. 参观数字化场馆时的学习活动情况；c. 参观数字化场馆后的体验感受情况。

②访谈内容分析

a. 参观数字化场馆前的个人情况

非正式学习在时间、内容、方式等方面具有很大的自由度，参观者会依据自己的个人兴趣或目的选择学习。因此，学习者在参观场馆前的个人情况会对其非正式学习效果产生一定影响。通过对访谈结果整理后发现，参观者参观数字化场馆的目的性较弱，有目的的参观者其动机也比较多样化，现将三种典型回答整理如下，详见表5—6。

表5—6　　　　　　　　参观数字化场馆前的个人情况

问题1	您参观数字化场馆的目的？参观之前是否会了解展品文化知识？
回答	①我主要是对博物馆或科技馆展品的交互式应用感兴趣，想在体验中感受学习知识
	②我每年寒暑假或者周末有时间就带孩子参观博物馆和科技馆等，主要是为了让孩子学习体验，参观之前我会提前学习展品相关知识，参观的时候为孩子科普讲解
	③我每到一个地方旅游都会去当地的博物馆参观，了解当地的风土人情，不会专门了解展品知识

通过被访谈人员的回答可以看出人口学变量、个人兴趣、参观动机和期望、先前知识和经验以及与展品的交互可能会对数字化场馆中非正式学习产生影响。因此，基于文献综述得到的先前知识和经验、参观动机和期望、兴趣、与社会成员的交流这些因素得到数据实证支持。

b. 参观数字化场馆时的学习活动情况

在场馆中学习者自我控制学习时间、学习方式以及参观路线，因此学习者在场馆环境中的交互行为决定了非正式学习效果。整理访谈记录后，将参观者在参观过程中所进行的学习活动的典型回答整理如表5—7。分析参观者的回答发现其在参观过程中的学习活动主要涉及两种：一是与展品的交互；二是与社会成员的交流。[①]

表5—7　　　　　参观数字化场馆时的学习活动情况

问题2	你在数字化场馆中主要进行哪些学习活动？
回答	①首先我会提前看场馆的宣传手册，然后按照顺序一一参观，主要看展品的说明文字或者听解说员的讲解
	②我对我感兴趣的展品，如果想了解更多的内容，会通过扫描二维码获取展品更多的信息
	③我喜欢带孩子参观交互性多的展品，或者参加展览开展的主题活动，让孩子在实践中学习
	④我主要和朋友参观，过程中我们会相互分享交流关于展品的相关知识

通过被访谈人员的回答可以看出人口学变量、场馆中与展品的交互行为、展品呈现方式和社会成员间交流以及技术因素等对非正式学习可能产生影响。因此，基于文献综述得到的兴趣、展品设置、移动应用技术、参观者与社会成员的交流这些因素得到支持。此外与展品的交互也是我们通过分析访谈结果得到的一个影响场馆中非正式学习的关键因素。

c. 参观数字化场馆后的体验感受情况

参观者是场馆学习活动的主体对象，他们自身的学习感受、满意程度对非正式学习效果的提升尤为重要，因此可以将参观者参观数字化场馆后的体验感受作为衡量数字化场馆中非正式学习影响因素的依据。对

---

① 李志河、师芳等：《数字化场馆中的非正式学习影响因素及其模型研究》，《电化教育研究》2018年第12期，第70—77页。

访谈结果进行客观分析，把其中意思相近的表述用同一个词句替换，进行适当的概括和综合，问题3和主要回答内容详见表5—8。

表5—8　　　　　　参观数字化场馆后的体验感受情况

问题3	您参观完场馆后最吸引您或者给您留下印象最深的是什么？为什么？
回答	①参观结束后给我留下印象最深的是那些互动性、参与性强的展品
	②借助虚拟现实的展品让我感受颇深，沉浸感很强，印象比较深刻。有时间的话我依然愿意再次去参观体验
	③参观结束后我和讲解员聊了很多关于展品背后的文化知识，更新了我很多知识，让我此次的参观印象非常深刻

通过被访谈人员的回答可以看出数字化场馆中与展品的交互、与社会成员间交流等对非正式学习可能产生影响。因此，基于文献综述得到的展品设置、虚拟现实、参观者与社会成员的交流这些因素得到支持。

3. 数字化场馆中非正式学习影响因素

在实践探究中通过观察和访谈分析出的影响因素与文献综述得出的基本一致，进一步验证了通过文献综述所得影响因素的科学性。此外通过实践探究得到文献综述中未考量到的因素"与展品的交互"，将其归属在互动交流维度中，因此，文献综述归纳出16个因素，和实践探究得到1个因素，最终共得到17个因素。如图5—6所示，研究从认知维度、情境维度、技术维度和行为维度将数字化场馆中非正式学习影响因素分为学习主体、物理环境、数字技术和互动交流。其中学习主体包括先前知识和经验、参观动机和期望、兴趣、参观时间及人口学变量；物理环境包括展品设置、场馆环境氛围、场馆服务质量、学习活动设计和场馆建筑风格；数字技术包括虚拟现实、二维码、移动应用技术、社交媒体和人工智能；互动交流包括与展品的交互和与社会成员的交流。

4. 研究假设

对文献综述和实践探究后归纳出的数字化场馆中非正式学习影响因素作出研究假设，如表5—9所示。

```
学习主体 → 认知维度 ┬ 先前知识和经验
                  ├ 参观动机和期望
                  ├ 兴趣
                  ├ 参观时间
                  └ 人口学变量

物理环境 → 情境维度 ┬ 展品设置
                  ├ 场馆环境氛围
                  ├ 场馆服务质量
                  ├ 学习活动设计
                  └ 场馆建筑风格

数字技术 → 技术维度 ┬ 虚拟现实
                  ├ 二维码
                  ├ 移动应用技术
                  ├ 社交媒体
                  └ 人工智能

互动交流 → 行为维度 ┬ 与展品的交互
                  └ 与社会成员的交流
```

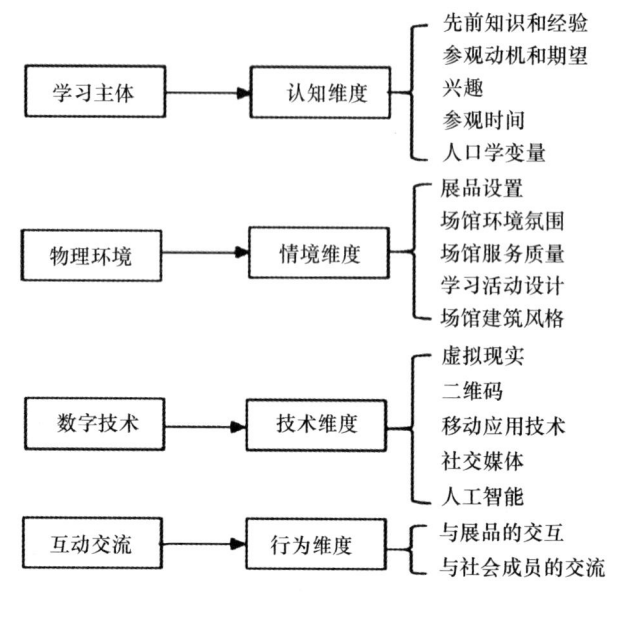

图 5—6　影响因素

表 5—9　　　　　　　　　　　　研究假设

研究假设
①学习个体对数字化场馆中非正式学习有显著性影响
H1：人口学变量对数字化场馆中非正式学习有显著性影响
H2：先前知识和经验对数字化场馆中非正式学习有显著性影响
H3：参观动机和期望对数字化场馆中非正式学习有显著性影响
H4：兴趣对数字化场馆中非正式学习有显著性影响
H5：参观时间对数字化场馆中非正式学习有显著性影响
②物理环境对数字化场馆中非正式学习有显著性影响
H1：展品设置对数字化场馆中非正式学习有显著性影响
H2：学习活动设计对数字化场馆中非正式学习有显著性影响
H3：场馆建筑风格对数字化场馆中非正式学习有显著性影响
H4：场馆环境氛围对数字化场馆中非正式学习有显著性影响
H5：场馆服务质量对数字化场馆中非正式学习有显著性影响

续表

研究假设
③数字技术对数字化场馆中非正式学习有显著性影响
H1：移动应用技术对数字化场馆中非正式学习有显著性影响
H2：二维码对数字化场馆中非正式学习有显著性影响
H3：虚拟现实对数字化场馆中非正式学习有显著性影响
H4：人工智能技术对数字化场馆中非正式学习有显著性影响
H5：社交媒体对数字化场馆中非正式学习有显著性影响
④互动交流对数字化场馆中非正式学习有显著性影响
H1：与展品的交互对数字化场馆中非正式学习有显著性影响
H2：与社会成员的交流对数字化场馆中非正式学习有显著性影响

（三）调查问卷的设计阶段

1. 调查问卷的设计

通过前期准备，然后进行问卷的设计。威灵顿（Wellington）(1990)[1] 提出场馆学习效果主要从认知、情感和动作技能三方面来衡量。针对场馆学习效果众说纷纭，研究虽然存在不同的分类标准和结果，但"场馆学习具有多元化结果"的观点毋庸置疑。福克和迪尔金（2000）[2]认为场馆学习效果可以从以下四个维度来衡量，即知识与技能、动机和兴趣、观念和意识、社会学习。随后，福克等人（2004）[3] 通过对游客做访谈，证明了先前研究提出观点的科学性。综合研究文献分析，将数字化场馆非正式学习的结果归纳为：知识概念、动作技能、情感态度和社会交流。其中情感态度又包括兴趣动机、自我效能感和学习态度。研究

---

[1] Wellington J. J. Formal and informal learning in science: The role of the interactive science centres. Physics Education, 1990, 25: 247–252.

[2] Falk, J. H., and Dierking, L. D. Learning from Museums: Visitor Experiences and the Making of Meaning. Alta Mira Press, 2000: 39.

[3] Falk J. H., Scott C., Dierking L. D., Rennie L., Cohen Jones M. Interactives and visitor learning. Curator, 2004, 47 (2), 171–198.

拟从这四个方面设计六个问题测量参观者的学习效果。调查问卷的设计主要借鉴了福克提出的场馆学习情境模型和场馆情境学习模型量表、社会学习模型以及参考谢娟[①]总结出的场馆学习效果编制问卷。从学习主体、物理环境、数字技术、互动交流这四个方面来探寻影响数字化场馆中非正式学习的因素，如图5—7所示。

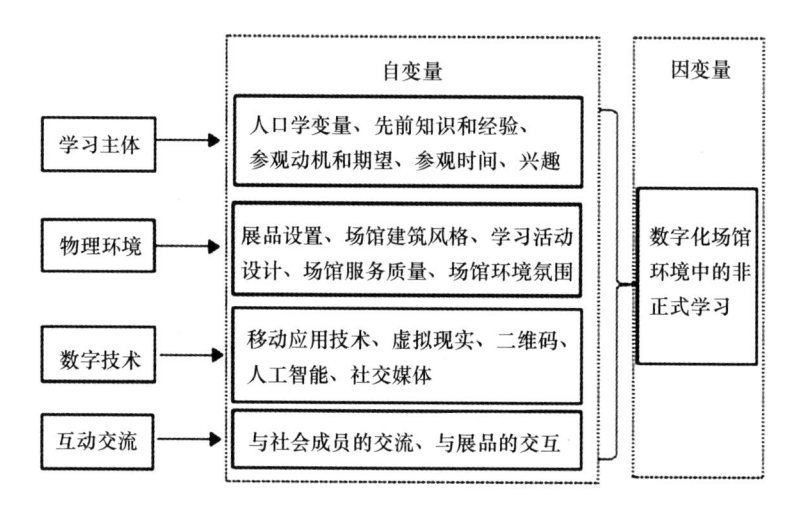

图5—7 问卷设计

调查问卷多以李克特式五点量表的形式呈现，有26项。主要分为两部分，第一部分是个人基本信息，第二部分是数字化场馆中非正式学习情况调查。其中人口学变量以问题的形式编制，涉及5个问题，其余均是量表形式，总共26个问题。分别包括6个数字化场馆环境中非正式学习效果问题、6个数字化场馆环境中非正式学习的技术性影响因素问题、6个环境性问题、4个互动交流性问题，学习主体除去人口学变量，有4个个人因素问题。问卷的研究变量及其量度如表5—10所示。

---

① 谢娟：《西方科技场馆的学习效果研究综述》，《外国中小学教育》2017年第3期，第25—30页。

表 5—10　　　　　　　　　　研究变量及其量度

因素变量		研究	量度
学习主体	人口学变量	性别	男/女
		年龄范围	1—5
		文化程度	1—4
		对场馆感兴趣程度	1—5
		参观频率	1—4
	先前知识和经验	知识背景	1—5
	参观动机和期望	参观目的	1—5
	兴趣	对展品的兴趣情况	1—5
	参观时间	参观时间	1—5
物理环境	展品设置	展品的呈现方式	1—5
		展品的说明文字	1—5
	场馆建筑风格	场馆建筑风格的影响	1—5
	场馆环境氛围	场馆环境氛围的影响	1—5
	学习活动设计	学习活动设计的影响	1—5
	场馆服务质量	场馆工作人员的服务质量	1—5
数字技术	移动应用技术	移动设备（手机、平板电脑等）	1—5
		移动应用程序 APP 的影响	1—5
	二维码	二维码的影响	1—5
	虚拟现实	虚拟现实的影响	1—5
	人工智能	人工智能的影响	1—5
	社交媒体	社交媒体的影响	1—5
互动交流	与展品的交互	与展品本身的互动	1—5
		参与展览活动	1—5
	与社会成员的交流	群体内交流	1—5
		群体外交流	1—5
学习效果	知识概念	原有知识更新	1—5
	情感态度	激发兴趣动机	1—5
		增强自我效能感	1—5
		积极的学习态度	1—5
	动作技能	与展品互动操作多	1—5
	社会交流	愿意与人交流所见所得	1—5

2. 调查问卷的试测

问卷发放前应该询问有关教师、相关专家的意见，对编制好的问卷先做小规模的试测，以便检查问卷问题表述是否得当、判断是否会对调查者的理解造成歧义，从而发现问题，及时修改。

由于调查问卷以李克特式量表形式居多，而在李克特式量表中，信效度格外重要，因此研究为了检验调查问卷的一致性和稳定性，需要 α 系数、KMO 和 Bartlett 检验调查问卷的信效度。问卷的信度分析结果如表 5—11 所示。本问卷的 α 系数是 0.768，高于 0.70，说明问卷信度较高。

表 5—11　　　　　　　　　试测问卷信度检验结果

项目	Cronbach's α 系数	题项数
数值	0.768	26

效度分析结果如表 5—12 所示。总问卷的 KMO = 0.839，说明问卷效度良好。

表 5—12　　　　　　试测问卷的 KMO 和 Bartlett 检验结果

取样足够度的 Kaiser-Meyer-Olkin 度量		0.839
Bartlett 的球形度检验	近似卡方	2989.933
自由度	df	278
显著性	Sig	0.000

（四）调查问卷的发放

数字化场馆面向的是社会公众，所以调查对象为社会公民。为了收集尽可能全面的数据信息，问卷的发放采用两种形式：一是使用网络调查工具问卷星，调查对象可通过扫描二维码获得调查问卷，方便公众在线填写问卷并在朋友圈扩散，通过问卷星回收问卷 100 份；二是现场发放纸质问卷，主要在山西省各类场馆（山西省科技馆、博物馆和图书馆）发放纸质问卷，并现场回收 150 份。问卷发放时间从 2017 年 11 月 1 日至

2017年12月29日,共发放250份,剔除个别填写不够规范、固定作答以及数据异常的无效问卷,共回收244份有效问卷,回收率约为97%。

(五)调查问卷的检验

1. 信度分析

信度的大小或高低可以用信度系数来表示,通常采用的检验指标为α系数(cronbach's α系数),α系数越大,表明测量的可信程度越大。对回收的数据进行信度分析,结果如表5—13所示。表中数据显示,总量表α系数为0.895。问卷从整体上来说内部信度较佳。

表5—13　　　　　　　　　　信度检验结果

量表	Cronbach's α 系数	题项数
数值	0.895	26

2. 效度分析

(1)内容效度分析

研究采用相关分析法检验内容效度,如表5—14所示。各题目设置均达到相关水平,相关系数大于0.5,说明问卷设计较为合理,内容效度较佳。

表5—14　　　　　　　　　　量表内容效度检验结果

维度	学习主体				数字技术					
题目	a1	a2	a3	a4	a11	a12	a13	a14	a15	a16
结果	0.633**	0.594**	0.660**	0.666**	0.592**	0.603**	0.662**	0.614**	0.691**	0.656**
维度	物理环境						互动交流			
题目	a5	a6	a7	a8	a9	a10	a17	a18	a19	a20
结果	0.563**	0.548**	0.575**	0.683**	0.531**	0.560*	0.629**	0.658**	0.694**	0.572**

注:** 在0.01水平(双侧)上显著相关。

（2）结构效度

数据分析结果如表 5—15 所示。KMO = 0.873，Bartlett 的球形度检验值达显著（Sig. = 0.000），问卷效度良好。同时 Bartlett 的球形度检验在自由度 df = 153 上的近似卡方值为 2726.636，并达到了 0.000 的显著水平（Sig. = 0.000），表示选取的样本因素间有共同因素存在，说明适合进行因素分析。

表 5—15　　　　　　　　KMO 和 Bartlett 检验结果

取样足够度的 Kaiser-Meyer-Olkin 度量		0.873
Bartlett 的球形度检验	近似卡方	2726.636
	自由度	153
	Sig	0.000

探索性因素分析采用主成分分析法，结果如表 5—16 所示，所有成分最后皆收敛在 4 个主成分上，对应研究的 4 个主要影响因素，可以解释总方差的 63.361%，说明问卷设计的 4 个维度较为合理。

表 5—16　　　　　　　　解释的总方差

成分	初始特征值			提取平方和载入			旋转平方和载入		
	合计	方差（%）	累积（%）	合计	方差（%）	累积（%）	合计	方差（%）	累积（%）
1	4.752	26.397	26.397	4.752	26.397	26.397	2.875	15.975	15.975
2	2.143	11.904	38.302	2.143	11.904	38.302	2.655	14.748	30.723
3	1.709	9.497	48.798	1.709	9.497	48.798	2.145	11.918	42.640
4	1.287	7.147	63.361	1.287	7.147	63.361	2.046	8.365	63.361
5	0.974	6.391	64.453						
6	0.952	5.291	66.607						
7	0.932	5.180	71.788						
8	0.804	4.466	76.254						
9	0.706	3.922	80.176						
10	0.634	3.521	83.697						
11	0.532	2.953	86.651						
12	0.471	2.619	89.269						

第五章　数字化场馆中的非正式学习影响因素 / 83

续表

成分	初始特征值			提取平方和载入			旋转平方和载入		
	合计	方差(%)	累积(%)	合计	方差(%)	累积(%)	合计	方差(%)	累积(%)
13	0.462	2.565	91.835						
14	0.402	2.236	94.070						
15	0.348	1.933	96.003						
16	0.255	1.415	97.418						
17	0.217	1.203	100.000						

从旋转成分矩阵进一步进行验证。旋转成分结果如表5—17，结果表明，各成分所包含项目符合问卷设计意图。

表5—17　　　　　　　　旋转成分矩阵

研究变量	成分			
	1	2	3	4
参观动机和期望	0.803			
兴趣	0.734			
先前知识和经验	0.559			
人口学变量	0.535			
参观时间	0.502			
虚拟现实		0.841		
人工智能		0.722		
移动应用技术		0.664		
社交媒体		0.641		
二维码		0.595		
展品设置			0.793	
场馆环境氛围			0.783	
场馆服务质量			0.768	
学习活动设计			0.702	
场馆建筑风格			0.687	
与社会成员的交流				0.811
与展品的交互				0.773

(六) 数据处理与分析

1. 描述性统计分析

（1）样本的人口学变量的描述性统计

描述性统计结果如表5—18所示。样本中男性人数为120人，女性人数为124人，男女比例差别不大各占一半。年龄上主要以"18—35岁"群体较多，占总样本的69.7%，中青年群体是参观数字化场馆的主力军；学历上"本科"和"高中"群体较多，分别占总样本的50.0%和23.8%，对数字化场馆感兴趣的公众普遍学历较高；参观频率上"经常去"占总样本的49.2%，社会公众普遍喜欢并愿意去数字化场馆；对数字化场馆的感兴趣程度中，很感兴趣占总样本的41%。结合年龄、学历、感兴趣程度和参观频率这四个变量的数据，总体研究发现18—35岁、本科学历居多，并且成员学历层级较高，对数字化场馆感兴趣而且经常去。

表5—18　　　　　人口学变量的描述性统计结果

变量	维度	频数	百分比（%）
性别	男	120	49.2
	女	124	50.8
年龄	18岁以下	50	20.5
	18—35岁	170	69.7
	35—60岁	24	9.8
学历	初中及以下	4	1.6
	高中	58	23.8
	大专	20	8.2
	本科	122	50.0
	硕士及以上	40	16.4
感兴趣程度	很感兴趣	100	41.0
	感兴趣	108	44.3
	一般	36	14.7

续表

变量	维度	频数	百分比（%）
参观频率	经常去	120	49.2
	每月去	54	22.1
	每年去	28	11.5
	很少去	42	17.2

（2）学习主体影响因素的描述性统计

问卷的学习主体部分由先前知识和经验、参观动机和期望、兴趣以及参观时间这四个因素组成。图5—8是学习主体四个内部因素的总体分布图，可以看出调查对象对学习主体内部因素选择"同意"和"非常同意"的比例很大，说明大部分参观者在参观前都具备相关的知识经验，并且对展品内容感兴趣，有目的地去参观，所以"同意"和"非常同意"认同度都很高，但是参观时间的同意和一般的频率差别不大。

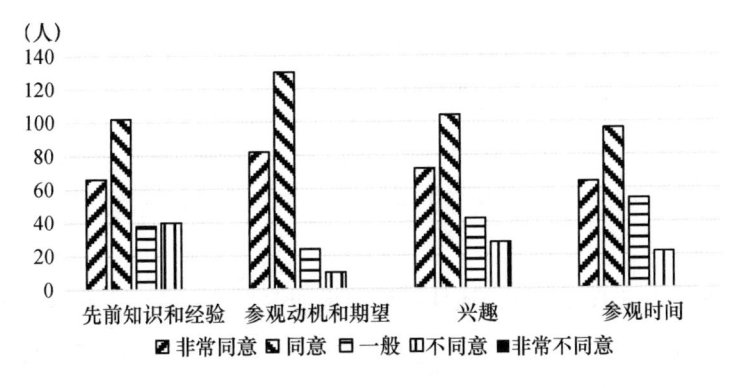

图5—8 学习主体影响因素

学习主体影响因素描述性统计结果如表5—19所示。数据表明，先前知识和经验（M=2.21，SD=1.018）与兴趣（M=2.11，SD=0.957）均值较小、标准差较大，说明被调查者在参观前都了解相关知识并且对展品内容感兴趣，所以整体上认同先前知识和经验、兴趣对非正式学习的影响，但不同参观者的个体差异性较大。参观动机和期望（M=1.85，

SD=0.758)的均值较小、标准差较小,这说明参观者还是带着目的去参观的,大部分参观者认同参观动机和期望对非正式学习的影响。参观时间(M=2.65,SD=1.235)均值大、标准差大,说明参观者对参观时间的认同度较低,个体差异性较大。

表5—19　　　　　　　　　学习主体描述性结果

项目	统计数据				
学习主体	均值	全距	极小值	极大值	标准差
先前知识和经验	2.21	3	1	4	1.018
参观动机和期望	1.85	3	1	4	0.758
兴趣	2.11	3	1	4	0.957
参观时间	2.65	3	1	4	1.235

(3)物理环境影响因素的描述性统计

问卷的物理环境部分由学习活动设计、展品设置、场馆建筑风格、场馆环境氛围和场馆服务质量组成。图5—9是五个物理环境变量的总体分布图,可以看出在展品设置、学习活动设计、场馆环境氛围和场馆服务质量方面选择"非常同意"和"同意"的较多,说明参观者喜欢展品以多样化的方式呈现,喜欢去学习环境氛围好的场馆参观,倾向于参加设计好的学习活动,愿意在服务质量好的场馆参观学习,对这四个因素的认同度比较高。而关于场馆建筑风格对非正式学习的影响则认为"一般"或者"不同意"的较多。

物理环境影响因素的描述性统计结果如表5—20所示。数据表明,学习活动设计(M=2.07,SD=0.964)、展品设置(M=2.08,SD=0.955)、场馆服务质量(M=2.12,SD=0.892)的均值都达到2.0以上,各因素的标准差不大。而场馆建筑风格(M=2.60,SD=1.084)均值较大,标准差较大,这说明参观者对场馆建筑风格对非正式学习的影响整体上认同,但个体差异性较大,表现明显。其中场馆环境氛围(M=1.96,SD=0.918)均值较小,标准差较小,这说明参观者在空间环境上比较认同环境氛围对非正式学习的影响。说明参观者喜欢展品以多样化的方式呈现,喜欢去学习环境氛围好的场馆参观,倾向于参加设计好的

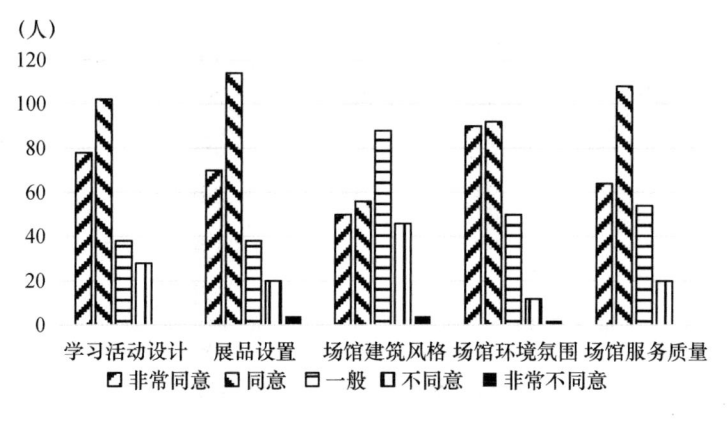

图 5—9　物理环境影响因素

学习活动，愿意在服务质量好的场馆参观学习。

表 5—20　　　　　　　　物理环境样本描述性结果

项目	统计数据				
物理环境	均值	全距	极小值	极大值	标准差
学习活动设计	2.07	3	1	4	0.964
展品设置	2.08	4	1	5	0.955
场馆建筑风格	2.60	4	1	5	1.084
场馆环境氛围	1.96	4	1	5	0.918
场馆服务质量	2.12	3	1	4	0.892

（4）数字技术影响因素的描述性统计

图 5—10 是二维码、虚拟现实、社交媒体、移动应用技术和人工智能五个数字技术影响因素的总体分布图，可以看出移动应用技术、虚拟现实和人工智能选择"非常同意"和"同意"的比例明显高于其他项，说明移动应用技术、虚拟现实和人工智能得到了众多参观者的认可和关注。二维码和社交媒体选择"同意"和"一般"的比例分布比较均匀，说明对这两个因素的认可没有虚拟现实和人工智能的认可倾向性高。

数字技术影响因素的描述性统计结果如表 5—21 所示。

图 5—10　数字技术影响因素

表 5—21　　数字技术样本描述性结果

项目	统计数据				
数字技术	均值	全距	极小值	极大值	标准差
社交媒体	2.30	4	1	5	1.138
移动应用技术	2.26	4	1	5	0.922
二维码	2.25	4	1	5	1.013
虚拟现实	1.78	4	1	5	0.825
人工智能	1.75	3	1	4	0.697

表 5—21 中的数据表明，社交媒体（M = 2.30，SD = 1.138）和二维码（M = 2.25，SD = 1.013）的均值较小，标准差较大，说明参观者认同社交媒体和二维码对非正式学习的影响，但不同参观者认知水平不同，差异性较大。移动应用技术（M = 2.26，SD = 0.922）均值较小，偏差较小，说明参观者大部分认同移动应用技术对非正式学习的影响。虚拟现实（M = 1.78，SD = 0.825）和人工智能（M = 1.75，SD = 0.697）的均值都小于 2，标准差也较小，这说明参观者普遍认同虚拟现实和人工智能对他们参观数字化场馆的影响作用，认为虚拟现实和人工智能有利于场馆学习。

（5）互动交流影响因素的描述性统计

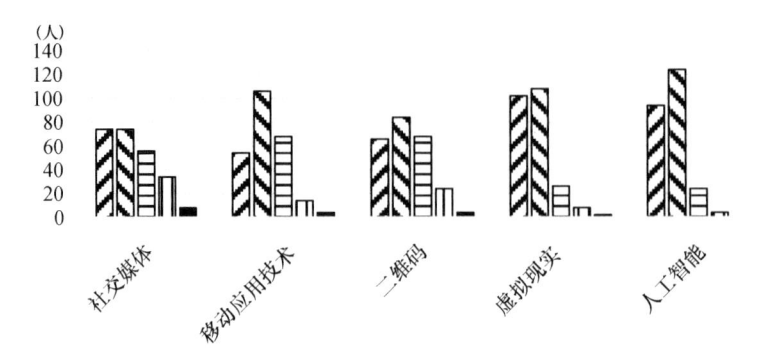

问卷的互动交流部分由与展品的交互、与社会成员的交流两个因素

组成。图5—11是互动交流影响因素的总体分布图，可以看出与展品的交互、与社会成员的交流选择"非常同意"和"同意"的比例明显很高，远远高于选择"一般"和"不同意"的，说明参观者在参观时互动交流积极性很强。

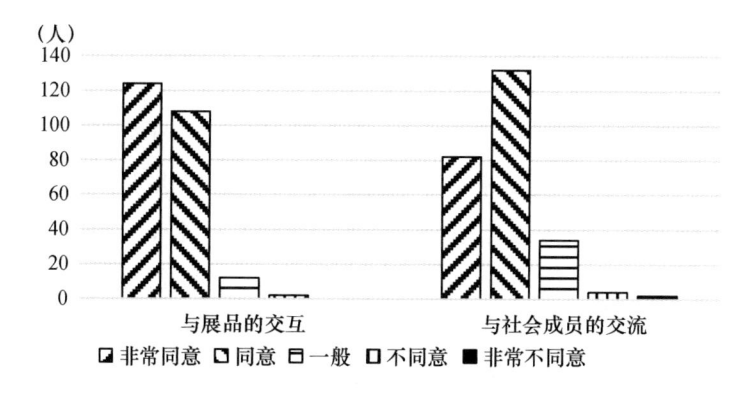

图5—11 互动交流影响因素

互动交流影响因素的描述性统计结果如表5—22所示。表5—22的数据表明，与展品的交互均值为1.56，标准差是0.629，均值较小；与社会成员的交流均值为1.86，标准差是0.772，均值较小。两项均值都小于2，标准差也较小，说明参观者普遍喜欢与展品的交互、与社会成员的交流，这样的互动交流有助于场馆非正式学习效果的提升。

表5—22 互动交流样本描述性结果

项目	统计数据				
互动交流	均值	全距	极小值	极大值	标准差
与展品的交互	1.56	3	1	4	0.629
与社会成员的交流	1.86	3	1	4	0.772

2. 相关性分析

研究采用皮尔逊积差相关系数探寻学习主体、物理环境、数字技术和互动交流之间的相关性，探究学习主体、物理环境、数字技术、互动交流和非正式学习效果之间的相关性，探寻分析人口学变量、先前知识和经验、参观动机和期望、兴趣、参观时间、展品设置、场馆建筑风格、场馆环境氛围、场馆服务质量、学习活动设计、移动应用技术、虚拟现实、二维码、人工智能、社交媒体、与社会成员的交流、与展品的交互这些二级因素之间相关性以及它们和学习主体、物理环境、数字技术、互动交流这些一级因素间的相关性。相关系数 0.5 以上属于高度相关，0.3 以上属于中度相关，0.3 以下属于低度相关，也可看作不存在相关性。但是在统计分析过程中，相关系数的大小还取决于样本数量的多少，如果样本数量很大，即使相关系数的值很小，也很容易达到高度相关。本研究由于样本量的限制，采用 0.30 作为判别是否存在相关性的标准。

（1）一级因素间的相关性分析

研究探寻学习主体、物理环境、数字技术、互动交流之间的相关性，还关注学习主体、物理环境、数字技术、互动交流和非正式学习效果之间的相关性，结果如表5—23所示。

表5—23　　　　　　　　　一级因素间相关性分析结果

因素	学习主体	物理环境	数字技术	互动交流
物理环境	0.542**			
数字技术	0.507**	0.620**		
互动交流	0.623**	0.617**	0.631**	
非正式学习效果	0.668**	0.632**	0.694**	0.726**

注：** 表示在0.01 水平（双侧）上显著相关。

结果表明，学习主体和互动交流、数字技术和互动交流这两组之间的相关性最大，远高于其他因素间的相关性，分别为0.623 和0.631。学习主体、物理环境、数字技术、互动交流和非正式学习效果之间的相关系数分别为0.668、0.632、0.694、0.726。因此，四个因素变量对非正式学习效果有积极的影响,其中互动交流的相关系数最大,最小的是物理环境。

(2)二级因素和一级因素的相关分析

①学习主体因素的相关性分析

研究分别对学习主体中的先前知识和经验、参观动机和期望、兴趣、参观时间、人口学变量之间以及各因素和学习主体作相关性分析,结果如表5—24所示。

表5—24　　　　　　学习主体因素的相关性分析

因素	先前知识和经验	参观动机和期望	兴趣	参观时间	人口学变量
参观动机和期望	0.402**				
兴趣	0.398**	0.365**			
参观时间	0.347**	0.362**	0.413**		
人口学变量	0.363**	0.379**	0.396**	0.344**	
学习主体	0.601**	0.638**	0.622**	0.564**	0.583**

注:** 表示在0.01水平(双侧)上显著相关。

结果表明,学习主体、先前知识和经验、参观动机和期望、兴趣、参观时间和人口学变量这六者之间,先前知识和经验与参观动机和期望(0.402)、先前知识和经验与兴趣(0.398)、参观动机和期望与兴趣(0.365)、先前知识和经验与参观时间(0.347)、参观动机和期望与参观时间(0.362)、先前知识和经验与人口学变量(0.363)、参观动机和期望与人口学变量(0.379)、兴趣与人口学变量(0.396)、参观时间与人口学变量(0.344)、兴趣与参观时间(0.413)这几组因素的相关系数均大于0.30,属于中度相关。先前知识和经验、参观动机和期望、兴趣、人口学变量以及参观时间这五个二级因素和学习主体均存在0.01水平上的相关。

②物理环境因素的相关性分析

研究分别对物理环境中的展品设置、学习活动设计、场馆建筑风格、场馆服务质量、场馆环境氛围五者之间以及各因素和物理环境的关系作相关性分析，结果如表5—25所示。

表5—25　　　　　　　物理环境因素的相关性分析

因素	展品设置	场馆建筑风格	场馆服务质量	学习活动设计	场馆环境氛围
场馆建筑风格	0.265**				
场馆服务质量	0.334**	0.229**			
学习活动设计	0.634**	0.274**	0.325**		
场馆环境氛围	0.506**	0.260**	0.334**	0.551**	
物理环境	0.662**	0.347**	0.493**	0.602**	0.484**

注：** 表示在0.01水平（双侧）上显著相关。

结果表明，展品设置、学习活动设计、场馆环境氛围这三者之间存在比较高的相关性。场馆建筑风格和场馆服务质量、学习活动设计、场馆环境氛围以及展品设置之间的相关系数均小于0.3，所以场馆建筑风格和场馆服务质量、展品设置、学习活动设计、场馆环境氛围均相关性较小。场馆服务质量和展品设置（0.334）、场馆服务质量和学习活动设计（0.325）、场馆服务质量和场馆环境氛围（0.334）这三者属于中度相关。展品设置、场馆建筑风格、场馆服务质量、学习活动设计和场馆环境氛围这五个二级因素和物理环境均属于中度相关和高度相关。

③数字技术因素的相关性分析

研究分别对数字技术中的二维码、虚拟现实、社交媒体、移动应用技术、人工智能五者之间以及各因素和数字技术之间作相关性分析，结果如表5—26所示。

表 5—26　　　　　　　　数字技术因素的相关性分析

因素	二维码	虚拟现实	社交媒体	移动应用技术	人工智能
虚拟现实	0.409**				
社交媒体	0.534**	0.331**			
移动应用技术	0.427**	0.635**	0.444**		
人工智能	0.512**	0.626**	0.302**	0.504**	
数字技术	0.548**	0.674**	0.520**	0.661**	0.683**

注：** 表示在 0.01 水平（双侧）上显著相关。

结果表明，二维码、虚拟现实、移动应用技术和人工智能这四者之间高度相关。社交媒体和虚拟现实（0.331）、社交媒体和人工智能（0.302）属于一般相关关系（相关系数大于 0.30）。

④互动交流因素的相关性分析

研究分别对互动交流中的与社会成员的交流、与展品的交互二者之间以及各因素和互动交流的关系作相关性分析，结果如表 5—27 所示。

表 5—27　　　　　　　互动交流因素的相关性分析

因素	与展品的交互	与社会成员的交流
与社会成员的交流	0.752**	
互动交流	0.738**	0.747**

注：** 表示在 0.01 水平（双侧）上显著相关。

结果表明，与展品的交互、与社会成员的交流这二者属于高度相关。与展品的交互、与社会成员的交流和互动交流也属于高度相关。

（3）小结

相关分析结果表明学习主体、物理环境、数字技术和互动交流四者之间存在高度相关，它们都对数字化场馆中非正式学习有积极的正向影响。学习主体、数字技术和互动交流三者之间的相关关系非常显著。人口学变量、先前知识和经验、参观动机和期望、兴趣、参观时间、展品设置、建筑风格、场馆环境氛围、学习活动设计、场馆服务质量、移动应用技术、虚拟现实、二维码、人工智能、社交媒体、与社会成员的交流、与展品的交互这些二级因素和其各自对应的学习主体、物理环境、数字技术、互动交流这些一级因素之间也都存在显著相关关系。然而，相关分析只能确定各因素之间存在相关性关系，仅说明相关关系是不够的，想要知道它们之间是否存在因果关系，存在着怎样的因果关系，还需要通过回归分析作进一步的研究。

3. 回归分析

采用回归分析可以确定多个变量对一个因变量的影响强度，表明自变量和因变量之间的显著关系。研究从两个方面运用回归分析法：一是把数字化场馆中非正式学习效果作为因变量，学习主体、物理环境、数字技术和互动交流作为预测变量；二是把数字化场馆中非正式学习效果作为因变量，人口学变量、先前知识和经验、参观动机和期望、兴趣、参观时间、展品设置、场馆建筑风格、场馆环境氛围、场馆服务质量、学习活动设计、移动应用技术、虚拟现实、二维码、人工智能、社交媒体、与社会成员的交流、与展品的交互这些作为二级因素预测变量。在逐步引入或逐步删除自变量的过程中保留对因变量有显著影响的自变量，这是一个反复的过程，保证最后得到的解释变量集是最优的。

（1）一级因素的回归分析

对学习主体、物理环境、数字技术和互动交流的多元回归结果如表5—28所示。表中最终调整后 R^2 为 0.848，表示自变量一共可以解释因变量 84.8% 的变化。由于使用的是 Step Wise linear Regression（SWLR），所以 R^2 逐渐增大，标准误差逐渐减小。DW 值为 2.016，说明残差项间无相关，排除自变量可能存在共线的问题。

表 5—28　　　　　数字化场馆中非正式学习效果回归分析结果

进入顺序	多元相关系数 R	调整后的 R^2	F 值	标准化回归系数	容差	Dubin-Watson
学习主体	0.876[a]	0.765	496.631	0.476	0.323	
互动交流	0.914[b]	0.834	382.256	0.339	0.418	2.016
数字技术	0.921[c]	0.845	277.820	0.135	0.596	
物理环境	0.923[d]	0.848	213.438	0.101	0.388	

注：[a] 预测变量：（常量），学习主体；[b] 预测变量：（常量），学习主体，互动交流；[c] 预测变量：（常量），学习主体，互动交流，数字技术；[d] 预测变量：（常量），学习主体，互动交流，数字技术，物理环境。

数字化场馆中非正式学习效果的预测方程式是：

数字化场馆中非正式学习效果 = 0.476 * （学习主体） + 0.339 * （互动交流） + 0.135 * （数字技术） + 0.101 * （物理环境）

该方程表示数字化场馆中非正式学习效果受学习主体、互动交流、数字技术和物理环境的影响，其中学习主体本身的影响程度相较而言最大，可以解释因变量的 76.5%。其次是互动交流对学习效果的影响，而数字技术和物理环境对数字化场馆中非正式学习效果影响差别不大，其中物理环境对数字化场馆中非正式学习效果的影响程度最小。

（2）二级因素的回归分析

多元回归分析结果如表 5—29 所示。17 个变量中有 10 个进入回归方程，分别是兴趣、参观动机和期望、与展品的交互、与社会成员的交流、展品设置、虚拟现实、学习活动设计、先前知识和经验、移动应用技术、场馆环境氛围。

模型中兴趣容差较小（0.381），但 DW 值为 1.916，说明残差项间无相关。可以说，回归方程基本上解释了数字化场馆中非正式学习效果与兴趣、参观动机和期望、与展品的交互、与社会成员的交流、展品设置、虚拟现实、学习活动设计、先前知识和经验、移动应用技术、场馆环境氛围之间的关系。

表 5—29　　　　　　　　　二级因素回归分析结果

进入顺序	多元相关系数 R	调整后的 R^2	F 值	标准化回归系数	容差	Dubin-Watson
兴趣	0.776[a]	0.625	367.214	0.195	0.381	
参观动机和期望	0.815[b]	0.634	317.842	0.181	0.653	
与展品的交互	0.847[c]	0.639	282.256	0.156	0.575	
与社会成员的交流	0.869[d]	0.645	275.820	0.172	0.541	
展品设置	0.873[e]	0.679	273.433	0.164	0.653	1.916
虚拟现实	0.903[f]	0.708	263.106	0.203	0.211	
学习活动设计	0.916[g]	0.736	254.557	0.132	0.524	
先前知识和经验	0.921[h]	0.772	247.492	0.168	0.397	
移动应用技术	0.942[i]	0.804	221.035	0.111	0.603	
场馆环境氛围	0.987[j]	0.846	112.327	0.092	0.581	

注：[a] 预测变量：（常量），兴趣；

[b] 预测变量：（常量），兴趣，参观动机和期望；

[c] 预测变量：（常量），兴趣，参观动机和期望，与展品的交互；

[d] 预测变量：（常量），兴趣，参观动机和期望，与展品的交互，与社会成员的交流；

[e] 预测变量：（常量），兴趣，参观动机和期望，与展品的交互，与社会成员的交流，展品设置；

[f] 预测变量：（常量），兴趣，参观动机和期望，与展品的交互，与社会成员的交流，展品设置，虚拟现实；

[g] 预测变量：（常量），兴趣，参观动机和期望，与展品的交互，与社会成员的交流，展品设置，虚拟现实，学习活动设计；

[h] 预测变量：（常量），兴趣，参观动机和期望，与展品的交互，与社会成员的交流，展品设置，虚拟现实，学习活动设计，先前知识和经验；

[i] 预测变量：（常量），兴趣，参观动机和期望，与展品的交互，与社会成员的交流，展品设置，虚拟现实，学习活动设计，先前知识和经验，移动应用技术；

[j] 预测变量：（常量），兴趣，参观动机和期望，与展品的交互，与社会成员的交流，展品设置，虚拟现实，学习活动设计，先前知识和经验，移动应用技术，场馆环境氛围。

数字化场馆中非正式学习效果预测方程式是：

数字化场馆中非正式学习效果 = 0.195 * 兴趣 + 0.181 * 参观动机和期望 + 0.156 * 与展品的交互 + 0.172 * 与社会成员的交流 + 0.164 * 展品设

置 +0.203 * 虚拟现实 +0.132 * 学习活动设计 +0.168 * 先前知识和经验 +0.111 * 移动应用技术 +0.092 * 场馆环境氛围

（3）小结

经过回归分析，得到的两个预测方程如下：

数字化场馆中非正式学习效果 =0.476 * 学习主体 +0.339 * 互动交流 +0.135 * 数字技术 +0.101 * 物理环境

数字化场馆中非正式学习效果 =0.195 * 兴趣 +0.181 * 参观动机和期望 +0.156 * 与展品的交互 +0.172 * 与社会成员的交流 +0.164 * 展品设置 +0.203 * 虚拟现实 +0.132 * 学习活动设计 +0.168 * 先前知识和经验 +0.111 * 移动应用技术 +0.092 * 场馆环境氛围

研究在调查问卷最后设置了一道排序题，调查参观者对数字化场馆中非正式学习的关键因素认可的排序，调查结果显示"兴趣"排在第一的比例很大。这与上述回归分析得出的结果一致，说明兴趣是数字化场馆中非正式学习效果最重要的影响因素。回归方程表明学习主体、数字技术、物理环境和互动交流都对数字化场馆中非正式学习效果有显著的预测力。其中，学习主体主要是通过兴趣、参观动机和期望、先前知识和经验对非正式学习效果产生直接影响，对数字化场馆越是感兴趣，越有明确的参观目的和期望，最后非正式学习效果越好；物理环境主要是通过展品设置、场馆环境氛围和学习活动设计对非正式学习效果产生直接影响，展品呈现方式多样化、场馆环境整体氛围良好、优质的学习活动更能吸引参观者慕名参观学习，基于兴趣的学习效果会更好；数字技术主要是通过移动应用技术、虚拟现实对非正式学习效果产生直接影响，借助虚拟现实呈现展品，扩展移动应用技术的使用，增强展品与参观者的交互，有利于数字化场馆学习效果的提升；互动交流主要是通过与展品的交互和与社会成员的交流对非正式学习效果产生直接影响，与展品的交互和与社会成员的交流越多，产生意义学习的可能性越大，从而学习效果会越好。

七 本章小结

（一）数字化场馆中非正式学习影响因素

根据以上数据分析得出数字化场馆中非正式学习影响因素包括学习个体、物理环境、数字技术和互动交流。具体影响因素如表5—30所示。

表5—30　　　　　　　　　　研究结论

影响因素	研究假设	研究结论
学习个体	学习个体对数字化场馆中非正式学习有显著性影响	支持
	H1：人口学变量对数字化场馆中非正式学习有显著性影响	不支持
	H2：先前知识和经验对数字化场馆中非正式学习有显著性影响	支持
	H3：参观动机和期望对数字化场馆中非正式学习有显著性影响	支持
	H4：兴趣对数字化场馆中非正式学习有显著性影响	支持
	H5：参观时间对数字化场馆中非正式学习有显著性影响	不支持
物理环境	物理环境对数字化场馆中非正式学习有显著性影响	支持
	H1：展品设置对数字化场馆中非正式学习有显著性影响	支持
	H2：学习活动设计对数字化场馆中非正式学习有显著性影响	支持
	H3：场馆建筑风格对数字化场馆中非正式学习有显著性影响	不支持
	H4：场馆环境氛围对数字化场馆中非正式学习有显著性影响	支持
	H5：场馆服务质量对数字化场馆中非正式学习有显著性影响	不支持
数字技术	数字技术对数字化场馆中非正式学习有显著性影响	支持
	H1：二维码对数字化场馆中非正式学习有显著性影响	不支持
	H2：移动应用技术对数字化场馆中非正式学习有显著性影响	支持
	H3：虚拟现实对数字化场馆中非正式学习有显著性影响	支持
	H4：人工智能对数字化场馆中非正式学习有显著性影响	不支持
	H5：社交媒体对数字化场馆中非正式学习有显著性影响	不支持
互动交流	互动交流对数字化场馆中非正式学习有显著性影响	支持
	H1：与展品的交互对数字化场馆中非正式学习有显著性影响	支持
	H2：与社会成员的交流对数字化场馆中非正式学习有显著性影响	支持

研究结果表明，人口学变量对数字化场馆中非正式学习效果影响很小，排除其对数字化场馆环境中非正式学习的影响，通过相关性分析得出，学习主体、数字技术、物理环境、互动交流和数字化场馆中的非正式学习效果之间具有显著相关关系，一级因素和其下的二级因素之间也存在相关关系。回归分析进一步得出如下结论：数字化场馆中的非正式学习效果会受到学习主体、互动交流、数字技术和物理环境的影响；学习主体对非正式学习效果的影响是通过兴趣、参观动机和期望、先前知识和经验实现的；互动交流对非正式学习效果的影响是通过与展品的交互和与社会成员的交流实现的；数字技术对非正式学习效果的影响是通过移动应用技术、虚拟现实实现的；物理环境对非正式学习效果的影响是通过展品设置、学习活动设计和场馆环境氛围实现的。

（二）数字化场馆中非正式学习影响因素模型

基于以上数据分析结果，研究得出影响数字化场馆非正式学习的因素主要由学习主体、物理环境、数字技术和互动交流这四部分组成。具体各因素与数字化场馆中非正式学习关系如图5—12所示。此模型中，学习主体包括先前知识和经验、动机和期望以及兴趣这三个因素，是对学习者认知维度的说明，是整个学习活动的基础，对数字化场馆中的非正式学习起到一定的预测作用，既是理解知识的前提，又是应用知识的基础；物理环境包括展品设置，具体包括展品设置（特征、摆放、说明）、学习活动设计，还有场馆环境氛围，这三个因素体现数字化场馆非正式环境的主要内容；数字技术包括移动应用技术和虚拟现实，这两个因素从技术角度体现了数字技术对数字化场馆环境中非正式学习活动过程的影响，改变了以往展品的呈现方式，对整个数字化场馆空间环境起到支持作用；互动交流包括与社会成员交流、与展品的交互，这两个因素概括了学习者在数字化场馆环境中非正式学习活动过程的主要行为，涵盖了与展品、环境和社会成员的交互活动。

（三）影响数字化场馆中非正式学习的关键因素和学习效果的关系

根据前文数据分析结果，从学习主体、物理环境、数字技术和互动交流方面展开，对影响数字化场馆中非正式学习的关键因素和学习效果

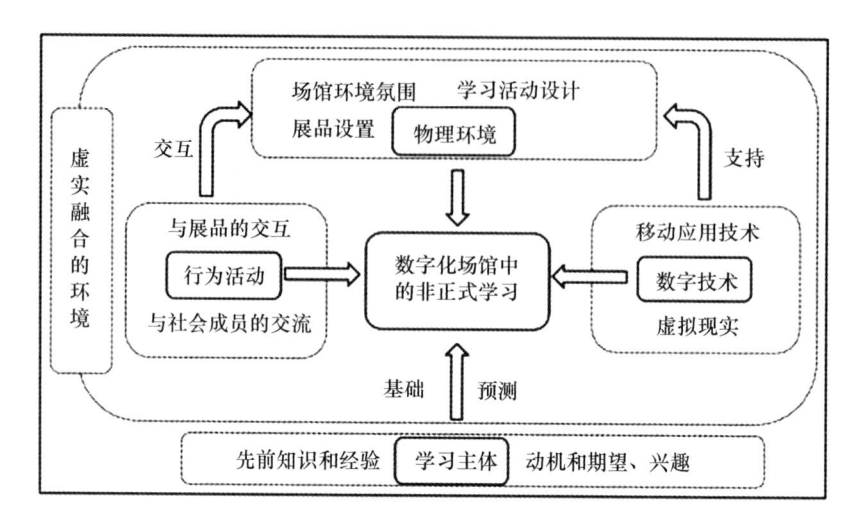

图 5—12　数字化场馆环境中非正式学习影响因素模型

的关系作简单的论述。

1. 学习主体与数字化场馆中非正式学习效果的关系及启示

学习主体从个人维度出发，是个体参观者内部的综合反映和体现。学习主体主要是通过兴趣、先前知识和经验、参观动机和期望对学习效果产生直接影响。在数字化场馆环境中，先前知识和经验对非正式学习的开展有一定的制约影响作用，不具备展品的背景知识，很难与展品产生意义交互，进而影响非正式学习效果。兴趣对学习主体的影响不容小觑，可以说，兴趣既是参观者学习的主要原因，又是学习效果中学习态度的进一步体现。它会直接引导参观者积极主动地认识展品、了解展品，表现出对展品的选择性态度和积极的情绪反应。从学习效果来说，参观者在参观过程中产生新的兴趣或提高原有兴趣，都是提升学习效果的体现。

第一，从学习主体参观者方面来说，作为参观者应该注意日常学习经验的积累，自觉提升自己的科学文化素养，还应该在参观前明确自己的参观动机和期望，带着目的学习参观有利于获得知识。第二，从数字化场馆设计者角度而言，数字化场馆的设计应该激发参观者的参观兴趣和参观动机。参观者很容易被奇幻美妙的现象所吸引震惊,从而激发他们的好奇心和求知欲,数字化场馆应该融合技术打造新颖独特的展品,提高数字化场馆中的非正式学习效果。

2. 物理环境与数字化场馆中非正式学习效果的关系及启示

物理环境从环境维度出发,是外部环境。物理环境主要通过展品设置、学习活动设计和场馆环境氛围来直接影响非正式学习效果。展品设置包括展品的呈现方式、说明等。虚拟现实、增强现实等技术的发展,促进了数字化场馆展品呈现的多样性和参观者体验模式的丰富性。场馆本身学习活动设计有助于参观者在亲身体验感受中学习,在做中学的学习效果往往更好。场馆拥有良好的学习环境氛围能加强参观者之间交流的意愿,激发参观者的沟通欲望和学习热情。参观者在轻松、愉快的学习环境中学习,有利于形成积极的学习态度,从而取得良好的非正式学习效果。

因此,物理环境中展品设计最重要的就是如何引起学习者对展品的兴趣,本研究经实践探究发现,具备创新性和开放性技术的展品容易让参观者驻足学习,所以展品的呈现方式应该以技术创新、以使用者为中心、丰富感官刺激为目标去设置。数字化场馆还应该引进人才,设计优质的学习活动,从内容上吸引参观者,丰富参观者的学习体验。数字化场馆环境要尽量为参观者营造轻松愉快的学习氛围,为参观者创设产生意义学习的环境。

3. 数字技术与数字化场馆中非正式学习效果的关系及启示

数字技术是学习的辅助。数字技术主要通过移动应用技术和虚拟现实对数字化场馆非正式学习效果产生直接影响。虚拟现实、增强现实技术、人工智能等的发展,促进了数字化场馆展品呈现和参观者体验模式的改革。基于虚拟现实和增强现实技术的数字化场馆环境为学习者创造了具备丰富感官刺激、高度沉浸性和更加贴合现实性的真实情境,使学习者在参观过程中感受体验,最大限度地获取信息知识,激发学习者在情境中探究、思考、反思,促进知识内化,最终掌握并应用。通过移动技术链接大量的资源内容,可以拓展非正式学习的深度和广度。

因此，在数字化场馆环境中充分配置移动应用技术，可以贯穿我们参观前、参观时和参观后整个完整的学习过程。在网络覆盖下，运用移动支付和定位可以实现参观者在参观前的信息浏览和检索、预订门票和定位场馆位置，场馆管理者也可以推送相关信息，实现门票预订和出售。参观时帮助参观者获取展品信息，参与展品互动或参与场馆设计的教育活动，场馆管理者基于移动定位实时获得展厅的人流密度，也可以对参观者进行行为分析，从而更好地服务参观者进行非正式学习。参观后运用移动支付帮助参观者购买纪念品，也可以提供实时的参观体验反馈满意度及感受。如表5—31所示。

表5—31　　　　　基于学习者参观过程的移动应用分类

参观过程	参观者		场馆管理者	
	活动	技术	活动	技术
参观前	网上浏览，搜索相关信息	移动网络接入	推送场馆相关信息	信息推送
	网站预定门票	移动支付	门票预订、售卖	身份识别
	定位场馆位置	移动定位		
参观时	获知展厅人流密度	移动定位	展厅人流控制	移动定位
	获知展品信息、参与展品互动、参与教育活动	移动网络接入 身份识别	用户行为分析	身份识别、移动定位
参观后	用户反馈	移动网络接入	场馆日常管理	信息推送
	购买纪念品	移动支付		

4. 互动交流与数字化场馆中非正式学习效果的关系

互动交流是学习个体在数字化场馆环境中学习行为的典型表现。活动主要通过与展品的交互和与社会成员的交流对数字化非正式学习效果产生直接影响。相比于传统场馆依赖讲解员的参观模式而言，数字化场馆着重培养参观者的自主学习、探究学习能力，关注参观者与展品的交互式互动体验，极大地发挥了数字化场馆的科学教育功能。与社会成员的交流包括与同伴的交流和与其他参观者或讲解员的交流。数字化场馆中的参观不仅是个人的参观体验，还是与其他社会成员的交流过程。在参观过程中，参观者可以在场馆这一环境中实现与同伴、讲解员甚至是陌生人的沟通和交流，这样的交流会进一步促进对知识深层次的加工和整理，更新重组原有知识体系，同时促进深度学习。

因此，参观者自身应加强与社会成员的交流，既可以交流展品内容本身，也可以交流人际情感。此外，经验丰富的参观者可以更多地分享与展览有关的知识，有助于其他参观者理解展览内容。同时参观者也要积极地同展品交互，有意识地进行参观学习。

第 六 章

非正式学习环境下的场馆学习环境设计

随着信息技术的进步和学习理念的发展，人们对学习的研究逐渐转向对学习环境等方面的研究。其中非正式学习环境以其独特的优势、丰富的学习资源、灵活的学习方式，成为教育、学习科学等领域关注的热点。非正式学习环境下的学习贯穿我们的一生，而场馆学习环境作为典型的非正式学习环境具有情境感知、具身学习、分布式认知、移动互联与分享以及个性化体验等特点。

场馆学习环境设计主要包括实现实体场馆与数字化场馆的融通、借助网络技术和移动设备的支持等方面，旨在有效地促进非正式学习的发生，提高场馆教育质量，提升公民的科学与人文素养。

一 非正式学习环境概述

（一）非正式学习环境中的学习贯穿人的一生

非正式学习是一种有学习目的与学习意图的活动，或者是在不经意中发生，常常没有固定的学习目标、学习场所、学习形式和授课教师。它是非正式的，是学习者自我发起、自我调控、自我负责的学习形式，但并不意味着学习是孤立的，社会性互动可以有效地提升学习效果。随着非正式学习的发展，非正式学习环境以其独特的优势、丰富的学习资源、灵活的学习方式，为学习者提供了广泛的学习机会。

近年来，国内外学者开始重视非正式环境的教育功能。有关学习研究表明，公民作为学习者，在丰富多样的非正式环境中体验学习和在学校课堂这类正式学习环境中获得的知识同样重要。学校教育的时间是短暂而有限的，在非正式环境下的学习可以弥补学校教育的不足。由图7—1可以看出正式学习环境与非正式学习环境在我们日常生活中所占的比例，我们一生中大部分时间是在非正式学习环境中度过，并且大部分的学习形式是非正式学习，可以说，非正式环境下的学习贯穿于我们的一生。因此，越来越多的研究者开始意识到非正式学习和非正式学习环境的重要性。

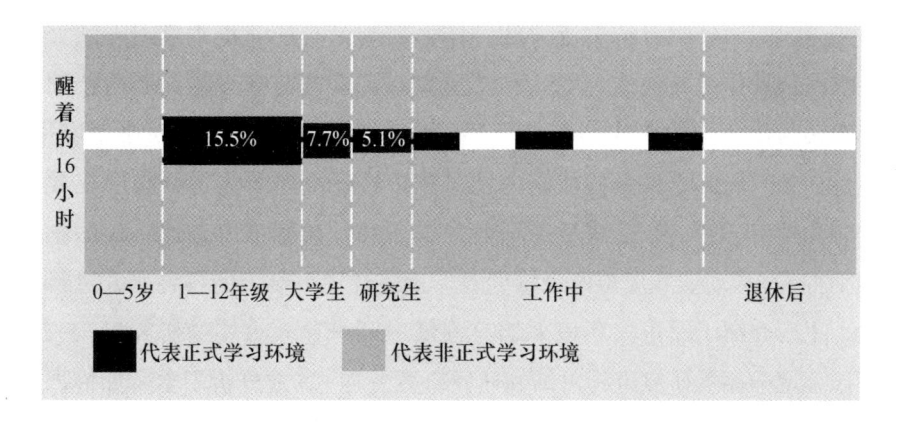

图6—1　正式学习环境与非正式学习环境比例

（二）非正式学习环境的分类

菲利普·贝尔[①]将非正式学习环境分为日常生活环境中的学习、经过设计的环境中的学习以及项目学习三种：（1）日常生活环境，这种环境的学习大多发生在家庭生活中，例如同父母或者朋友日常交流学习经验，或者通过观察获得的隐性知识，也可以是在计算机等移动设备上偶然学到的知识……这种环境下学到的知识比较零散和碎片化，一般包括家庭环境、社区环境、网络环境等。（2）设计的环境，是指场馆这类公共教育机构，一般包括博物馆、科技馆、艺术馆、图书馆这些室内文化展馆，也包括植物园、动物园这种室外设计的场地。在这些环境中，大多以指示标语或者多媒体、人工制品等来引导参观者学习。虽然经过设计的环

---

① ［美］菲利普·贝尔主编：《非正式环境下的科学学习：人、场所与活动》，赵健、王茹译，科学普及出版社2015年版。

境有一定的结构性,但同时也存在流动性和偶然性,缺乏一定的连续性。(3)基于项目的环境,是指这种环境依据一定的项目形式开展活动,常常有他人支持或者赞助,如夏令营、俱乐部等,学习主要发生在团队成员的自主性和协作性的项目活动中,多以感知和体验的形式表现出来。

(三) 非正式学习环境的典型应用——场馆学习环境

近年来,非正式环境日益成为教育、学习科学等领域关注的热点,已经引起国内外学者的广泛关注。作为主动参与的非正式学习形式,场馆学习被看作是与他人、展品和展示空间互动的辩证过程,以科技馆和博物馆为代表的非正式场馆学习环境成为非正式学习环境的典型应用,日益受到人们的重视。目前国内外对非正式环境的研究主要集中在社区学习和网络学习、非正式学习环境的模型和评价标准等方面,我国学者侯小杏等[1]从现实和虚拟两个维度对非正式环境下学习的各种研究进行综述,主要介绍了非正式环境下学习领域中几个比较重要的研究机构,并对该领域的相关研究进行总结和述评;黄龙翔[2]着重分析了学生如何以移动设备为中介,在非正式学习情境中进行作品创作的活动研究;黄建军等[3]探讨了Web X.0对于非正式学习环境创建的支持作用,分析了基于Web X.0技术和多媒体产品,通过创建个人学习环境和虚拟学习社区,为非正式学习创建良好的环境;王艳丽等[4]在"数字布鲁姆"研究的基础上,从非正式学习过程、非正式学习活动和学习支持体系三个方面构建了网络环境下的非正式学习环境模型;汤雪平[5]根据非正式环境科学学习中产生经验兴趣与动机学习、理解科学知识、验证科学推理、在学习过

---

[1] 侯小杏、陈丽亚:《非正式环境下学习的研究》,《开放教育研究》2011年第2期,第39—48页。

[2] 黄龙翔:《非正式学习环境下移动语言学习研究——新加坡学生校外成语学习及创作活动历程探析》,《现代远程教育研究》2012年第2期,第67—73页。

[3] 黄建军、郭绍青:《Web X.0时代的媒体变化与非正式学习环境创建》,《中国电化教育》2010年第4期,第11—15页。

[4] 王艳丽、程云:《"数字布鲁姆"对网络非正式学习环境构建的启示》,《现代教育技术》2011年第11期,第32—36页。

[5] 汤雪平:《非正式环境中的科学学习及其评价》,《教育研究》2015年第2期,第14—16页。

程中能够积极反思科学、参与科学活动并使用科学语言工具的能力、发展科学学习者的自我认同能力六种学习结果设计出了非正式环境下科学学习评价标准。

对场馆学习的研究也主要集中在场馆学习的特点、模式、评价以及学习单的设计等方面，鲜有以"场馆学习环境"为研究对象的研究。如夏文菁、张剑平[1]提出场馆学习的主要特征并归纳了场馆学习活动的六种典型模式：基于问题、基于任务、基于专题、基于游戏、基于网络探究、基于虚拟情境交互；张燕、梁涛等[2]从资源与学习效果两个视角对场馆学习评价，构建了包含资源内容质量、资源内容呈现、资源内容组织、资源内容使用四个一级指标的场馆数字化资源质量评价体系；鲍贤清等[3]设计家庭参观学习单，研究其对参观行为、参观者对展品使用、参观者对展品理解的影响，研究发现设计适当的学习单能帮助参观者更好地利用场馆资源，理解展品内容和主题；鲍贤清[4]还从物理环境、展品、活动三个层面对场馆学习环境进行设计。但总体来看，目前的大量文献没有涉及数字化场馆的设计以及场馆学习环境的构建。而以博物馆、科技馆、艺术馆为代表的场馆学习环境，作为一种典型的非正式学习环境，以其情感认知、具身认知、分布式认知、个性化的体验以及个体和群体意义建构等特点越来越凸显出其价值。所以，设计与构建有效的非正式场馆学习环境具有一定的理论与实践价值。

二 场馆学习环境的特点

所谓场馆，一般是指各种与科学、历史和艺术教育相关的公共机构，不仅包括科技馆、博物馆等封闭场所，也包括动物园、植物园等露天场

---

[1] 夏文菁、张剑平：《文化传承中的场馆学习：特征、目标与模式》，《现代教育技术》2015年第8期，第5—7页。

[2] 张燕、梁涛等：《场馆学习的评价：资源与学习的视角》，《现代教育技术》2015年第10期，第5—7页。

[3] 鲍贤清、毛文瑜等：《场馆环境中介性学习工具的设计与开发——以上海科技馆学习单设计研究为例》，《中国电化教育》2011年第10期，第40—47页。

[4] 鲍贤清：《场馆中的学习环境设计》，《远程教育杂志》2011年第2期，第84—88页。

所。场馆学习就是发生在以上公共机构的一种非正式学习。场馆中的学习行为被称为场馆学习，它是发生在真实的或者虚拟场馆情境中，以学习者为中心的自主性学习，学习者对其学习目标、学习行为、学习路径拥有完全自主的控制权。塔米尔（Tamir）[1] 通过研究发现，如果学习者在课堂学习后再到博物馆或者科技馆等场馆参观和参与学习活动，对学习者的学习成效有明显的帮助。场馆的学习作用不仅仅是将重点放在支持课堂教学，场馆作为一种新兴的非正式学习环境提供了比传统学校环境更为多样的学习途径和方式，对推动非正式学习和深度学习有积极意义。场馆自身不断研究如何通过创新的环境、空间、展品设计来吸引参观者。

随着网络技术的发展，场馆学习环境不再仅仅是固有的实体场馆，还包括在线的数字化虚拟仿真场馆。场馆学习环境的特点及其关系如图6—2所示。参观者在场馆学习整个学习境脉中进行情境感知，在学习过程中伴随着具身认知和分布式认知，然而技术的革新发展又为场馆学习环境增添了移动交互与分享的特点，最终为每一位参观者带来个性化的学习体验，目的在于有效地促进非正式学习的发展，提升参观者的人文和科学素养。

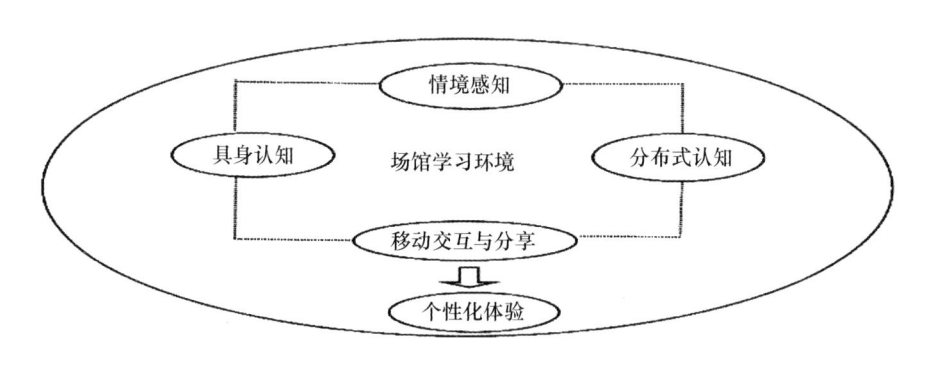

图6—2 场馆学习环境的特点

（一）情境感知

建构主义理论中的情境、会话、协作、意义建构四个基本要素奠定

---

[1] Tamir P. Professional and Personal Knowledge of Teachers and Teacher Educator. Teaching and Teacher Education, 1990 (7): 263-268.

了学习环境的理论基础。建构主义认为，情境在促进学习者意义建构过程中的作用不容忽视，学习总是与一定的社会文化背景即"情境"相联系的，学习者在实际情境下进行学习，通过"同化"与"顺应"才能达到对新知识意义的建构。知识、思维和学习的境脉是相互紧密联系的，在脱离情境脉络的条件下获得的知识，经常是呆滞的和不具备实践作用的。场馆学习环境为我们创设了一个真实的、支持性的文化境脉。在场馆学习环境中，参观者在这一特定的情境脉络中学习，参观者的意义和身份在互动中建构和形成。场馆学习环境有利于促进参观者之间的学习互动，有利于形成各种以个性、兴趣和爱好为核心的学习共同体。

（二）具身认知

具身认知强调生理体验与心理认知的联系，在场馆学习环境中可以储存认知信息，以便我们学习需要时使用。基于具身认知的场馆学习环境是一个统一、交互、有机的动态系统，它具有灵活性、情境性等特点。在这个系统中，参观者的身体、心理与场馆学习环境持续交互，动态生成，交织重塑，从而构成了一个混沌但有序、复杂而有机的统一整体，突破了基于传统认知观点之上的学习环境创建的"机器"隐喻，使学习环境成为一个有生命，并且可进化的"有机体"，也使其在应用中推动教学与学习的具身变革。

（三）分布式认知

分布式认知是一种认知活动，既是对内部和外部表征的信息加工过程，也是一个包括认知主体和认知环境的学习系统。分布式认知强调认知现象在认知主体和环境间分布的本质，它认为认知分布于学习者个体的大脑内。大脑是一个复杂的动态系统，具有社会性。该理论把人的学习过程与大脑的自然学习过程类比，强调要设计合适的学习环境以使人类学习过程与大脑的自然学习过程相一致。[1] 在场馆学习环境中，展品作为支持分布式学习的设备或学习技术，参观者与展品的交互过程促进了

---

[1] 周国梅、傅小兰：《分布式认知———一种新的认知观点》，《心理科学进展》2002年第2期，第147—153页。

有效的场馆学习，人与展品构成了动态的学习环境系统，这是一个复杂的分布式学习系统。无处不在的基于网络的各种交互设备和计算机设备正在出现，这无疑增加了分布式认知。面对场馆学习环境中海量的信息，参观者进行场馆学习主要采用分布式协作认知加工的模式，各要素之间共享认知活动，以适应信息时代处理海量信息的需要。

（四）移动交互与分享

与分布式认知相关，场馆学习环境中的移动交互也是一种分布式学习和认知方式。移动互联网的兴起为构建移动场馆学习环境提供技术基础，借助网络平台和手机等移动终端构建移动网络学习环境，实现交互、分享功能，可以弥补现场体验的不足，从而实现随时随地的学习。移动交互技术的创新应用不仅极大地扩展了场馆的教育功能，而且为非正式学习提供了环境、空间和人工制品（展品）等共享知识库，使得学习在移动中更加灵活、无缝联结、深层交互，[①] 有效实现意义建构和深度学习，从而使其成为非正式学习的重要场所。

（五）个性化体验

场馆学习环境下的学习是一种体验式的碎片化学习，比如场馆中虚拟场景、3D 影像、虚拟增强现实技术等带来的自主性体验，为参观者提供了个性化的学习和体验机会。由于场馆提供的学习内容不固定，没有顺序，面向所有参观者，因此，参观者在场馆环境中可以自由安排，控制学习进度，完全由学习者自己决定是否学习、如何学习、学习什么，为学习者提供了个性化和自主性的学习环境。由于场馆环境中的学习是在参观者内在因素的驱动下完成的，因此，参观者自主获得知识后的满足感会激发参观者再次学习体验。

三 场馆学习环境设计

目前普遍存在的问题是大部分参观者的场馆参观和游览是走马观花

[①] 郑旭东、李志茹：《新兴信息技术在场馆学习中的创新应用：现状、趋势与挑战》，《现代教育技术》2015 年第 6 期，第 5—11 页。

式的，很难感知到场馆带来的学习活动和体验。参观者从场馆学习效果中获得的经验应持续影响其在场馆外的生活和学习，即场馆学习并不仅仅从参观者进入场馆才开始，也不会在参观者离开场馆时结束，而是贯穿于参观者在场馆内外的各种相关体验中。场馆学习环境普遍重陈列、轻教育，缺乏针对性的教育服务。与传统的课堂学习这种正式学习相比，以科技馆、博物馆为代表的场馆等具有受众多样化、学习个性化和内容多样化的明显优势，为构建非正式的学习环境提供了有利条件。但长期以来这种优势并没有得到完全释放，使得场馆学习自身的价值没有最大化，没能够很好地满足以参观者为中心的非正式学习体验。这些都是场馆环境设计需要面对与回答的问题。因此，有必要对实体场馆学习环境和数字化场馆学习环境进行设计，以期解决上述问题。

（一）实体场馆学习环境的设计

将学习科学的理论应用于场馆教育学习，包括学习共同体的构建、学习境脉的形成等。兴趣是最好的教师，实体场馆设计首先以兴趣为切入点，使参观者产生兴趣，进而吸引参观者参与观察、体验，这就需要环境设计充分体现出视觉吸引力和视觉冲击力。其次要将参观者的心理和情感体验因素作为导向，作为指导场馆学习环境设计的基础。将科学性、知识性、趣味性相结合，引导参观者进行深度学习。场馆从来都不缺乏提供教育资源的能力，缺的是寓教于乐的能力，需要设计者真正观察、发掘参观者的需求和爱好。无论是在线数字 3D 模拟展览，还是自然博物馆互动式的标本制作、历史博物馆开设的制作拓片、器物拼图之类的项目，都是为了让游客产生体验式的参观感受而设立的。

结合学习环境理论和学习科学理论，以及场馆学习环境的特点，从展示空间、展品、参观者三个层面对实体场馆学习环境进行设计，如图 6—3 所示。实体场馆学习环境要以参观者为中心构建，其中展示空间支持服务于参观者学习，展示空间是参观者学习的基础，而参观者的思维和行动也影响环境空间的设计；展示空间作为载体呈现展品，展品依托展示空间供参观者学习；参观者通过参观学习展品，进而完成场馆学习。展品是参观者进行场馆学习的中介，传达的信息、体现的文化都会驱动参观者的思想，影响参观者自我认知，并引导纳入身份建构中，非结构式传递知识使得场馆学习方式更多元化，从而在整个境脉中形成学习共同体。场馆学习环境增加了参观者的互动交流，注重参观者主动建构知识的过程，为参观者提供知识转化与创生的实践场所，通过相互启发帮助参观者学习获得默会知识。知识的建构即将学习置于场馆学习环境境脉中，通过建立学习共同体创新教育，实现非正式学习。下面具体从展示空间、展品和参观者展开来设计。

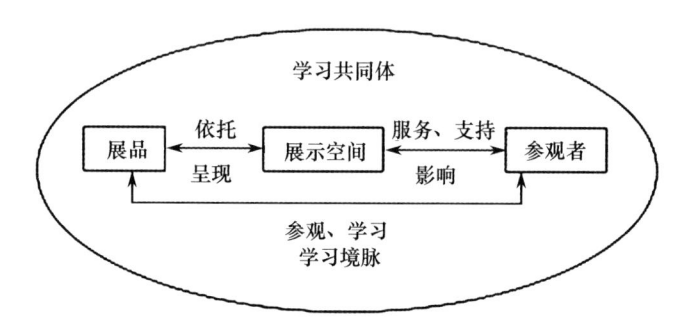

图6—3　实体场馆学习环境设计模型

1. 展示空间

首先应该以参观者为中心，鼓励参观者积极地建构意义，展示空间创设上要为参观者提供选择和追求自己兴趣的机会，如果参观者拥有了选择机会，就会对自己的场馆学习承担更多的责任和予以更多的重视。从参观者的角度进行设计，以参观者的情绪、兴趣为出发点，根据参观者的反应、表现进行设计，从而引起参观者的注意和共鸣。在展示空间创设上要有探索感，应该激发参观者的兴趣和积极性，支持参观者自主探究，让参观者主动构建知识，使参观者在浏览展品信息的同时获得非常舒适的环境和学习体验。其次场馆学习展示空间设计应体现特色的文化底蕴，营造相应的文化氛围。

2. 展品

展品即场馆内陈列的供参观者参观的物品。根据性质又将其划分为自然物品和人工制品等。展品是场馆学习环境中参观者学习的对象，是场馆学习环境最基本的构成要素。展品承载着文化历史信息，是传承文化的有力手段。场馆环境不仅仅是对展品的排列组合，而且是设计者根据展品结合自己的观点见解，通过精心布局设计将其呈现出来。展品的说明文字应该根据参观者认知设计，简洁、明快是吸引参观者的最好办法。不论是展台、展品的摆放设计，还是照片、文字说明等都应力求简练。如果说明文字有比较生僻的字，应该配有拼音说明，减少参观者的学习障碍，以免打击参观者的学习兴趣。参观者需要的是参与感，是对展品更全方位的体验，所以展品的展示方式应体现多感官参与，在展品呈现设计上可以增加互动设计，鼓励参观者亲自动手参与实践。

3. 参观者

参观者是场馆学习的服务对象，从参观者的视角出发，以参观者为中心，通过对参观者观察、了解，才能更好地设计场馆学习环境，根据参观者提出的反馈和意见，针对参观者的不同职业年龄、文化差异，满足参观者的个性化学习需求，更好地为参观者学习服务。参观者在参观过程中学会获取知识的方法，学会质疑、探究并探寻解决问题的途径，通过交流分享彼此观点，也间接完成了对社会文化的传播，推动了文化传承。参观者与讲解员，或者参观者彼此之间，通过沟通、交流、分享各种历史文化知识和专业知识，或者共同完成场馆设置的任务，从而相互影响，相互促进，形成一种身份认同。如果和朋友同行，或者家长带孩子参观，参观者可以根据自己已有的知识经验，将自己知道的关于展品的故事分享给其他参观者，相较于我们在场馆手册或网上看到的单调乏味的展品讲解描述更加生动有趣，并且使人印象深刻。同时，向别人讲解的过程也是再一次学习的过程，通过这种叙述和再叙述，参观者个体所做的已经超越了知识传递，而且有助于自己在学习共同体中的身份建构。

（二）数字化场馆学习环境的设计

1. 在线数字化场馆网站的设计

数字化场馆整体设计要体现对应场馆的文化特色，注意对数字化场馆的及时更新和维护。在线数字化场馆网站提供各种信息，一般包括场馆概述、展品信息、宣传教育、服务指南等。（1）展品信息相较于实体场馆的简短描述应体现知识的丰富性和完整性，可以不断地更新补充，使场馆的资源像"云"一样供参观者访问学习。还可以提供与之对应的相关链接，保证链接有效和有意义，充分满足参观者深入学习的需求。（2）数字化场馆的内容设计上要注意资源的编排放置顺序，要有组织有逻辑，不能一味地堆放各种资源，信息量适度，考虑到参观者的认知特点和浏览学习体验效果。（3）在宣传教育方面，要满足学习资源可下载共享，以及对相关问题的咨询互动，为学习者提供沟通交流的平台。（4）可以增加留言板的内容设计，让参观者交流分享参观场馆的学习体验，提出对场馆学习的建议，有利于场馆弥补自身不足，及时更新扩充资源信息。比如山西博物院网站在参观留言的内容版块设计上还增设了网上调查，通过网上调查问卷的反馈，改善场馆的陈列与服务方面的不足，成为场馆改进工作的重要参考依据。

2. 虚拟场馆的设计

虚拟场馆是基于实体场馆服务时间和空间的延伸和扩展，虚拟场馆可以自由游览和实现简易交互。整个场馆利用虚拟技术，体现三维和交互式探索。在虚拟博物馆中，真实场景的三维模型展示历史，是传统的考古技术与先进的计算机虚拟技术的结合，整个场景可以以三维和交互式探索形式重现。在虚拟场馆设计中，首先是虚拟展品的呈现画面要清晰，参观者可以通过点击鼠标放大或者缩小精准细致地观看展品，提供360度全方位、多角度的体验，参观者可以自由选择参观方位，使参观者的自由性得到最大的发挥。其次保证提供的音视频播放流畅，整体画面色彩搭配和谐。最后在操作指示上要简便易懂，方便参观者浏览学习，为参观者创设最佳的在线学习体验。

四 场馆学习环境的构建

场馆学习环境为我们提供了支撑知识建构与意义协商的学习平台，为参观者交互与分享提供了学习境脉。通过构建有效的场馆学习环境，可以促进非正式学习的发生，可以提升公民人文与科学素养，对知识社会的建构有积极意义。基于上述场馆学习环境的特点及设计模型，场馆学习环境构建涉及以下几个方面。

(一) 实体场馆和数字化场馆的融通

对场馆学习环境进行构建，不能局限于实体场馆，数字化场馆环境也需要重点关注。场馆学习环境在实体空间上的发展我们有目共睹，但参观者在进行场馆学习时，还是停留在人对展品的单纯欣赏层次，所以造成场馆的实际学习效果并不是很理想。而伴随着互联网的发展，逐渐兴起的数字化场馆正悄然走进我们的学习和生活中。如图6—4所示，实体场馆环境与数字化场馆环境以参观者为中心构建，实体和虚拟的学习环境旨在为学习者营造良好的情境，使之能迅速投入相关的认知活动中，进行体验式学习。当学习者处于实体环境中时，可以与他人实体观察交互，进行意义协商；当处于网络构建的虚拟环境时，可以虚拟在线交互，通过技术提供的平台进行讨论，从而促进其认知发展。两者都借助于网络技术实现有机结合，相互服务、支持、相辅相成，从而在学习境脉中形成学习共同体。由于实体场馆所提供的教育服务都是统一的标准化的，而参观者是不同的个体，有着不同年龄、知识、经历和价值观，所以实体场馆很难满足参观者个性化的学习需求，而虚拟的场馆正好可以弥补实体场馆的不足。

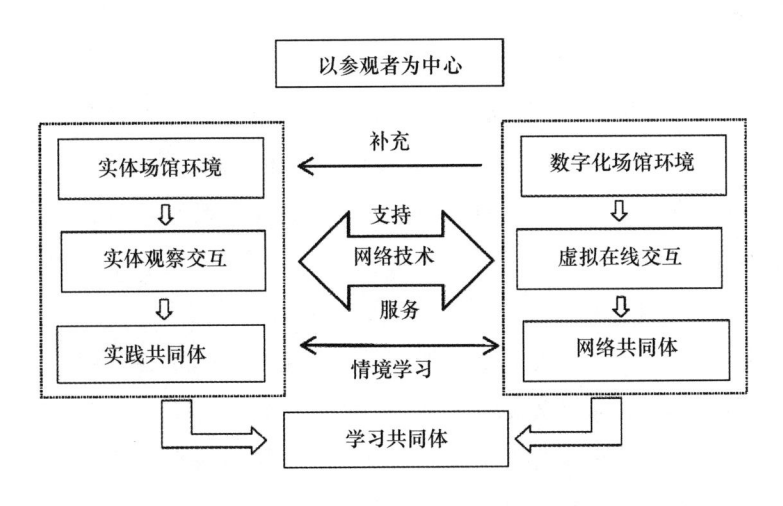

图6—4 实体场馆与数字化场馆的融通

实体场馆和数字化场馆各有自身的优势与不足，将实体场馆与数字化场馆融通，弥补各自的不足和优势，发挥综合优势，有助于构建虚实融合的学习环境。实体场馆下学习者的学习体验在情感、态度、价值观上优于数字化场馆；数字化场馆打破了时间空间限制，方便随时随地学习。将二者融通既能发挥实体场馆下真实感知学习的优势，又能发挥数字化场馆中资源丰富、便于交互分享的优势特征，从而支持非正式学习的发生，对促进非正式学习的发展有积极意义。

（二）借助网络技术、移动设备支持

伴随网络技术和移动设备的发展，数字化技术和设备开始应用于场馆学习环境中。数字化技术的发展使得对场馆学习环境中展品的全方位立体展示成为可能，为非正式场馆学习提供了潜在的学习空间。场馆学习可以借助高交互计算机设备进行。这些设备的应用会给参观者留下认知留存，即使设备不工作时仍然能够支持参观者的智力活动，对参观者的学习产生持久的影响。然而技术在丰富场馆展示的同时，也在影响参观者的参观行为。如果人们参观植物园后，学会了保护自然环境的行为，增强了学习科学的兴趣，培养了审美的能力，那么这些学习的结果可能比学会纯粹的植物学知识更有意义。

1. 引入 VR、AR 等技术

虚拟现实、增强现实、混合现实技术作为数字技术结合场馆学习环境展示，如图 6—5 所示，从实体场馆学习环境到虚拟场馆学习环境，从现实到虚拟现实，这些技术可以贯穿整个场馆学习环境的设计。在实体场馆学习环境设计里融入 VR、AR 等技术，力图为参观者创设逼真的学习情境，生成 3D 场景甚至 4D 场景。通过刺激多种感官，增强场馆学习的感知体验性，使参观者沉浸在场馆学习环境中，满足参观者在情境中交互与可视化，加强与真实环境的交互联系。

虚拟现实强调环境的沉浸感，借助鼠标、数据头盔、数据手套等传感设备，实现参观者与展品的交互，改变以往展品传统的"实物+说明牌"的呈现方式。虚拟现实可以展示实物所不能展现的背景知识，使得场馆学习环境中的学习内容以更加生动、形象、逼真的方式呈现给参观

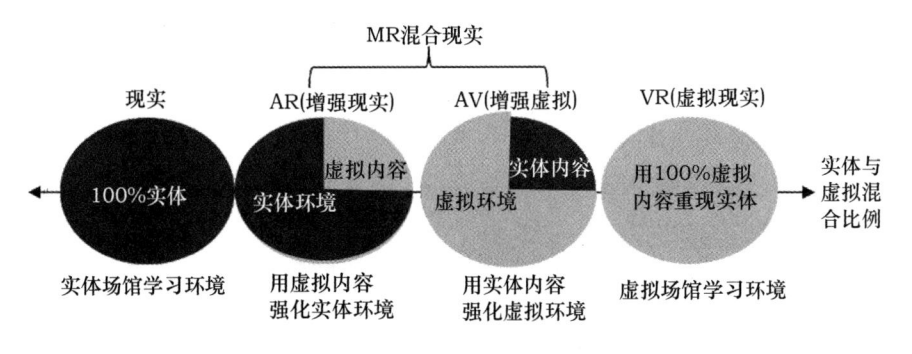

```
          MR混合现实
    AR(增强现实)  AV(增强虚拟)   VR(虚拟现实)
现实                                        实体与
         虚拟内容   实体内容    用100%虚拟    虚拟混
100%实体  实体环境   虚拟环境    内容重现实体   合比例

实体场馆学习环境  用虚拟内容   用实体内容   虚拟场馆学习环境
                强化实体环境  强化虚拟环境
```

图6—5　虚拟现实

者，形成三维视觉、听觉、嗅觉系统。例如，故宫博物院利用虚拟现实复原阿房、圆明园等，再现了历史建筑，为参观者带来审美与求知、娱乐与鉴赏的多元文化体验，满足参观者的文化需求，提升参观者的人文科学素养。中国科学技术馆在"挑战与未来"主题展厅中，主要展现未来的新兴科技，如宇宙飞船的展览，参观者可以在其中体验宇航员上厕所的坐便器，体验宇航员如何站着睡觉休息，如何在太空舱里锻炼身体等，切实的接触模拟交互增强了参观者与展品的交互体验，拉近展品与参观者的距离，让参观者融入场馆学习环境这一动态系统中。

增强现实通过计算机将虚拟数据与场馆学习环境相融合，其特点在于能够实现与参观者的实时互动，为参观者打造全新的学习交互模式。增强现实技术在场馆环境中的主要应用有：（1）利用增强现实宣传讲解，可以将真实的场馆学习环境与虚拟的展品信息无缝结合在同一个环境空间中，将静态展品变成动态或者3D视频，呈现出效果逼真的互动新环境，增强参观者对场馆学习环境的理解和感知，改变参观者被动的参与学习模式，为无生命的展品赋予生命和活力。（2）利用基于移动增强现实技术的导航，为参观者提供实时的导航路径。根据参观者的位置数据变化，为其提供个性化的三维展品信息，使得整个参观过程更具有交互性，帮助参观者建立自主探究式的学习模式。例如东京水族馆利用增强现实技术，开发了一款应用程序，借助虚拟小企鹅为参观者指引路线。（3）通过增强现实技术利用手机端获取参观者与展品的位置信息，收集参观者在展品的停留时间及行为数据，综合参观者大数据分析其数量、变化、关联，对参观者的体验效果进行科学分析，有利于场馆环境个性化的设计改造，构建更具身动态的场馆学习环境。

2. 借助移动设备支持

随着人们越来越多地使用移动设备，基于手机、平板设备的移动学习俨然成为场馆参观和学习的趋势。今天的参观者不再以视觉作为唯一的信息来源，二维码、应用软件、基于位置的服务等信息技术将会重塑参观者和展品、展示空间的关系，改变参观者看待展品、获取信息的方式，参观者不再是场馆学习知识的被动接受者，而成为场馆文化知识的生产者、参与者和传播者，给予场馆文化新的传播方式。移动设备的发展挑战着场馆教育服务的传统模式，参观者在任何时间借助可移动设备共享场馆资源、享受场馆服务、参与场馆互动等。（1）可移动设备APP应用软件可以为参观者提供个性化的服务。目前场馆学习的可移动设备APP主要为参观者提供导引、语音讲解及相关服务信息。故宫博物院的"故宫展览APP"采用虚拟现实，提供诸如月染秋水、普天同庆等各种虚拟展览场景，真实地还原了场馆展览环境和陈列的展品，我们可以使用可移动设备在任何时间和地点游览和参观，从而形成了一个基于移动设备的虚拟全景学习环境。而且可移动设备APP的学习活动还可以延伸到场馆学习环境外，例如可以与学校建立互动，吸引学生和教师参与，针对学生设计基于位置引导式电子学习单，促使学生完成场馆学习任务，将场馆学习环境变成第二课堂。（2）可移动设备APP可以轻易地掌握用户的位置、爱好、习惯、朋友圈子，甚至可以根据穿戴设备获取用户体征。通过对用户这些基础数据的采集和分析，使得个性化的主动服务模式发挥越来越重要的作用。以博物馆APP为例，通过用户的社交网络、参观历史、兴趣设定的分析，可以描绘出个人的社交图谱和兴趣图谱，智能推算出参观者的细致需求，为其提供"私人订制"的个性体验，如活动、参观路线，不同层次的深度讲解，也可提供基于位置的各类推送服务。

二维码识别技术也逐步地走入了场馆环境中，参观者在参观时大多使用手机进行拍照和分享，可以将手机变成学习工具，借助二维码技术指引、帮助参观者进行场馆学习，这无疑为场馆学习环境的构建提供了多样化的解决方案，为场馆的教育宣传打开了一扇充满活力的大门。二维码的应用主要有以下几点：（1）借助二维码技术提供新的导览方式，通过扫描场馆宣传册、地图、展品说明牌上的二维码，参观者即可获得场馆的宣传内容、地图导览及展品相关知识的讲解服务。（2）利用二维码技术的便捷性，在无线网络环境和移动设备的支持下，可以及时有效地推送场馆展品的相关信息及活动信息，让参观者可以对场馆的运行状况作出评价、建议，为构建场馆学习环境带来全新的参与式学习体验。

（三）设计学习单、辅导手册

场馆作为媒介，使得科学学习与学习环境之间产生了互动。场馆作为非正式环境的重要组成部分弥补了学校科学教育的不足，重新塑造了科学教育的方式。因此，在构建场馆学习环境时，可以在官方网站或者可移动设备 APP 针对不同的群体编制学习单和辅导手册，鼓励在校学生参与和体验学习。中国科学技术馆开发的针对学生的学习单、家长辅导手册、教师课程手册，不仅面向孩子，还有家长和教师，兼顾了多种学习者的特征和认知水平，参观者在数字场馆中提前浏览相关信息，下载需要的学习资源，为更好地进行实体场馆学习打下基础，其主要教育形式为展览教育，通过科学性、知识性、趣味性相结合的展览内容和参与互动的形式，反映科学原理及技术应用，鼓励公众动手探索实践，不仅普及科学知识，而且注重培养观众的科学思想、科学方法和科学精神。在开展展览教育的同时，中国科学技术馆还组织各种科普实践和培训实验活动，让观众通过亲身参与，加深对科学的理解和感悟，在潜移默化中提高自身科学素质。

五 本章小结

非正式场馆学习对学习者的影响是多方面的，不仅对传统课堂中的认知方面形成影响，还会影响学习者的行为、态度和价值观，以及学习者的审美、文化和社会交往等多方面。通过构建有效的场馆学习环境，借助 VR、AR 技术和移动设备的支持，实现实体场馆与数字化场馆的融通，可以充分发挥场馆学习环境非正式学习的优势，有利于促进参观者对非正式学习的主动建构，推动非正式学习的创新发展。

对于VR、AR等技术作为辅助手段，如何影响非正式场馆学习的体验和效果，如何准确地获取参观者在场馆学习环境之外的相关体验，如何重构场馆中已有的展品来帮助参观者获得全新的非正式学习体验等问题，仍然是我们需要进一步关注的重点。另外，深入探究影响场馆互动效果以及体验的因素，是促进场馆非正式学习的重要保障。我们还可以结合当前的STEAM教育，有效促进科学知识的建构迁移，变革现行的场馆教育学习模式，充分发挥场馆的非正式学习作用。

第 七 章

混合式学习空间构建

"互联网+"的发展对我们的生产和生活产生了巨大影响，它以一种全新的方式颠覆着人们的观念，对教育的发展也起到积极推动的作用。教育部副部长杜占元[①]指出，要通过教育信息化资源，改变课堂结构，改变学校、课堂与外部联系的方式等，有效地利用技术，整合资源、改善教育过程、引领并帮助学生全面发展。

混合式学习已经成为当前高校学习方式之一，NMC 地平线项目《新媒体联盟地平线报告》[②]指出，混合式学习将成为未来 1—5 年内高校学习方式的趋势之一，同时也是未来学习的短期发展趋势之一。

本研究在分析国内外混合式学习、学习空间研究现状以及相关理论的基础上，提出了混合式学习的四种模式：自混合式模式、循环模式、弹性模式、增强虚拟模式，对每种模式进行了详细说明[③]；总结了构建混合式学习空间的基本要素：资源评估、教学设计、课程结构、创客空间、虚拟空间、场馆空间；并且结合《现代教育技术》课程，采用"微课+半翻转课堂"混合式学习模式，从学习内容分析、学习目标设计、学习者特征分析、教学模式设计、教学课件设计、认知工具的选择和教学评价等方面构建了《现代教育技术》混合式学习课程，并应用到教学中，

---

① 《教育部副部长杜占元在教师培训改革高级研修班上的报告》，中国教育信息化网，http://www.edu—info.moe.cn/laws/jianghua/duzhanyuan/n20131128_6083.shtml。
② NMC 地平线项目：《新媒体联盟 2015 地平线报告（高等教育版）》，《现代远程教育研究》2015 年第 3 期，第 3—22、42 页。
③ 杜星月：《基于混合式学习的学习空间构建及其应用研究》，山西师范大学，2017 年。

总结出《现代教育技术》混合式课程框架和学习空间模型，研究更加倾向于构建学习理论、教学理论层面的学习空间，也涉及介绍新技术整合层面的物理空间的构建。

研究结果表明：混合式学习可以提高课堂互动性；混合式学习能为学习者与教师提供更加自由的协商空间，能提高学习效率，能方便快捷地上传作业，增加同伴交流，提升人际关系，还能让学习者学会利用网络平台开展自主学习；混合式学习能培养学习者的自主探究能力、动手操作能力、思维组织能力、交流协作能力、理解应用能力等；混合式学习能营造情境，促进学习者定向，促进学习者的认知，提升建构主义学习的意义，能促进合作学习，拓展学习者思维发展等；混合式学习还能促进专业发展。

一　学习空间概述

（一）创客空间

《新媒体联盟 2016 地平线报告（高等教育版）》指出，未来 1—5 年内，自带设备、学习分析和自适应学习、增强现实和虚拟现实、创客空间、情感计算、机器人技术将对高等教育产生重要影响。其中，创客在 2016 年是各领域研究的热点，与创客相关的 3D 打印技术在国内已经发展成熟。3D 打印是一种以数字模型文件为基础，利用粉末状金属或者塑料等可黏合的材料，通过逐层打印的方式构造物体的技术；3D 技术只是创客诸多技术中的一个方面，发展到现在，创客已经成为一种表达创新和协同发展的方式，随着创客热潮的不断推进，全世界出现了大量的创客空间。创客是指出于兴趣与爱好，努力把各种创意转变为现实的人，在互联网的背景下，创客又有了新的定义，指利用开源硬件和互联网，把更多的创意转变为产品，创客空间是指利用创客技术创建的工作或学习空间，在这个空间里，人们可以聚会、社交、展开合作。

在教育领域，创客空间为学生设计团队提供会议空间。现在很多学校已经建立起了自己的创客空间，如图 7—1 所示为华南师范大学的机器人创客学习空间。在混合式学习空间里，也需要创客空间的支持。例如，生物学的学生可以利用 3D 打印技术打印出所需要的动植物标本模型，进

图 7—1 华南师范大学创客空间

而对其结构进行研究，这样比单纯的教师的讲解或者看视频更加直观。

（二）虚拟空间

近年来，可穿戴技术、虚拟现实、增强现实、混合现实逐渐应用在教育中，国内已经有一些成功的应用案例。虚拟空间在教育层面是指由可穿戴技术、虚拟现实、增强现实和混合现实等构建的理论和物理空间组成的学习环境。

1. VR 虚拟现实和 AR 增强现实

（1）概念区别

虚拟现实（Virtual Reality，简称 VR）是近年来出现的高新技术，是利用电脑模拟产生一个三维空间的虚拟世界，提供使用者关于视觉、听觉、触觉等感官的模拟，让使用者如同身临其境，可以及时、没有限制地观察三度空间内的事物。增强现实（Augmented Reality，简称 AR），它通过电脑技术，将虚拟的信息应用到真实世界，真实的环境和虚拟的物体实时地叠加到了同一个画面或空间同时存在。简单来说，虚拟现实看到的场景和人物全部是假的，是把人的意识代入一个虚拟的世界，增强现实看到的场景和人物一部分是真的一部分是假的，是把虚拟的信息带入现实世界中。

（2）交互区别

VR 设备：因为 VR 是纯虚拟场景，所以 VR 装备更多地用于用户与虚拟场景的互动交互，常见的使用设备是位置跟踪器、数据手套（5DT 之类的）、动捕系统、数据头盔等。

AR 设备：由于 AR 是现实场景和虚拟场景的结合，所以基本都需要摄像头，在摄像头拍摄的画面基础上，结合虚拟画面进行展示和互动，比如 Google、Glass、Ipad、手机等带摄像头的智能产品安装 AR 软件都可以用于 AR。

（3）技术区别

VR 创作出一个虚拟场景供人体验，主要关注虚拟场景是否有良好的体验，不关注与真实场景是否相关，VR 设备是浸入式的，典型的设备就是 oculusrift（一款为电子游戏设计的头戴式显示器）。AR 应用了很多计算机视觉技术，AR 设备强调复原人类的视觉功能，比如自动去识别跟踪物体，而不是手动去指出；自主跟踪并且对周围真实场景进行 3D 建模，而不是打开 Maya（三维建模和动画软件）照着场景做一个极为相似的，典型的 AR 设备就是普通移动端手机，升级版如 Google Project Tango（谷歌公司的一项研究项目），谷歌为该项目研发出了一款 Android 手机原型机，该手机配备了一系列摄像头、传感器和芯片，能实时对用户周围的环境进行 3D 建模。

2. MR 混合现实

混合现实（Mixed Reality，简称 MR）是合并现实和虚拟世界而产生的新的可视化环境，包括增强现实和增强虚拟，在新的可视化环境里物理和数字对象共存，并实时互动。混合现实某种意义上就是 AR 和 VR 的结合，将虚拟的东西嵌入现实世界，比如你躺在真实沙滩上，看着一条白鲸在蓝天上遨游，既有现实，也有虚幻，理论上屏蔽了现实场景以后，MR 也是 VR。混合现实是虚拟现实的进一步发展，通过在虚拟环境中引入现实场景信息，在虚拟世界、现实世界和用户之间搭起一个交互反馈的信息回路，以增强用户体验的真实感。混合现实技术可以将现实世界中很难体验到的信息，如画面、声音、味道、触觉等，通过模拟仿真后再叠加，将虚拟的信息应用到真实世界，被人类感官所感知，从而达到超越现实的感官体验。

3. 可穿戴技术

混合现实集成了当代计算机仿真、网络超媒体、移动通信、可穿戴计算等多种技术，具有广泛的应用前景，混合现实技术是众多虚拟现实技术的一种，它最大的特点在于支持多人共同围观同一个虚拟场景，通过每个人头上的显示设备虚拟出一个所有佩戴眼镜的人共享的三维空间，每个人都能看到这个三维空间中的所有的物体，并可以任意走动，实时地取得每个人的位置和视线角度，并实时地修正图像，最终效果就是好像这些物体真的就摆在眼前。利用混合现实的这种特性，派蒂克斯特（Pedicurist）公司设计出一种名为"Virtuali-Tee"的智能服装，在各大众筹平台都拥有不错的成绩，用户可以通过专用智能手机软件，来扫描T恤上的图形并观看到混合现实内容，如内脏等，通过这种形式更形象地实现教学，如图7—2所示。MR可穿戴智能技术在教育领域的发展前景很可观，更容易被人们接受。

图7—2 虚拟技术智能服装

4. 虚拟空间

国外的很多研究机构都在尝试创建混合现实学习空间，例如MIRTLE项目，该项目让教师和学生参与实时混合现实网上课程，教师和学生进行虚拟和现实相结合的互动，根据Project Darkstar和Wonderland项目工具，创建一个共享的教学环境，调查教师和学生在混合教学环境中产生归属程度以此来提高学生在线课程的参与度。在国内，新东方和乐视共同推出了一种全景的VR视频教学，戴上头显之后，用户就像身在教室里边，转头或者是抬头、低头，场景都会发生对应的变化，给整个英语教学带来非常逼真的体验。在虚拟学习空间里，教学体现为寓教于乐和寓学于乐的相互结合，让学生体验身临其境的学习感受，为课堂教学和自我学习提供了支持。虚拟学习空间课程开发要确保按照教学大纲的规定设置教学内容，开发以课堂为基础，适合课堂环境，并适合自学的虚拟电子系统。教师可以通过虚拟电子系统添加文本、图像、声音和视频，通过提供有形的互动、三维展示以及有吸引力的图形、动画等，提高学习过程的趣味性，帮助学习者更好地了解学习内容，让学习者在轻松的气氛中完成学习。将虚拟现实、增强现实、混合现实技术和严谨的教育方法、教学内容相结合可以进一步推进教育的真实性和实践性，也是未来教育的发展趋势之一。增强现实和虚拟现实等在未来的1—5年内会对高等教育产生重要影响，混合式学习空间中会存在 VR、AR、MR 技术支持下的虚拟空间，这种虚拟空间可以让学习者享受身临其境的超凡体验，给学习者的学习带来视觉冲击，学习者的学习会变得更加积极主动，如图7—3所示。

图7—3　虚拟空间

5. 图书馆

所谓场馆，一般是指各种与科学、历史和艺术教育相关的公共机构，不仅包括图书馆、科技馆、博物馆等封闭场所，也包括动物园、植物园等露天场所。场馆学习就是发生在以上公共机构的一种非正式学习，场馆中的学习行为被称为场馆学习，它是发生在真实的或者虚拟场馆情境中，以学习者为中心的自由选择学习，学习者对其学习目标、学习行为、学习路径拥有完全自主的控制权。本研究中把场馆学习空间理解为发生在这些场馆里的学习理论及其外部环境组成的物理的、虚拟的、非正式的理论和实践的学习环境。因研究的是混合式学习空间构建，又是针对高校内部，所以本研究的场馆是指发生在图书馆场馆的学习理论和学习环境的结合，图书馆提供的学习形态有其特殊性，图书馆中的学习既不像学校学习那么结构化，也不像家中晚餐时的谈话那么"随意"，是有意识地、为一定教育目的而设计的空间，图书馆通过实物、模型的布置，配合图片、文字说明构建出一个结构化的学习内容，图书馆的学习没有固定的学习流程，学习者可以根据各自的经验、兴趣自由选择。混合式学习图书馆中，学习者通常可以自由地选择学什么、怎么学、学多久、和谁一起学，混合式学习利用其多样的展示手段、实物和实地，营造出课堂无法提供的空间环境和学习中介，这对传统课堂主要依靠纸质教材和网络资源的教学方式是很好的补充，如图7—4所示为图书馆学习空间。

图7—4 图书馆学习空间

6. 智慧学习空间

以智慧教育引领教育信息化的创新发展，从而带动教育教学的创新发展，已成为信息时代的必然趋势[1]。在国内智慧教育的相关研究已经成为研究热点，有研究提出将智慧课堂延伸至虚拟空间就形成了智慧学习空间[2]，智慧学习空间就是在智慧学习环境下的学习空间，它允许学习者在任何设备上以任何形式接入时都可以获得持续的服务，可以随时、随地、按需获取学习的机会，它还能够感知学习情境（甚至是学习者所在方位和社会关系），通过深入发掘与分析记录的学习历史数据，给予学习者科学合理的评估，推送真实情境下的优质学习资源和最适配的学习任务，从而帮助学习者进行正确的决策，促进学习者思维品质的发展、行为能力的提升和创造潜能的激发。智慧学习空间是嵌入了计算、信息设备和多模态的传感装置的工作或生活空间，具有自然便捷的交互接口，以支持人们方便地获得计算机系统的服务。智慧学习空间作为信息时代的产物，是具有动态、主动、可思维、开放、多变等特性的建筑空间[3]，智慧学习空间的设计基于大平台建构开放服务模式、基于大数据进行学习分析与评估、提供个性化适需学习服务、基于O2O架构搭建无缝学习环境、建构生态化的学习资源。由北京师范大学智慧学习研究院发布的《2015中国智慧学习环境白皮书》中指出，在智慧学习环境（空间）中，人们能够在任意时间（Any Time）、任意地点（Any Place）、以任意方式（Any Way）和任意步调（Any Pace）（简称4A）进行学习，这类学习环境能够支持学习者轻松地学习（Easy Learning）、投入地学习（Engaged Learning）和有效地学习[4]（Effective Learning），智慧学习空间由录播系统、互动教学、大型触控、智慧教学、群组教

---

[1] 祝智庭：《智慧教育新发展：从翻转课堂到智慧课堂及智慧学习空间》，《开放教育研究》2016年第1期，第18—26、49页。

[2] 周艳、赵海、汪世娟等：《智能空间定位模型研究》，《计算机工程》2009年第7期，第29—31页。

[3] 杜星月、李志河：《基于混合式学习的学习空间构建研究》，《现代教育技术》2016年第6期，第34—40页。

[4] 黄荣怀、刘德建、樊磊、焦艳丽等：《2015中国智慧学习环境白皮书》，北京师范大学智慧学习研究院，2015年。

学、行为分析、智能控制、绿化节能、监控管理等系统组成，图7—5所示为好视通智慧教室学习空间示意图。

图7—5 好视通智慧教室学习空间

二 混合式学习空间概述

（一）混合式学习

1. 国外学者对混合式学习的定义

印度 NIIT 公司 2002 年发表在美国培训与发展协会网站上的《混合式学习白皮书》中，教学设计专家们提出，混合式学习应被定义为一种学习方式，这种学习方式包括面对面、实时的 e-Learning 和自定步调的学习。美国培训所（The Traning Place）对混合式学习的定义为：它是关于学习者如何掌握并且提高个人学习工作绩效的学习方法。学者迈克尔·奥利）Michael Orey 认为应该从学习者、教师或教学设计者以及教学管理者三者的角度进行定义；玛格丽特·德里斯科尔（Margaret Driscoll）（2002）认为，混合学习指的是四个不同的概念：（1）结合（combine）或混合（mix）多种网络化技术实现教育目标。（2）结合多种教学方法，利用教学技术手段实现最佳的教学效果。（3）将任何一种教学技术与面对面的教师指导的培训（ILT）相结合。(4) 将教学技术与实际工作任务相混合或结合，以使学习和工作协调一致。

2. 国内学者对混合式学习的定义

最初混合式学习是在企业培训界产生的。20世纪90年代初期，企业培训采用e-Learning培训模式，e-Learning是一个成本较低收效较高的企业培训投入和产出的模式，但也有其弊端：没有人指点，员工感到孤独，操作，行为转化无效。2003年，企业采用混合式学习（Blended Learning）来解决e-Learning带来的问题。在教育领域，早期教师一边用黑板进行板书教学，同时用幻灯片来辅助教学，两种不同的媒介传播模式混合，形成了传统的混合式教学模式。目前国内学术界对混合式学习的定义还没有权威性的标准，不同学科的专家从不同专业学科的角度对混合式学习的概念作了界定。祝智庭等[1]认同国外学者哈维·辛格的说法，认为混合式学习的定义是：注重将"恰当的"教学技术与"恰当的"个人学习相匹配，以便在"恰当的"时间将"恰当的"技能传递给"恰当的"人。何克抗[2]指出，所谓混合式学习就是要把传统学习方式的优势和e-Learning（即数字化或网络化学习）的优势结合起来，也就是说，既要发挥教师引导、启发、监控教学过程的主导作用，又要充分体现学生作为学习过程主体的主动性、积极性与创造性。田世生、傅钢善[3]指出，混合式学习就是各种学习方法、学习媒体、学习内容、学习模式以及学生支持服务和学习环境的混合。李克东[4]认为，混合式学习可以看作面对面的课堂学习（Face-to-Face）和在线学习（Online Learning，或e-Learning）两种方式的有机整合。

综合以上研究观点，我们可以将混合式学习概括为：通过各种学习

---

[1] 祝智庭、孟琦：《远程教育中的混合学习》，《中国远程教育》2003年第19期，第30—34、79页。

[2] 何克抗：《从Blending Learning看教育技术的新发展（上）》，《电化教育研究》2004年第3期，第1—6页。

[3] 田世生、傅钢善：《Blending Learning初步研究》，《电化教育研究》2004年第7期，第7—11页。

[4] 李克东、赵建华：《混合学习的原理与应用模式》，《电化教育研究》2004年第7期，第1—6页。

方法、学习媒体、学习内容、学习模式以及学生支持服务和学习环境的有效混合，提高学习者的学习满意度，优化学习资源的组合，从而达到最优学习效果和经济效益，结合网络学习环境与课堂学习环境优势建构出一种既能发挥课堂学习中教师主导作用，又能体现学习者通过自主学习进行知识建构的全新学习方式。

（二）学习空间

王广新[1]认为学习空间不仅是一个具有物理意义的空间概念，而且是一个对体现教学参与者人际组合具有社会学意义的空间形态；李志河、赵唱等[2]认为学习空间将教育理论和学习环境联系起来，这其中包括物理学习环境设计与认知学习理论、新技术的开发和教学方法的创新、物理空间和新技术的整合等；王继新等[3]认为学习空间是一种能让学习者开放获取、自由参与、互动交流的环境，它既包括实体空间也包括虚拟空间；许亚峰等[4]认为学习空间是指用于学习的场所，包括物理空间、虚拟空间和社交空间，以建构主义等主流学习理论以及学习科学为基础，借助信息技术手段提升功能和效能，其最终目标是促进学习者的有效学习。本研究中将学习空间看作是教育理论和学习环境的结合，更加倾向于构建学习理论、教学理论层面的虚拟学习空间，也将介绍新技术整合层面的物理空间的构建。

（三）混合式学习空间

由于混合式学习将各种学习方法、学习媒体、学习内容、学习模式、学生支持服务和学习环境混合，而学习空间被看作是教育理论和学习环境的结合，混合式学习和学习空间有相同的契合点，所以本研究提出了基于

---

[1] 王广新：《网络环境下学习空间的特征分析》，《电化教育研究》2000年第2期，第58—62页。

[2] 李志河、赵唱等：《基于Web的抛锚式教学模式研究》，《电化教育研究》2004年第6期，第59—63页。

[3] 王继新等：《非线性学习空间的设计与创建》，《中国电化教育》2010年第1期，第25—28页。

[4] 许亚峰等：《学习空间：概念内涵、研究现状与实践进展》，《现代远程教育研究》2015年第3期，第82—94、112页。

混合式学习的学习空间的说法，本研究中的基于混合式学习的学习空间既涵盖了学习者用于学习的物理空间与虚拟空间，又包含了学习活动中各参与者心理作用的心理空间，还包括由各种学习活动和事件构成的社会空间。

（四）微课

"微课"的表象是以教学视频为主要载体，反映教师在课堂教学过程中针对某个知识点或教学环节而开展教与学活动的各种教学资源的有机组合，课堂教学视频是其核心内容，具有微型化、主题化、碎片化、可视化、泛在化、易控化等特点。微课教学设计是根据微课的教学目标与功能，应用系统方法综合考虑教学中各要素之间及与整体的本质联系，并在设计微课时综合协调它们的关系，形成时间短、内容精，以视频为主要载体的微课。微课最初在 2008 年由美国新墨西哥的戴维·彭罗斯（David Penrose）提出，随着网络信息技术的发展，2010 年被引入国内，随后成为研究热点。微课设计的作用一是帮助学生开展自主、个性化学习，二是帮助教师提高教学能力。胡铁生[①]通过调查分析，认为微课存在的问题有：高校微课核心是微视频，时长定义受评价导向；高校微课功能定位偏向于教师专业发展，而忽视对学生学习的支持；微课制作技术培训迫在眉睫；微课制作"形式大于内容"现象普遍；微课制作没有突破传统课程开发模式。综合以上问题，他提出改进建议：以用促建，微课资源的教学应用实践是根本；微课的后续发展方向应是课程化、专题化、系列化；平台建设与技术支持需进一步完善。本研究采用"微课+半翻转课堂"模式，教师在上课前根据课程内容设计好一整套微课教学资源供学生观看，课堂组织教学活动，以学生为中心完成教学。

（五）翻转课堂

在课堂上教师跟学生展开进一步的讨论、提问、辩论、答疑等活动，这些是翻转课堂的形式。翻转课堂最初是从基础教育阶段提出的，2007年，美国科罗拉多州的林地高中的两位化学教师亚伦·萨姆斯和乔治

[①] 胡铁生：《微课给教育带来了什么改变》，《中小学信息技术教育》2018 年第 2 期，第 88—90 页。

森·伯尔曼发现有些学生经常去参加体育运动比赛不能来上课，为了解决此问题，他们就把课程录成了视频放到校园网上，同学们参加完比赛以后可以继续学习，经过长时间实践发现教学效果明显提升。传统的教学方式忽略了每个学生的能力差异，教师花费大量的时间和资源对学生进行逐个指导是不可能的，翻转课堂解决了这个问题，学生在家通过个性化的平台学习知识。根据学生的层次进行个性化的学习，新科技平台让教师和学生的沟通变得简单高效，上课形式发生改变，教师走进学生中间了解每个学生的学习情况，更加关注学生获取知识的效果和能力。翻转课堂简单来说是重新调整课堂内外的时间，将学习的决定权从教师转移给学生，如图7—6所示。

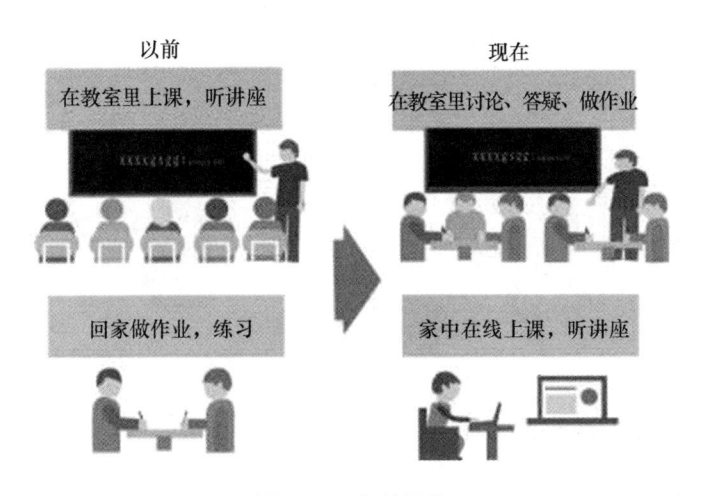

图7—6 翻转课堂

（六）"半翻转课堂"

传统的课堂是学生在教室里上课，回家做作业、练习，翻转课堂是学生在教室里讨论、答疑、做作业，在家中在线上课、听讲座。本研究采用"微课+半翻转课堂"混合式模式对《现代教育技术》课程进行教学设计。本研究的"半翻转课堂"模式是根据S大学课堂现状提出来的具有针对性的课堂模式，是指学生在教室里一部分的时间完成讨论、答疑、做作业，一部分的时间完成在线上课、听讲座等；学生在家中一部分时间完成在线上课,一部分时间完成作业。如图7—7所示,时间的分配是学生根据自己的个人情况而定。由于本研究针对的研究对象为S大学在校大学生,在短时间内,完全实现翻转课堂是有一定困难的。为了适应当前师范类的教学改革,"半翻转课堂"是实现完全翻转课堂的过渡,"半翻转课堂"模式让学生能更好地融入课堂。

图7—7 半翻转课堂

三 文献综述

(一)国内外混合式学习文献综述

1. 国外混合式学习的研究现状

国外最早提出混合式学习是在2001年,詹妮弗·哈弗曼(Jennifer Hofmann)在其论文 B-Learning Case Study(《混合式学习案例研究》)中指出混合式学习是一种全新思想;2002年,印度NIIT公司①在发表的《混合式学习白皮书》中提出"混合式学习"是一种全新的学习方式;2005年,韩国国立开放大学为了帮助新生更快更好地适应学习环境,采

---

① 参见董秀华《国外教育集团发展与运行简析》,《开放教育研究》2002年第2期,第8—12页。

用了混合式教学的辅导方式；2007年，加拿大卡尔加里亚大学的加里森教授提出混合式学习是高等教育应对社会发展需求的重要形式，并从小规模班级、大规模班级和基于项目的开发等类型分别介绍了国外使用混合式学习进行的课程教学；2008—2012年，随着MOOC的不断发展，国外的教师不断尝试不同类别课程的混合式教学；2013年，波士顿马萨诸塞州大学生物系的布莱恩·怀特教授[1]在EDX平台上开设大一新生的生物课；2014年，韦尔斯利学院的社会学教授史密莎·拉达克里希南开设混合式课程学习课程SOC 108X；2015年，澳大利亚昆士兰大学的导师乔林·汤恩（Jason Tangen）和马修·汤姆逊（Matthew Thompson）开设混合式课程——think101x（《日常思维科学》）。

利用中国知网（CNKI）检索了区间在2005—2015年、刊登在SCI和CSSCI的关于混合式学习研究的相关期刊论文。结果发现：国外的混合式学习在研究主题上更多地关注的是在线学习、远程教育和高等教育，混合式学习教学设计更针对具体的教学情境，针对不同的教学情境采用更加多样化、更加具体的教学策略和教学方法；在研究方法上，研究者倾向于采用多种实证研究相结合的混合式研究方法；在理论框架的建构上，关注设计性研究的较多，关注解释性研究和探索性研究的较少。

2. 国内混合式学习的研究现状

国内研究学者对混合式学习系统的介绍始于2003年祝智庭教授的论文《远程教育中的混合学习》[2]；同年12月，何克抗教授正式在我国倡导混合式学习并强调我国的混合式学习取得了一定的研究成果；2004年何克抗教授发表了论文《从Blending Learning看教育技术理论的新发展（上、下）》[3]，并从教学设计理论层面分析了混合式学习在教育中产生的

---

[1] https://www.edx.org/.

[2] 祝智庭、孟琦：《远程教育中的混合学习》，《中国远程教育》2003年第19期，第30—34、79页。

[3] 何克抗：《从Blending Learning看教育技术理论的新发展（下）》，《电化教育研究》2004年第4期，第22—26页。

巨大影响；2009 年黄怀荣教授等[1]指出混合式学习的本质，总结出混合式学习课程的设计框架；2013 年金一等[2]提出了将混合式学习理论和分层教学理论两者相结合的分层教学模式。在学校应用层面，北京大学开设的"北大教学网"，中国大学 MOOC，清华大学开设的"学堂在线"，华中师范大学开设的"远程教育理论与技术"精品网络课程等都对混合式学习进行了理论和实践的研究。在国家层面，2005 年启动"全国中小学教师教育技术能力建设计划"，2010 年启动"全国中小学教师国家培训计划"，2019 年，推出线下、线上线下混合式、社会实践国家级一流本科课程建设项目，在此基础上混合式学习得以顺利实施。

近 10 年来，国内有关混合式学习的学术论文数量整体呈上升状态，主要研究方向为混合式学习理论、混合式学习资源建设、混合式学习平台开发、混合式学习应用研究和混合式学习实践等，国内混合式学习主要运用于学校教育、公司和企业培训等；从文献来源方面来说主要集中在教育技术、计算机科学领域的核心期刊；在研究主题上，国内关于混合式教学设计的研究倾向于在理论的基础上构建混合式学习模式；从研究方法上来说，国内的研究采用实证与非实证混合的方法。总体来说，未来混合式学习的研究将会是与 SPOC、翻转课堂等其他课程形式相结合的研究。

（二）国内外学习空间文献综述

1. 国外学习空间的研究现状

2000 年，一篇名为"Introduction to SCALE-UP: Student-Centered Activities for Large Enrollment University Physics"的论文在美国工程教育学年会上发表，由此揭开了由传统教室学习空间向现代化技术支持下的学习空间研究转变的序幕。2003 年，学习空间在国际上开始正式被研究[3]。

---

[1] 黄荣怀、马丁、郑兰琴、张海森：《基于混合式学习的课程设计理论》，《电化教育研究》2009 年第 1 期，第 11—16 页。

[2] 金一、王移芝、刘君亮：《基于混合式学习的分层教学模式研究》，《现代教育技术》2013 年第 1 期，第 37—40、27 页。

[3] 杨俊峰、黄荣怀等：《国外学习空间研究评述》，《中国电化教育研究》2013 年第 6 期，第 21—26 页。

2005年，布朗（Brown）提出了技术支持下的学习空间设计方案。2008年，美国"苹果今日＆明日教室"（Apple Classroom of Tomorrow -Today，简称ACOT2）项目启动；英国JISC通过对全英国的教育机构的调查，发布了《21世纪学习空间设计指南》的研究报告；澳大利亚的大卫·拉德克利夫（David Radcliffe）教授提出了学习空间设计和评估教学法（简称PST）。2009年，澳大利亚教育和青少年发展部发布了题为"教学法和学习空间——创新变革学习"（*Pedagogy and Space, Transforming Learning through Innovation*）的研究报告。2010年，英国学习技术联合会ALT（Association for Learning Technology）向英国商务、创新和技能部提交的报告中指出学习空间是未来研究的一个重点。2011年，北卡罗来纳大学创刊《学习空间杂志》。自2011年以后，随着STEAM和创客运动的兴起，国外关于学习空间的研究倾向从物理空间和虚拟空间的多维度构建及其应用，总体上呈现多元化、具体性等特点。

2. 国内学习空间的研究现状

本研究以关键词"学习空间"对CNKI中2005—2016年关于学习空间的相关研究进行检索，来源类别限定为SCI来源期刊和CSSCI，共检索到389条结果。通过横向对比研究发现，11年间关于学习空间的研究整体呈现上升的趋势，在2016年研究数量最高，另一个层面也反映出国内关于学习空间的相关研究相对于国外数量较少。国内关于学习空间的研究以许亚峰为主要代表，更多是关注学习空间的概念界定和网络学习空间的构建及其应用，主要集中在理论基础研究、空间架构研究、技术增强研究、对教与学的影响研究等方面；对教学效果的影响主要集中在学习空间对学生的学习结果、社会性交互、情感态度等；从研究方法上来说，国内的学者多采用准实验研究、混合研究、调查研究、描述性研究和质性研究方法。

当前我国学习空间的研究处于初期阶段，存在学术研究文献数量少、质量低的情况。一些研究者对学习空间进行了有益的探索性研究，也有少部分研究者进行了长期的纵向研究。但总体而言，由于缺乏系统的理论支撑，严谨的实证研究仍然较为匮乏，且大部分研究出现在台湾地区，大陆的研究相当少，国内关于学习空间的研究还需较长时间的探索。

四　混合式学习空间特征

（一）学习空间形式多样化

支持混合式学习的学习空间既包括正式学习也包括非正式学习，既要满足集体授课、小组讨论、个性化学习、协作学习、展示、表演、游戏、动手做、种植养殖、运动等，又要满足21世纪学校物理空间必须要支持的多种学习方式：独立学习、同侪互学、团队合作、教师一对一教学、讲座、项目式学习、远程教学、学生展示、研讨式学习、讲故事、基于艺术的学习、社会/情绪/精神的学习、基于设计的学习和游戏化学习等。因此，混合式学习空间的设计须打破原有的工业化时代的线性设计，有机结合多样化的物理和虚拟空间。

（二）空间灵活、开放、功能复合

未来学校学习方式多样化导致混合式学习空间需求的多样化，因为学校建筑面积有限，要实现有限空间的多样化，就需要空间之间开放、灵活组合。理想的状态是可以根据教学需求来改变混合式学习空间的大小，具体的做法是采用可移动隔断，在教室与教室、教室与走廊、教室与实验室、教室与图书馆等之间建立联系，这样可以一方面根据需要扩展改变学习空间，另一方面降低建设学习空间所需的成本，还可以实现不同空间的功能复合。

（三）绿色生态、智慧

混合式学习空间须是绿色的、生态的、智慧的。绿色生态是指学习空间中的建筑须是绿色环保的，采用无污染的材料，建筑与花草树木之间形成完美的格局，使学生能够沉浸在这种学习环境中，利用新的技术让学生体验不一样的学习生活，绿色环保的新能源、智慧科技都可以成为学习资源，让学生体验真正的智慧学习。

五　混合式学习要素

（一）资源类型

由于混合式学习是站在一个较高的角度上去综合研究线上线下的教

学。因此，如何利用现有的学习资源去设计混合式学习课程、评估教学效果是研究混合式学习的关键问题，混合式学习的资源包括学校或机构资源、课程团队资源和技术支持资源三方面。

1. 学校或机构资源

评估学校或者机构是否有能力开设混合式课程取决于学校或者机构是否有媒体部门、教学中心，媒体部门帮助开发设计混合式课程，教学中心负责混合式学习的教学实施。学校或者机构的管理者的支持起决定作用，并不是所有的学校或者机构都具备开设混合式课程的资源，因为混合式学习课程在国内属于摸索阶段，设计混合式课程需要耗费大量的时间和金钱，加上学校或者机构的资源有限，因此，领导的支持在一定程度上起重要的作用。对于想要探索混合式模式的学校或者机构要注意课程的规模及其应用效果，及时建立资源库给后续混合式课程的设计提供可用资源。

2. 课程团队资源

混合式课程运营是否成功很大程度上取决于课程的制作团队，团队的成员应该有一定的制作课程的经验。设计混合式课程的难点在于脚本的编写，团队的负责人要跟其他成员一起讨论完成课程脚本的编写，统筹安排分镜头脚本之间的衔接及其整体呈现的效果。在课程结束后，不断改进课程运行中出现的问题，迭代未来混合式课程的设计和运行。

3. 技术支持资源

学校或者机构是否拥有技术支持也是评估能否运行混合式课程的基础，一门好的混合式课程能够给学生提供多方位技术支持。决策者要综合考虑混合式学习空间的布置和设计课程所用到的技术手段等，计算机和互联网是混合式学习的必备基础，学校或者机构要评估附近是否有可供选择的互联网接入点，如果需要更智能的技术服务支持，例如远程控制、投票技术还需开发团队具备相应的能力。

(二) 教学设计

混合式课程的教学设计原则是要以学生为中心、以知识为中心、以评价为中心、以社区为中心，基于各种类型的 MOOC、微课、试题库、素材库等教育资源，本研究中此部分的教学设计从宏观层面的设计思想、线上教学设计、线下教学设计三方面展开论述，微观层面的教学设计结合《现代教育技术》混合式课程展开。

1. 设计思想——OBE

开展"微课+半翻转课堂"混合式教学最关键的是学生的学习行为发生巨大变化，教师的准备工作也发生巨大的变化，教师要根据学生的需求设计课程。混合式学习的课程设计思想的理论基础是基于成效的教育（Outcome-based education，简称OBE），OBE起源于工程教育领域，在国际上各种专业认证中得到了广泛的应用，随着中国加入华盛顿协议，在国内从专业认证到课程大纲的修订都逐渐采用了OBE的思想。OBE的核心是通过目标、措施、评价的闭环以实现持续改进，例如在教育技术课程中，有一个重要的研究方法是量化研究法，如果课程目标之一是90%的学生熟练掌握SPSS的操作方法，则需要教师在课程设计中明确给出确保这一目标得以实现的各种措施，比如知识点引入方法、列举例题、布置作业等，此外还需要以不同的形式进行评价，是否这些措施使得上述目标得以实现，评价措施可以是课堂讨论表现、课后作业、期中或期末考试的答题情况等，比如教师可以在期末考试中专门出一道量化研究法的题，如果该课堂有超过90%的学生对该题都能获得90%以上的分数，则该目标达成，否则教师就需要研究为什么没有达成该目标，进而修订目标或改进措施，使得目标得以实现，这就是课程的OBE。那怎么用OBE的观点来看混合式教学呢？首先需要明确目标是什么，一般来讲目标可以从创造力、难度、广度、课内时间四个维度来衡量，学习者可以在一个或者多个方面取得进步，比如在维持难度、广度和课内时间的前提下提升创造力，可以在不训练创造力的情况下增加课程的难度，维持广度和时间，也可以在维持创造力、难度、广度的情况下，即相同的教学内容的前提下减少课内时间。不同类型的学校其教学目标不同，这就是各个学校都在建设自己的课程的根本原因。明确目标后，提出措施，措施包括：获取并熟悉资源，获取并熟悉平台，为混合式教学创造一定的硬件条件；为每堂课设计课前预习任务，包括让学生观看视频，完成讲前练习等；为每堂课设计课堂讨论任务，在学习平台提供学生课前预习行为大数据分析的基础上，这些任务可以设计得很精细；为每堂课设计课后完成内容，包括纸质作业、学习平台上的每周练习、绘制本讲的知识点和关系图等。在一个学期的实施过程中，这些措施可能会根据实际情况进行调整，为了实现 OBE，需要在课程的不同实施阶段设计各种评价手段，以衡量希望达成目标的实现度，评价手段包括主观评价和客观数据评价，在主观评价中课程教师自身的体会、听课教师的体会、学生调查问卷是非常重要的手段。在客观评价中学习平台提供的学生线上学习反馈、线下作业、小测、期中期末考试、学生自主实验展示等是非常重要的手段，完成一学期的教学后，需要综合各种评价结果，得出本学期目标达成度的判断，进而提出下次执行时的改进措施，不同的学校目标不同，采取的措施不同，评价手段不同，但都是用目标、措施、评价的闭环来实现持续改进。

2. 线上教学设计

线上环节在整个混合式教学设计中起核心作用，混合式教学以微课作为线上学习的材料，线上的教学设计环节以动静结合的维度展开。线上部分是混合式教学模式与传统模式的主要区别所在，一个成功的混合式教学模式中线上环节的设计是动和静完美结合的艺术。教师作为实施者，需把它视为一个再创作的过程。在这个过程中，要遵循一些法度和原则，静就是课程的体例、框架，动是课程的节奏和进度。在主体的框架基础上，教师需要根据学生的反馈及时地对教学进度在微观上进行必要的调整。具体来说在动和静的方面如何进行实际的操作使得混合式教学中的线上部分能够真正成为统一的整体呢？如何针对混合式模式的线上资源进行静态的设计和部署？静的目标是通过一个相对规范稳定的法度使得学生对教师的学习过程和方向有大致的了解，过程以实际的效果为最终的判定准则。设计时，要明确学生的专业基础、学生的学习态度、教师所在单位的总体培养目标的定位、教师所在教学团队的优势，对教学资源进行空间和时间上的筛选、重组，还要尊重不同地区学生的文化差异。动态部分的设计强调实操，在线资源在建立好之后，学生可以根据自己的节奏、兴趣、状态自发地进行学习，学生不能认为这些知识已经拥有了而产生错觉。教师方面，应该对学生的迷思或幻觉要有充分、清醒的认识，有意识地对学生的错觉加以规避和矫正，有效地引导学生从自发的状态转化为有意识的、自觉的学习状态。为了使学生达到有意识的学习状态，教师要依赖各种线上工具所形成的各种渠道，为学生的学习动机施加外围的影响，了解学生的学习风格，达到因材施教。

3. 线下教学设计

在"微课+半翻转课堂"模式下，教师要根据不同的学生设计不同的方案，线下教学设计中教师首先要明确课程目标，教师要根据目标对教学素材进行预处理，课堂预处理包括内容线上组织、学生小组划分、线下内容准备和合理安排素材。混合式的实体课堂即翻转课堂上学生可以进行扩展性的学习、重难点的研讨，课堂用来解决刚性需求，微课用来解决学习差异。线下内容的设计需要对学生进行充分的了解，根据学生的不同表现来重组课堂，混合式模式下，教师对若干学习小组进行授课，教师要重新定义教学内容，根据学生的类别给学生定制针对性的学习题目，混合式学习模式是将知识融入小的习题或任务中，根据学生的不同需求设计题目。线下的课堂需要完成讨论和知识点的延伸，将学生活动和实验结合在一起，对线上学习进行强化。教学设计中需要对脚本进行精细化设计，要以知识点为单元进行脚本的设计，线下的知识点要和在线平台的知识点有机地结合，教师要根据学生学习反馈情况、难度系数、知识点的内容来设计知识点。混合式模式线下脚本的设计是多模式的组合，有的知识点适合讨论，有的知识点适合用习题来引导，有的知识点适合在线下进行小组的实践，混合式模式下，脚本不是知识的讲解，而是在写一个时间轴，即时间节奏的控制。线下学习的分组是讨论和竞争模式的基础，混合式学习的分组学习易激发学生间的学习行为，锻炼学生的团队协作精神，有利于多种资源类型的整合。

（三）课堂活动

在混合式学习中，教师要重新思考怎么规划课堂活动，鼓励学生参与更高层次的认知活动。混合式学习让学生有更多时间在课堂上相互交流，给予学生足够的时间参与小组讨论，让学生合作解决问题完成项目，并提供反馈。教师建立明确的标准，规范学生间的互动交流，学校或者机构应该为混合式学习提供必要的学习空间，让学生学习如何去协作和进行有效的沟通，这样小组就能达到更好的学习效果。

混合式学习的活动通常是以项目或问题为基础进行设计的。基于问题的活动提高学习小组成员展开案例研究或结合现实情况来解决问题的能力，小组会提出不同的解决方案，从中选择最佳方案；基于项目的活动侧重学生使用不同的技能去完成一个项目，更加具有开放性和发散性。基于问题的学习通常集中在一个科目的学习；基于项目的学习往往是跨学科的。基于问题的学习活动中学生直接从现实世界获得经验，花费时间少；基于项目的学习活动需要花费一定的时间去完成。基于项目或基于问题的学习活动的呈现形式多种多样，学生可以进行案例分析、准备课堂辩论、参与动手实验、制作纪录片、设计项目计划书等，课程活动始终要围绕帮助学生实现学习目标来展开，活动的设计和选择基于学习目标，最好的活动是采用主动学习策略让学生亲自参与学习过程。

（四）学习社区

学习社区是指由学习者及其辅助者（包括教师、专家、辅导者、同伴等）共同构成的团体，他们彼此之间经常在学习过程中交流、分享学习资源，共同完成学习任务，因而在成员之间形成了相互影响、相互促进的人际关系。体现在学校层面的学习社区是由几个教室加上一个公共空间而构成，学习社区可以有不同的构成方式：不同班级构成学习社区，这样的布局有利于学生之间的交流和构成学习共同体。按照学科群构成学习社区，这种模式使课程的选择性增强，同类学科群的学习空间在一起，便于整合资源，有些空间可以按照功能划区，同一节课也可能由于学习方式不同或者所用资源不同而在不同的教学区域间流动。学习社区也可以是由参与者、学习意图或目的、活动和环境组成。混合式学习社区应该是开放的、多元化的，学生在其中能舒适愉快地完成学习活动，小组成员为了共同的活动展开合作学习，形成学习共同体。如图7—8所示为不同类型的混合式学习社区。

图7—8 学习社区

六 混合式学习模式类型

随着混合式学习在国内逐渐成为研究热点，不同学科领域的研究者也在不断总结混合式学习的模式，混合式学习模式从单一的模式发展成为多样化的学习模式，有学者将混合式学习模式分为：线上与线下的混合、基于学习目标的混合、"学"与"习"的混合、学习与工作的混合四种模式；国外研究学者迈克尔（Michael）和弗兰克（Frank）将混合式学习分为：混合课堂教学和在线学习、混合在线教学和访问指导教师及教员、混合模拟和结构化的课程、混合正式训练和非正式会议、混合管理的指导和电子活动五种；印度国家信息技术研究院（NIIT）将混合式学习分为技能驱动模式、态度驱动模式、能力驱动模式三种；我国学者李克东等将混合式学习分为技能驱动模式（Skill-Driven Model）、态度驱动模式（Attitude-Driven Model）、能力驱动模式（Competency-Driven Model）、巴纳姆和帕尔曼（Barnum & Parrmann）模式等四种；美国K-12将混合式学习模式分为转换模式、弹性模式、菜单模式和增强虚拟模式。[①]结合近几年混合式学习发展的趋势和实践应用情况，我们可以将混合式学习分为自混合模式、循环模式、弹性模式和增强虚拟模式。

---

① 石小岑：《美国K-12混合式学习模式变革的多元化路径》，《远程教育杂志》2016年第1期，第53—60页。

(一) 自混合模式

自混合模式是指教师根据学校自身条件，选择适合自己教学的混合式学习，教师将自己的一门或多门课程投放到学校平台上供学生选择学习，创建丰富多彩的社区供学生完成协作学习，学生线上线下都可以寻求教师的帮助，如图7—9所示。根据混合形式的不同，本研究将自混合模式分为："微课+半翻转课堂模式"、MOOC+翻转课堂模式、SPOC+翻转课堂模式、MOOC+SPOC+翻转课堂模式四种。

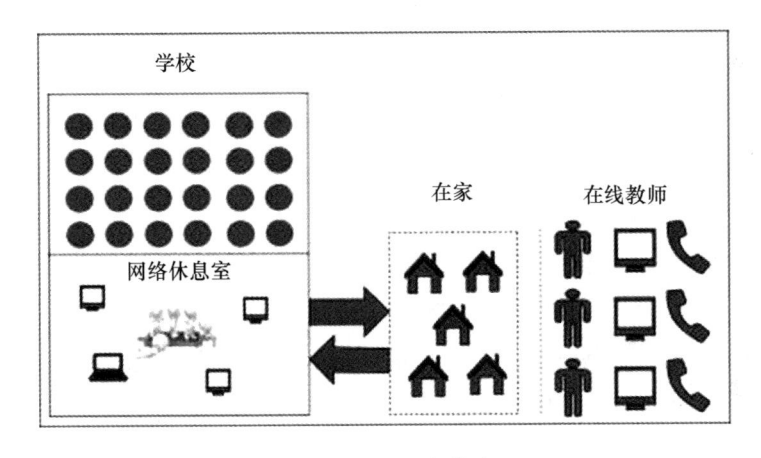

图7—9 自混合模式

1. "微课+半翻转课堂模式"

此模式是教师在上课前根据教学大纲和自己对所教课程的教学内容的调控，将教学内容分解成不同片段，然后进行脚本编写、设计课件、录制微课等。我们知道翻转课堂最直观的特点就是：以前学生在教室上课、听讲座，回家做作业，翻转课堂的学生在教室里讨论、答疑、做作业，家中在线上课听讲座。"微课+半翻转课堂模式"是指学生在教室进行线上学习微视频和讨论、答疑、做作业，在教室同样也可以完成线上学习、讨论、答疑、做作业，课堂中的学习是线上学习微课和线下协作学习的混合，即学生有一半的时间是在家里听微课，在教室里讨论、答疑，一半的时间在教室听微课，在家里做作业。

2. MOOC+翻转课堂模式

此模式是利用清华大学、北京大学等一些知名院校的 MOOC 资源（例如学堂在线、中国大学 MOOC）作为教学内容，学生在家中完成线上学习，在教室完成讨论、答疑、做作业的教学模式。教师课前将本节课教学内容利用 QQ、微信等平台推送给学生，教师也可以根据课程的情况和教学经验，对 MOOC 中教学内容进行必要的调整，在此过程中教师起引导的作用。

3. SPOC+翻转课堂模式

此模式是学校根据学校自身的特点，开设自己的小规模在线开放课程 SPOC，也就是说教师可以将不同的课程投放到 SPOC 平台上供学生学习，课程仍然采用翻转课堂的形式，SPOC 课程更具有针对性，适合学生的本土化学习，克服了 MOOC 不具有针对性的特点，教师在此过程中也是起引导的作用。

4. MOOC+SPOC+翻转课堂模式

此模式是指利用 MOOC 资源作为教学内容，SPOC 平台作为教学环境，翻转课堂作为教学方法的混合式教学模式，此模式是前述 MOOC+翻转课堂和 SPOC+翻转课堂两种模式的延伸。这种模式的具体做法是：学生在课前根据教师的要求，在 SPOC 平台上以自己的进度来自学 MOOC 的短视频，在课堂上通过与其他同学或者教师进行交流的方式来巩固课前学习内容，弥补课前学习的不足，课后学生在 SPOC 平台上参与讨论，完成练习或者进行复习，整个过程采用翻转课堂的模式，采用这种模式可以使得相同的 MOOC 资源被不同学校的教师在各自的 SPOC 平台上进行裁剪，以适合自己学生的需求。

（二）循环模式

此类模式是指在特定的学科课程和特定的时间内，学生多样化的学习形式和活动反复循环的学习模式。学习形式和活动包括在线学习、小组协作、集中授课、分组项目、个别辅导、书面作业等，根据学习场所和学习时间的不同，循环模式还可以分为就地循环模式、教室+实验室循环模式、个别化循环模式。

1. 就地循环模式

此模式下学生的学习形式和活动场所固定在教室，学校在每个教室配置若干台电脑，教师和学生在教室里循环进行在线学习、小组协作、小型讲座和个性化辅导等学习活动，在线教学、教师主导教学、协作学习活动三者构成闭环的循环结构。此模式中，教师主导教学，助教负责学生线上和线下的辅助学习，如图7—10所示。

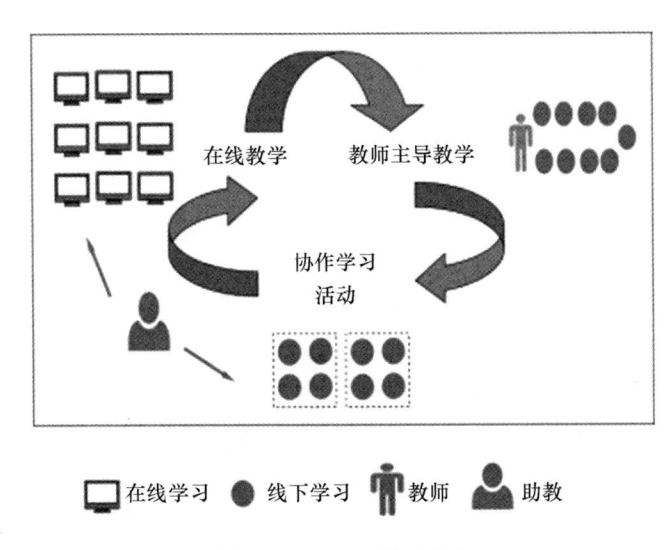

图7—10　就地循环模式

2. 教室+实验室循环模式

此模式是学习形式和活动场所发生在教室和实验室之间的循环模式，具体的做法是：学生一部分时间在教室接受教师的面授课程，另一部分时间在实验室进行数字化的在线学习、讨论，教师在教室进行面对面的直接教学，助教在学习实验室进行线上学习、线下讨论的辅导，如图7—11所示。

3. 个别化循环模式

此模式的学习形式和活动场所固定在个别化定制的时间内，活动场所固定在中心学习实验室，教师根据不同学生的学习情况划分等级，为不同等级的学生设置不同的个性化时间表，每位学生按照自己的时间表

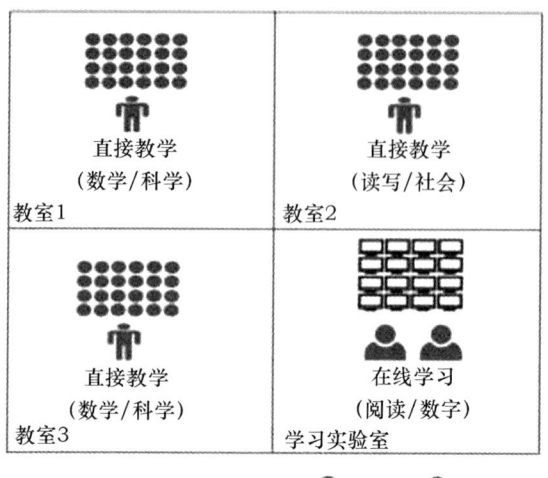

图7—11 教室+实验室循环模式

完成学习任务，教师负责小型辅导、直接教学、小型研讨、分组项目等线下学习，助教辅导中心学习实验室的学生进行线上学习，如图7—12所示。

（三）弹性模式

此模式是指学生的学习内容基于个别化定制，学习的形式流动安排，学生的在线学习课程或者讲座由专门的提供商提供，教师根据提供商提供的课程，结合学生的需求提供面对面学习支持的具有弹性和自适应特性的一种学习模式。在此过程中，教师将教学内容通过网络传递给学生，教师支持活动包括小型讲座、小型研讨、小型辅导等，教师使用数据监控面板进行核心课程的讲授并提供针对性的干预和补充，助教在线和在协作场所进行辅助教学，学校设立专门的社交区域给学生提供小组合作学习的场所，如图7—13所示。

（四）增强虚拟模式

此模式是指由学校统一运作，将学生的在线学习和面对面教室学习的时间完全分离开，通过技术手段实现给学生增强现实的虚拟体验，这

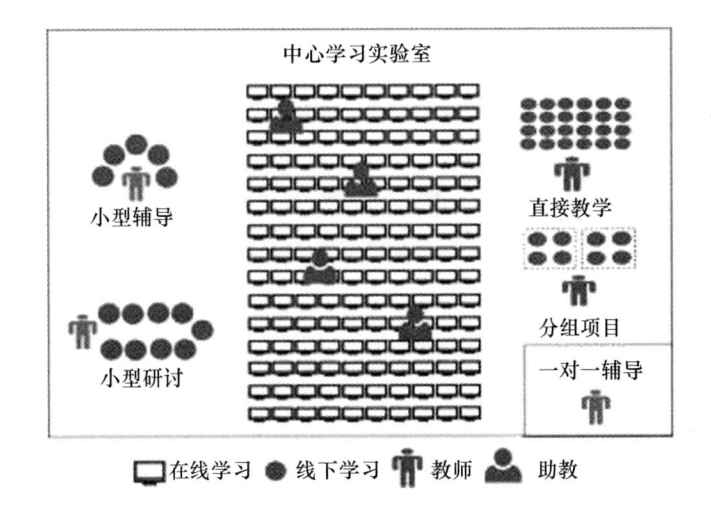

图 7—12　个别化循环模式

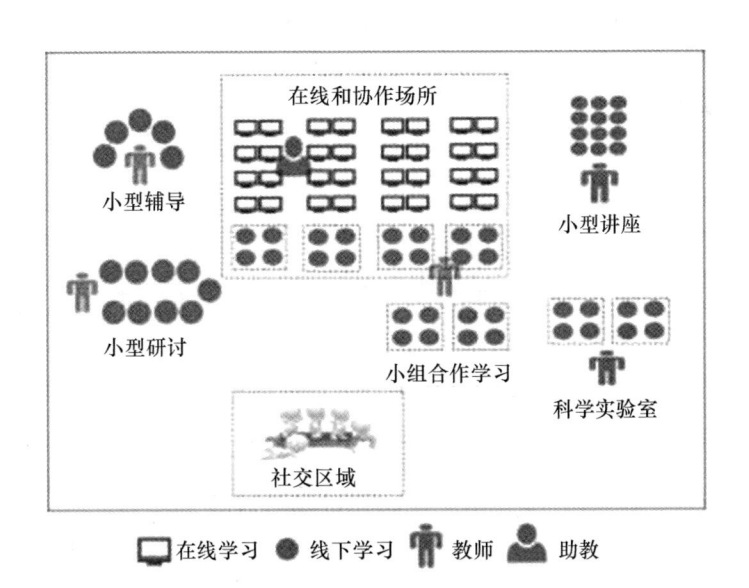

图 7—13　弹性模式

些技术包括虚拟现实、增强现实、混合现实等，学生在家完成在线讲座内容的学习，教师在学校进行线上和线下相结合的面对面补充教学，如图 7—14 所示。

在家　　　　　　　　　　学校

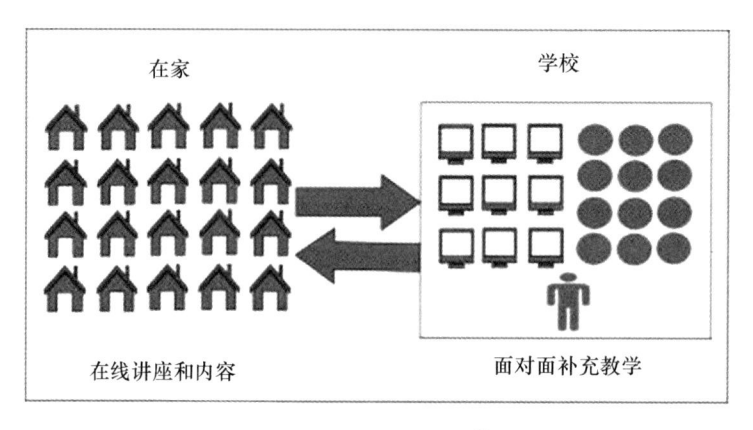

在线讲座和内容　　　　面对面补充教学

☐ 在线学习　● 线下学习　👤 教师

图7—14　增强虚拟模式

七　混合式学习空间模型

混合式学习空间模型以教师自己录制的微课资源作为教学内容，以"半翻转课堂"作为教学方法，以场馆空间、虚拟空间、创客空间以及智慧学习空间作为教学环境，围绕3D打印中心、科技图书馆、智慧教室、虚拟现实教室、教室发展中心等技术支持下的学习空间展开。该学习空间以混合式学习理论和物理空间相结合，围绕混合式学习的线上、线下的教学设计进行协作活动。混合式学习模式有利于教师统计学生的学习行为和学习结果，在开展混合式学习的过程中，教师要清楚地认识到自己在混合式教学设计以及实施过程中存在的问题，要对学生的预期学习效果有更好的把握，在实施混合式学习的过程中，不断总结积累经验，给学习者提供更好、更有效的学习体验。教学机构的决策者要给学习者提供合适的学习场所，让学习者全身心投入学习。如图7—15所示。

物理空间包括创客空间、虚拟空间、场馆空间和智慧学习空间。创客空间是指利用创客技术创建的工作或学习空间，在这个空间里，人们可以聚会、社交、展开合作。在教育领域，创客空间为学生设计团队提

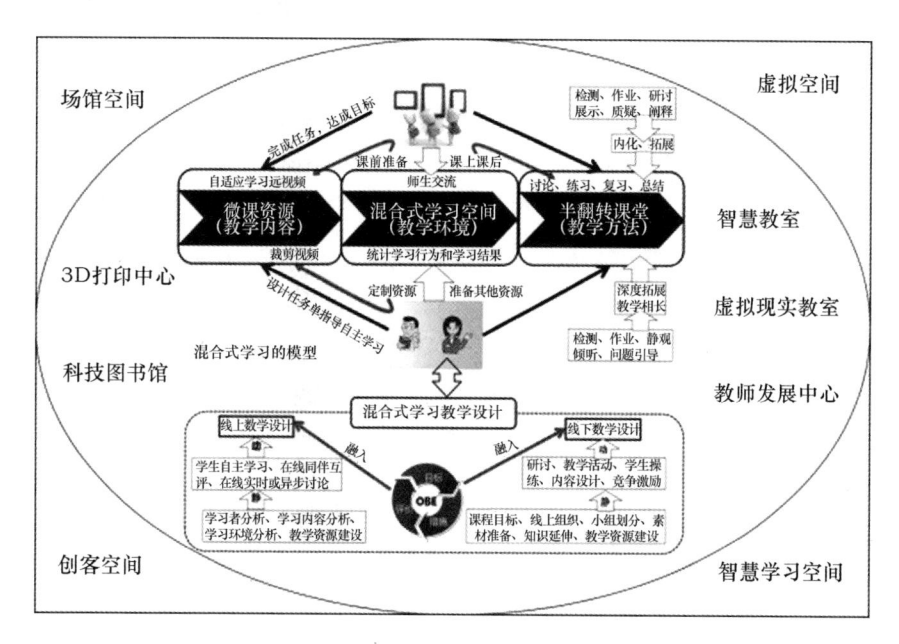

图 7—15 混合式学习空间模型

供会议空间,现在很多学校已经建立了自己的创客空间。虚拟空间在教育层面是指由可穿戴技术、虚拟现实、增强现实、混合现实等构建的理论和物理空间组成的学习环境。在虚拟学习空间里,教学体现为寓教于乐和寓学于乐的相互结合,让学生体验身临其境的学习感受,为课堂教学和自我学习提供了支持。场馆中的学习行为被称为场馆学习,它是发生在真实的或者虚拟场馆情境中,以学习者为中心的自由选择的学习,学习者对其学习目标、学习行为、学习路径拥有完全自主的控制权。本研究中将场馆学习空间理解为发生在这些场馆里的学习理论及其外部环境组成的物理的、虚拟的、非正式的理论和实践相结合的学习环境。有研究提出将智慧课堂延伸至虚拟空间就形成了智慧学习空间,在智慧学习空间中,人们能够在任意时间、任意地点、以任意方式和任意步调进行学习,这类学习环境能够支持学习者轻松地、投入地和有效地学习[①]。智慧学习空间由录播系统、互动教学、大型触控、智慧教学、群组教学、行为分析、智能控制、绿化节能、监控管理等系统组成。

八 案例研究

我们从学习内容分析、学习目标设计、学习者特征分析、教学模式设计、教学课件设计、认知工具的选择和教学评价等方面详细分析混合式学习课程的教学系统设计，并选取 S 大学的《现代教育技术》公共课的两个班共 104 名学生作为研究样本对象，采用"微课 + 半翻转课堂"混合式学习模式，检验混合式学习的应用效果。

（一）教学系统设计

1. 学习内容分析

学习内容是指为实现教学目标，由教育行政部门或培训机构有计划安排的，要求学生系统学习的知识、技能和行为经验的总和。学习内容分析是混合式课堂教学设计的基础，是混合式课堂教学的起点，教师对学习内容的熟练掌握和对课程标准的正确理解是分析混合式学习内容的基础。在理解《现代教育技术》教材和课程标准的前提下，围绕教师"教什么"、学生"学什么"、教师"怎样教"和学生"怎样学"的问题，根据学生具体的学习状况，对《现代教育技术》课程的学习内容进行分项目、任务、活动、学习成果设计和制作，分析重点、难点、课程标准的要求、每个知识模块的地位和作用，拓展学习内容。图 7—16 为《现代教育技术》混合式课程学习内容分布，图中每个任务经过课程团队成员的讨论、修订，然后编写脚本，制作 PPT，最后录制微课呈现在混合式课堂中。

2. 学习目标设计

布卢姆指出学习目标就是以一种特定的方式描述在单元或课程完成之后，学生能做些什么，或者学生应该具备哪些特征。学习目标不仅在方向上对教与学的活动设计起着指导作用，而且对教学设计的步骤和方

---

① 黄荣怀等：《2015 中国智慧学习环境白皮书》，北京师范大学智慧学习研究院。

现代教育技术

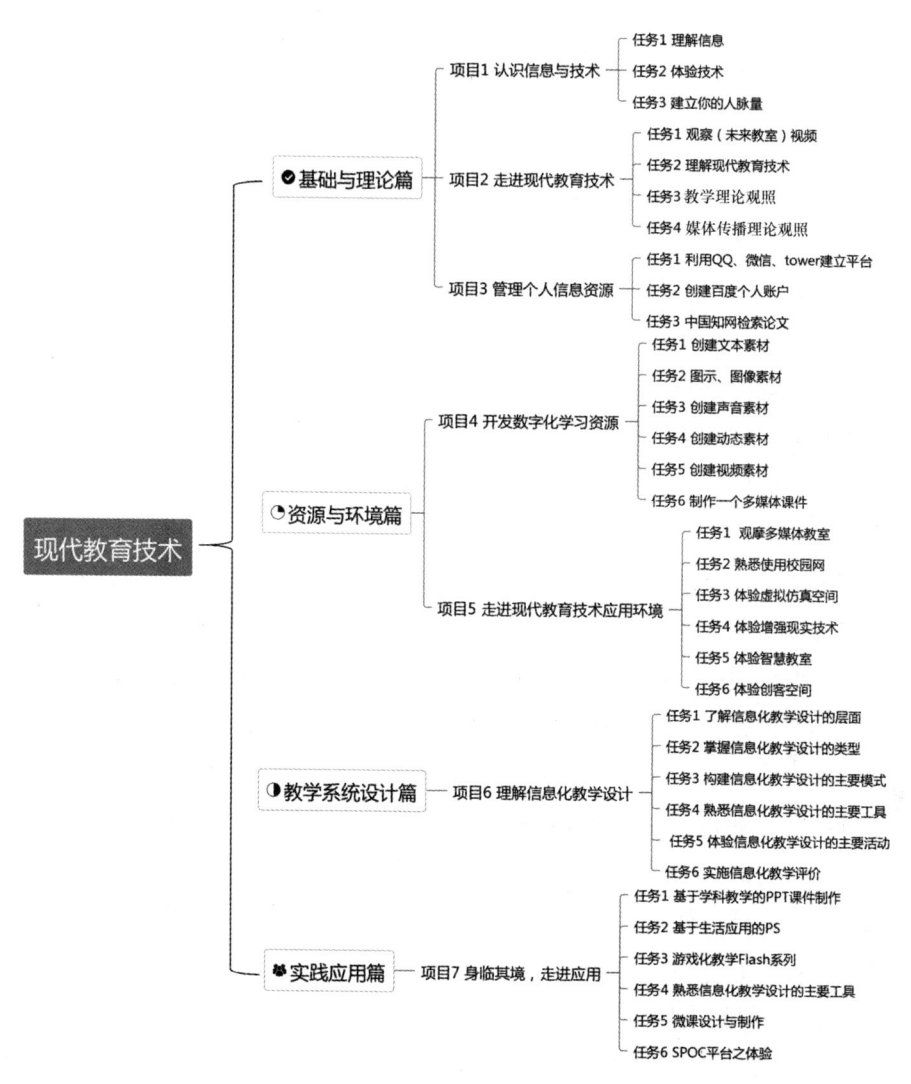

- **基础与理论篇**
  - 项目1 认识信息与技术
    - 任务1 理解信息
    - 任务2 体验技术
    - 任务3 建立你的人脉量
  - 项目2 走进现代教育技术
    - 任务1 观察《未来教室》视频
    - 任务2 理解现代教育技术
    - 任务3 教学理论观照
    - 任务4 媒体传播理论观照
  - 项目3 管理个人信息资源
    - 任务1 利用QQ、微信、tower建立平台
    - 任务2 创建百度个人账户
    - 任务3 中国知网检索论文

- **资源与环境篇**
  - 项目4 开发数字化学习资源
    - 任务1 创建文本素材
    - 任务2 图示、图像素材
    - 任务3 创建声音素材
    - 任务4 创建动态素材
    - 任务5 创建视频素材
    - 任务6 制作一个多媒体课件
  - 项目5 走进现代教育技术应用环境
    - 任务1 观摩多媒体教室
    - 任务2 熟悉使用校园网
    - 任务3 体验虚拟仿真空间
    - 任务4 体验增强现实技术
    - 任务5 体验智慧教室
    - 任务6 体验创客空间

- **教学系统设计篇**
  - 项目6 理解信息化教学设计
    - 任务1 了解信息化教学设计的层面
    - 任务2 掌握信息化教学设计的类型
    - 任务3 构建信息化教学设计的主要模式
    - 任务4 熟悉信息化教学设计的主要工具
    - 任务5 体验信息化教学设计的主要活动
    - 任务6 实施信息化教学评价

- **实践应用篇**
  - 项目7 身临其境,走进应用
    - 任务1 基于学科教学的PPT课件制作
    - 任务2 基于生活应用的PS
    - 任务3 游戏化教学Flash系列
    - 任务4 熟悉信息化教学设计的主要工具
    - 任务5 微课设计与制作
    - 任务6 SPOC平台之体验

图7—16 《现代教育技术》混合式学习内容分布

法有规定、制约的功能。教师层面,教师应该认真钻研大纲,对学科教材内容有深刻的掌握,对学生的学习结果有清晰的认识,明确的学习目标有利于帮助教师合理地选择教学策略、教学媒体和教学方式,调节教学活动过程,从而保证学习目标的实现。学生层面,学习目标是学生进行学习活动的指标,学生如果明确了学习目标,会产生强烈的参与感,减少学习中的盲目性,能更好地制定自己的学习进程。学习目标同时也

是教学活动效果评价的依据，学习评价注重发挥学生的主体作用，关注学习过程。《现代教育技术》课程学习目标的设计根据已制定的课程目标，将混合式学习作为一种学习方式整合到教学中，要求学生在知识掌握的基础上达到深层次的理解，学习目标围绕知识与技能，过程与方法，情感、态度价值观三个维度进行设计，既考虑学科主题，又考虑提升学生的技能。

3. 学习者特征分析

学习者特征分析是简要分析学习者的认知特点、已有的知识经验及能力水平、对教学内容的了解程度、对信息技术的掌握程度和应用水平。学习者特征分析的目的是了解学习者的学习准备情况及其学习风格，为学习内容的选择和组织、学习目标的阐明、教学活动的设计、教学方法与媒体的选用提供依据，从而使教学真正促进学习者智力和能力的发展，学习者的特征涉及智力因素和非智力因素两个方面。《现代教育技术》课程采用混合式课堂教学设计的方法，在分析学习者特征的时候除了考虑师范类院校大学生的一般特征、初始能力、学习风格、存在的学习问题，还要重视信息技术环境下大学生的技能要求及相关认知心理特点和个性心理特征，例如，在设计混合式课程时，课程团队除了充分考虑师范类高校大学生的基础计算机能力、多媒体网络的知识和操作技能等基本能力外，在设计混合式线上教学资源的时候还关注大学生在网络环境下的注意特征、好奇心、兴趣及其自我调控的能力等。

4. 教学模式设计

教学模式是开展教学活动的一套方法论体系，是基于一定教学理论而建立起来的较稳定的教学活动的框架和程序，教学模式的选择和运用是课堂教学设计的核心内容。《现代教育技术》混合式课程的整体设计思路是：教师首先进行项目展现，然后对项目进行分解，在课堂上进行知识点的讲解和操作演示，最后进行拓展反思，对学生进行总结考核，课程结束。图7—17为《现代教育技术》混合式课程的整体设计思路。

在教师设计好《现代教育技术》混合式微课后，课堂上采用"微课+半翻转课堂"混合式教学模式，具体的做法是：以微课资源作为课

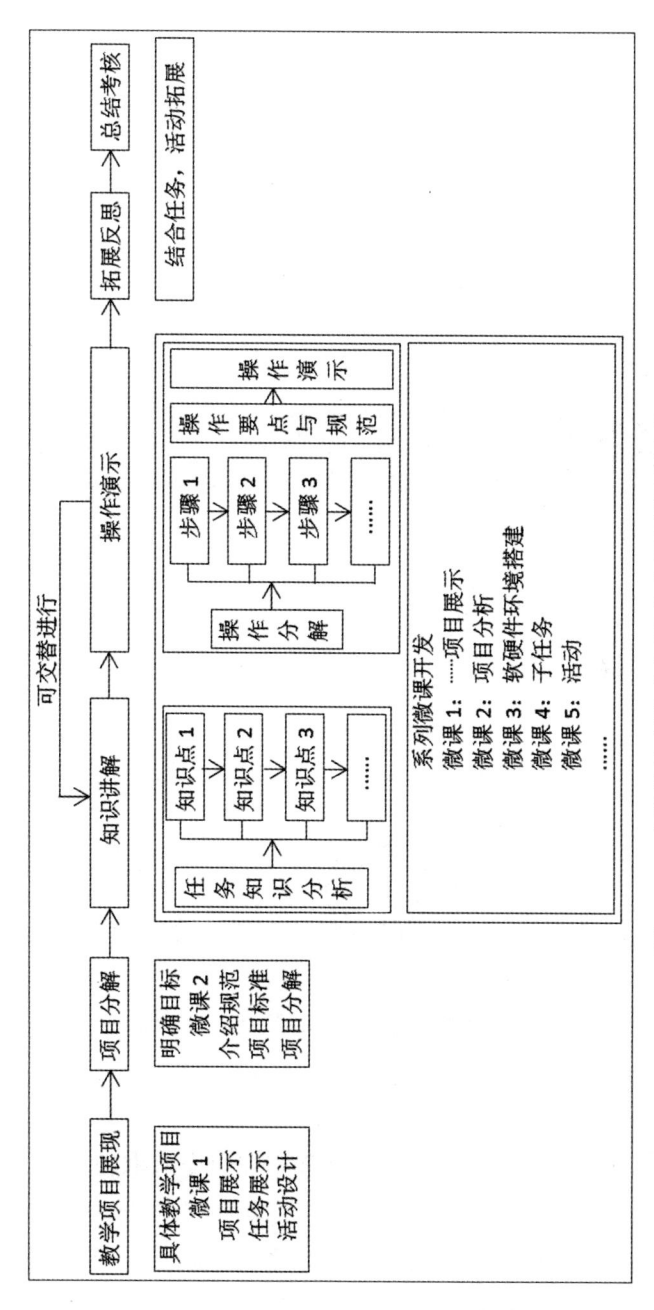

图7—17 《现代教育技术》混合式课程设计思路

上的教学内容，混合式学习空间作为教学环境，"半翻转课堂"作为教学方法，围绕线上教学微课设计，线下教学协作活动，采用 OBE 的教学设计思想，以目标、措施、评价的闭环展开课程的设计。在这个过程中，教师设计任务单指导自主学习，对教学内容进行适当拓展，起引导作用，如图 7—18 所示为《现代教育技术》混合式课程的教学模式。

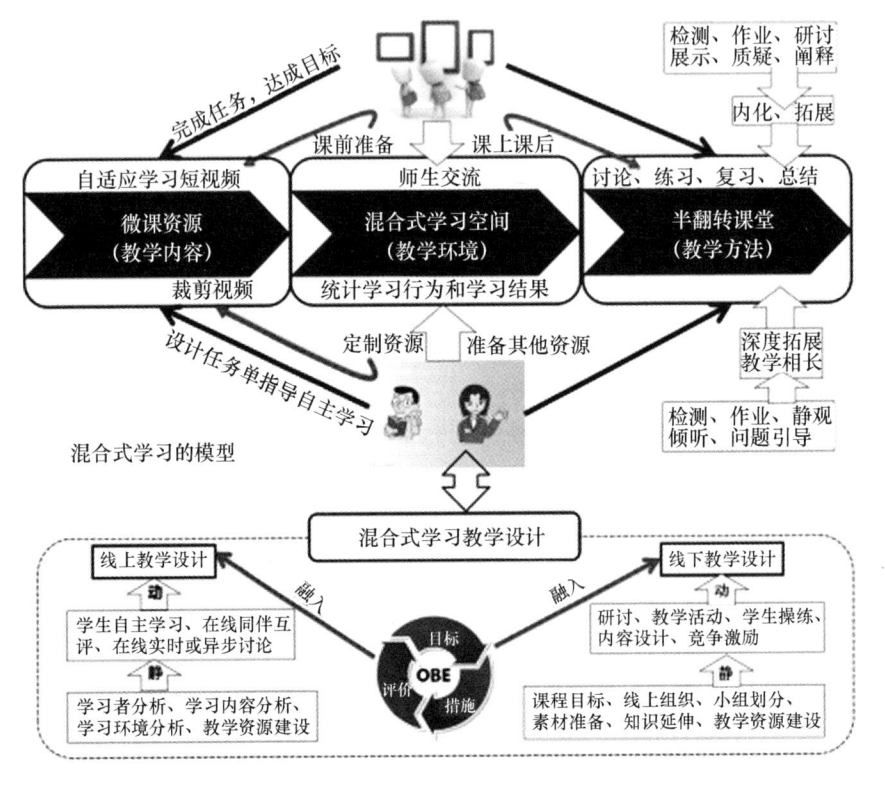

图 7—18　《现代教育技术》混合式课程教学模式

5. 教学课件设计

教学课件是教师在混合式教学中发挥主导作用的重要工具，课程团队根据学习内容对《现代教育技术》课程进行项目、任务、活动的划分，对每个任务进行 PPT 的设计与制作。《现代教育技术》混合式课程 PPT 界面设计简单清晰，图文并茂，嵌入多种类型的多媒体资源。课堂上，教师通过教学课件组织活动，突破重难点和演示知识等，调动学生的学习兴趣，创设项目情境，引入教学主题，设置任务活动，让学生动手参与、总结、概括、归纳与提炼，图7—19所示为《现代教育技术》混合式课程的部分PPT展示。

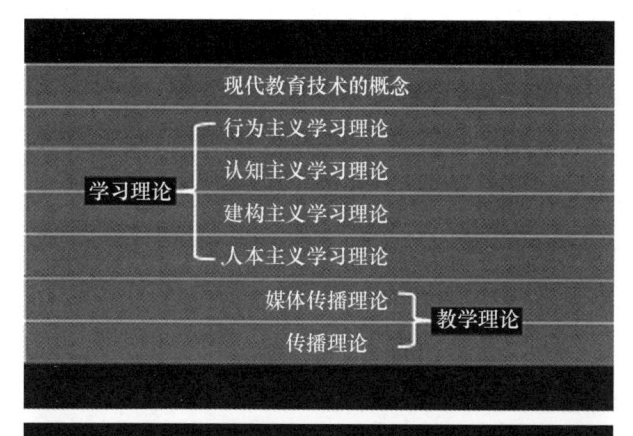

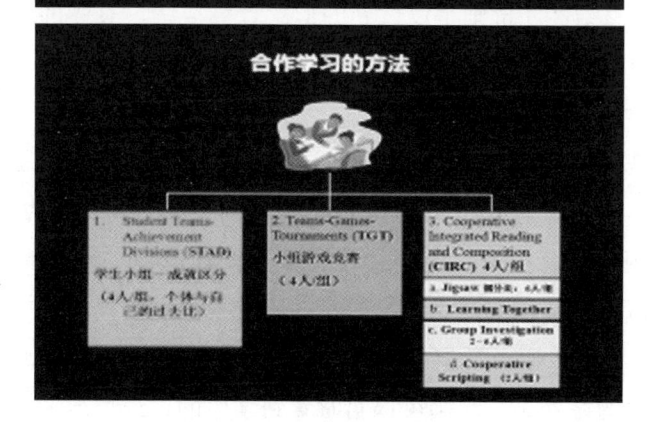

图7—19 《现代教育技术》混合式课程部分PPT展示

6. 认知工具的选择

在现代学习环境中，认知工具特指促进某一特定认知过程的广义信息技术工具，主要是指以计算机和通信网络相结合，用于帮助和促进认知过程的工具，学习者可以利用它来进行信息与资源的获取、处理、编辑、制作等，并可用来表达自己的思想，与他人通信协作等。《现代教育技术》混合式课程用到的认知工具：项目/任务表征工具 Word、PowerPoint 用来制作课件；静态、动态知识建模工具 Flash 用来制作活动中的动画；信息搜索工具 Google、Yahoo、百度、新浪等帮助学习者搜集解决问题所必需的重要信息；协同工作工具 Chat、QQ 用来组织协商活动，培养学生合作学习；绩效支持工具网络教学平台、学科群网站、信息平台培养学生信息加工处理和表达交流能力；管理与评价工具发展性教学评价系统为学习者提供自我评价反馈的机会，调整学习的起点和路径。

7. 教学评价

《现代教育技术》混合式课程教学检测和评价主要侧重于学习者的认知领域，因其是基于混合式学习的方法设计的，为了体现"以学生为中心"的教学评价方式[①]，本研究以形成性评价和总结性评价并重的原则进行评价，采用平时成绩和期末考试成绩加权综合成绩作为评估学生个人课程的最终成绩。形成性评价主要采用学习日志法、作品与展示法两种评价方法；总结性评价则是以试卷的形式计算成绩。具体的计算公式如下：学生的课程成绩＝平时成绩×50%＋期末试卷成绩×50%。

(1) 学习日志法

日志是一种简短的、按时间排列的非正式记录，用来反思和分析概念及过程。学习日志是一系列按时间排列的记录，用来收集和分析数据。在《现代教育技术》混合式课程中，教师设计一般和具体两类问题，并将每个环节需要学生思考回答的问题发到提前建立好的混合式学习讨论 QQ 群里，通过学生反馈的信息对学生进行评价以及调整教学活动。这样做的好处是：教师可以实时看到学生的讨论情况，了解学生学习的进度，学生的留言也不会消失，教师可以在讨论群里及时跟学生进

---

① 李志河：《发展性评价在中学信息技术课程中的应用研究》，《电化教育研究》2010 年第 4 期，第 54—57、66 页。

行互动。

（2）作品与展示法

作品与展示法是通过学生作品展示的方式使教师了解学生在一个学习单元中的收获和技能掌握情况的方法。在《现代教育技术》混合式课堂中，作品是由学生创建或制作，用来展示学习成果的人工产品。通常在一个学习项目结束时，教师要求学生以小组的形式完成一个项目，这个项目是对该节课程内容的拓展。教师要求学生小组共同制作一个小动画，也可以是由学生设计和实施的能说明学生学习成果的活动，课堂上展示的方法有很多，如博客、游戏、PPT、视频等，教师根据展示的内容对学生进行评价，评价的方式有师评、小组自评、小组互评，表7—1 为《现代教育技术》混合式课程作品展示评价表。

表7—1　　《现代教育技术》混合式课程作品展示评价表

项目	得分	具体内容	教师评	自评	互评
合作态度	4	态度积极热情、关心相互的学习进度、积极配合小组成员的讨论，能虚心采纳他人意见			
	3	态度比较积极、比较关心相互的学习进度、能够配合小组成员的讨论			
	2	不太积极、偶尔会关心他人的进展			
	1	不积极、不关心相互的学习进展			
项目完成情况	4	完全完成了所承担角色应该做的任务，并能给他人提供大量建议			
	3	基本上完成自己的任务，且能对他人提供一些建议			
	2	基本完成自己的任务，但不提供任何建议			
	1	几乎不能独立完成，经常需要提醒才会做			
配合	4	态度积极、各尽其职、合作默契、与别人共同商讨、寻找解决答案、能认真听取他人的建议			
	3	能主动配合他人的工作，组内关系融洽			
	2	配合不够默契，组员相互间易脱节			
	1	只做自己的事情，不管他人			

续表

项目	得分	具体内容	教师评	自评	互评
交流	4	能通过多种途径，积极、主动地与他人交流，并能虚心采纳别人的合理建议，能够成功地与同龄人、成年人以及整个团体进行交流；交换所需的资源，如信息和材料，交流所获信息全部与主题有关			
	3	能通过比较多的方式与人交流，所获取的信息大部分有助于解决问题			
	2	通过有限的方式与他人交流，所获的信息与主题部分有关			
	1	只采取了有限的手段与他人进行交流			
任务分工	4	按照学生的兴趣、能力进行合理的分工，分工明确			
	3	按照组员的能力进行了分工，分工较明确			
	2	进行了较为合理的分工			
	1	没有进行合理的分工			

（3）期末成绩考核法

本研究中的期末成绩考核作为评价方法的一种，采用传统的期末考试的形式作为对学生的成绩总结性评价的一部分。试题的形式分为名词解释、简答和论述三种，名词解释分为现代教育技术、信息素养、教学设计、先行组织者四道题，每题10分，共40分；简答题一题，为简述建构主义学习理论基本观点（并举例说明），共25分；论述一题，为论述以"学"为主的教学设计过程模式（并举例说明），共35分。根据学生的答题情况，由教师给出期末考试成绩分数并计算总成绩。

（二）混合式学习应用实施效果分析

1. 问卷调查

问卷调查针对的研究对象是上《现代教育技术》课的两个班的全体同学，对他们进行为期一学期的混合式教学，采用"微课+半翻转课堂"混合式模式，对他们发放两次问卷；访谈针对的对象是实施混合式教学的教师，学期末对教师进行了关于混合式课程实施情况的访谈。

本研究发放两次调查问卷，第一次是在课程开始前，发放学习者学习行为前端调查问卷，其目的是在课程开始前对所在班级有一个更好的了解，以便针对学生的实际情况开展适合学生的混合式学习活动以及为教学提供参考。第二次是在课程结束后，发放混合式学习在教学中的应用效果调查问卷，调查的内容涉及四方面内容：一是关于学生的基本信息；二是线上学习的部分，教师需要了解学生在线上学习的过程中，视频观看的情况以及视频对学生学习的帮助，还有线上部分的习题，学生认为习题对学习过程的帮助情况以及学生完成习题的个人感受、习题的难度；三是线下学习的部分，线下教师需要考虑线下学习的内容，学生学习内容是讲解课程线上部分没有涉及的内容还有跟线上部分相关的内容、习题的讨论、个人操作性的问题等；四是关于课程的整体评价，通过一个学期的混合式教学之后，学生认为混合式教学和传统课堂相比是不是真的改善了教学的过程，是不是提供了更好的教学效果，除此之外，学生认为更有效的课堂是什么样的课堂，并且给教师提出相关的建议。

2. 访谈的设计与实施

访谈分为两部分，其中一部分是教师使用混合式学习支持下的学习空间影响因素的预访谈；另一部分是教师使用混合式学习支持下的学习空间影响因素的正式访谈，正式访谈是对预访谈的补充，正式访谈的具体内容如下：其中 A 代表访谈者（研究者），B 代表被访谈者（实施混合式教学的教师）。

A：亲爱的×××教师，您好，很高兴这次能够有机会对您进行一个专访，感谢您在百忙之中抽出时间来跟我们进行面对面的交流。

B：不用客气，咱们就像朋友聊天一样轻松完成这次访谈就行。

A：谢谢您可以这么说，在这之前我给您发过一个教师使用混合式学习支持下的学习空间影响因素的预访谈提纲，这次访谈呢是对预访谈的一个补充，那下面我们就开始吧！

B：之前你发的我仔细看过了，我觉得你们的研究内容还挺有意思的，很期待咱们接下来的交流。

A：嗯，我们知道您实施"微课+半翻转"混合式学习模式已经接近两个学期了，想必您对于混合式学习模式及其空间已经有很深入的理解了，那我会问您一些相关的问题，对于我们的研究有很大帮助，期待您的回答。

B：嗯，开始吧。

A：首先想请您谈谈采用混合式模式上课的经历？

B：这个说起来挺有意思的，在一开始上课之前，他们对于微课、翻转课堂不是特别的了解，在第一堂课程结束后，学生都有点懵的感觉，他们觉得这种上课风格跟之前的有点不一样，我不是直接讲，而是让他们看视频，完成活动，因为是第一节课，我布置的活动也非常简单，学生都觉得这种上课风格挺有意思的，教室里的气氛非常活跃，一节课结束之后，我问他们以后咱们就这样上课，你们同意吗？学生都说可以。之后就一直沿用这种上课风格，上课过程中发生很多有趣的事情，我一个人的时候想想都会笑出声，我觉得这种上课比之前好太多了。

A：能感受出您对于您课堂和学生的喜爱，我也特别享受上您的课。第二个问题：您对于混合式学习整体的感觉如何？

B：整体感觉良好，但是有一些学生还是不能适应这种上课风格，当然我说的是很少一部分的学生，他们或许是因为学习底子太差，或许是因为本身就厌倦学习，我正在积极引导学习，尽量让他们跟其他学生的节奏基本保持一致，在课上，也会特别注意他们的一些上课表现，整个学期下来，这些学生的一部分成绩也在提高。

A：那么您对于混合式学习的哪些特征特别喜欢或者不喜欢，您能说明吗？

B：喜欢就不用说了，通过教学实践，我确实是感觉到混合式学习有它的优势，但是就是我希望学校相关技术人员能够开发出专门适合混合式学习的SPOC平台，这样我每次上课就可以让学生直接登录平台学习，还可以随时看到学生的学习进度，这样我能对学生及时地跟踪，对学生有个更好的把握。

A：嗯，确实是，您说的这个问题，我们团队正在进行开发，相信不久之后，就能正式应用，您就可以把您的课程放到SPOC平台上进行教学了。接着进行我们的访谈，如果学校里有混合式学习空间和传统教室两种可以自由选择，您会选择哪个？为什么？

B：当然会选混合式学习空间了，因为混合式学习空间本来就是高现代化技术的体现，有谁不想在现代化的学习环境中学习，当然这是需要学校决策者和政府一起推动的，设想，未来的教育是多么的美好，我真的很期待，若那样，我现在的很多想法都能实现，我的课堂会变得更加有趣的。

A：其实我也很憧憬我们能在特别高互动的学习空间中学习，想想都美好，如果您是管理者，会采取什么举措来加强混合式学习空间的建设？

B：这个问题，其实不管是学校还是政府，都希望能改变当前的学习环境，让学生有个舒适的学习氛围，你看现在很多新校区、大学城都在建设，这些都是体现，再过几年，随着我们国家的经济和现代化的发展，相信有很多未来学校的建设，只是建设的程度不同罢了。如果我是管理者的话，我认为建设的第一步应该从教室和图书馆开始，引进一些技术，让学生爱上上课和阅读。

A：通过对您的访谈，我觉得您真的是一个很好的教师，此次访谈基本就接近尾声了，对于混合式学习，您还有什么要补充的吗？

B：我真的希望你们的研究团队可以尽快开发出针对咱们学校的MOOC、SPOC平台，让不同专业的教师都可以在上面实践混合式教学，也希望混合式教学能在咱们学校大面积地推广，打破传统的上课模式，让更多学生都受益。

A：会的，我们已经在调试的阶段了，您说的会实现的。嗯，到这里，我们的访谈就结束了，再次感谢您能接受我们这次访谈，并跟我们聊了这么多，从您这里我们学到了很多东西，对我们的研究有很大帮助，谢谢您，祝您以后的教学越来越好。

B：别客气，嗯，私下我们也可以沟通，我也需要尝试一些新的改变，也需要你们的帮助。

3. 数据分析

（1）问卷调查分析

本研究的问卷分为两个层次，其一是关于学习者学习行为前测调查问卷，其二是关于混合式学习在《现代教育技术》教学中的应用效果调查问卷，图 7—20 为问卷填写总体情况。

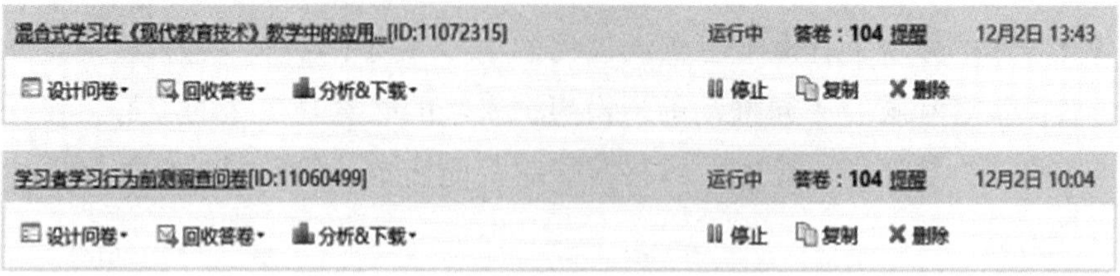

图 7—20　问卷填写总体情况

① 学习者学习行为前测调查数据分析

A. 使用互联网搜索信息情况

由图 7—21 可以看出，在没有采用混合式学习课堂模式前，学生经常使用互联网搜索信息的比例占到 71. 15%，而不经常使用互联网搜索信息的比例仅占 3. 85%，这为开展混合式学习提供了必要的条件。

选项	小计	比例
A 经常	74	71.15%
B 一般	16	15.38%
C 偶尔	10	9.62%
D 不经常	4	3.85%
本题有效填写人次	104	

图 7—21　使用互联网搜索信息情况

B. 自主学习能力情况

由图 7—22 可以看出，在没有采用混合式学习课堂模式前，学生自主学习能力一般的比重最高，占到 65. 38%，选择好的比例占 13. 46%，非常不好的比例仅占 0. 96%，这说明在开展混合式学习之前，学生的自主学习能力不强。

C. 参与讨论情况

由图 7—23 可以看出，在没有采用混合式学习课堂模式前，学生偶尔参与讨论的比重最高，占到 64. 42%，经常参与的比例相对来说也较高，

选项	小计	比例
A 非常好	9	8.65%
B 好	14	13.46%
C 一般	68	65.38%
D 不好	12	11.54%
E 非常不好	1	0.96%
本题有效填写人次	104	

图 7—22　自主学习能力情况

占 31.73%，一般不参与讨论的比例仅占 3.85%，这说明在开展混合式学习之前，学生参与讨论情况比较理想，为开展混合式学习提供了条件。

选项	小计	比例
A 经常	33	31.73%
B 偶尔	67	64.42%
C 一般不参与	4	3.85%
本题有效填写人次	104	

图 7—23　参与讨论情况

D. 熟悉微课的程度

由图 7—24 可以看出，在没有采用混合式学习课堂模式前学生，非常熟悉微课的仅占 4.81%．熟悉微课的占 24.04%，一般熟悉的占 30.77%，不熟悉微课的占 35.58%，非常不熟悉的占 4.81%。由此可见，在开展混合式学习之前，学生对微课不熟悉的比例高于熟悉的比例。

E. 是否愿意在平台上观看视频并下载资源

由图 7—25 可以看出，在没有采用混合式学习课堂模式前，如果教师建立学习平台，学生非常愿意在平台上观看视频并下载资源的占 29.81%，愿意在平台上观看视频并下载资源的占 48.08%，态度一般的占 16.35%，不愿意的占 4.81%，非常不愿意的仅占 0.96%。由此可见，在开展混合式学习之前，如果教师建立学习平台，学生愿意在平台上观

选项	小计	比例
A 非常熟悉	5	4.81%
B 熟悉	25	24.04%
C 一般	32	30.77%
D 不熟悉	37	35.58%
E 非常不熟悉	5	4.81%
本题有效填写人次	104	

图7—24 熟悉微课的程度

看视频并下载学习资源的比例远远高于不愿意观看并下载学习资源的比例，这为开展混合式学习提供了一定的有利条件。

选项	小计	比例
A 非常愿意	31	29.81%
B 愿意	50	48.08%
C 一般	17	16.35%
D 不愿意	5	4.81%
E 非常不愿意	1	0.96%
本题有效填写人次	104	

图7—25 是否愿意在平台上观看视频并下载资源

综上所述，在开展混合式学习之前，调研样本对象的整体情况是：使用互联网搜索、参与讨论、愿意在平台上观看视频并下载资源情况均较好，而自主学习能力较弱，在开展混合式学习之前，熟悉微课的学生较少。

② 混合式学习在《现代教育技术》教学中的应用效果调查问卷

在学期末，在《现代教育技术》进行混合式教学中的应用效果调查，如下所述为分析结果。

A. 来源渠道分析

学生通过手机提交的比例为92.31%，通过电脑发送链接填写的占到7.69%，如图7—26所示，这在一定程度上反映了学生更愿意在手机上完成学习。

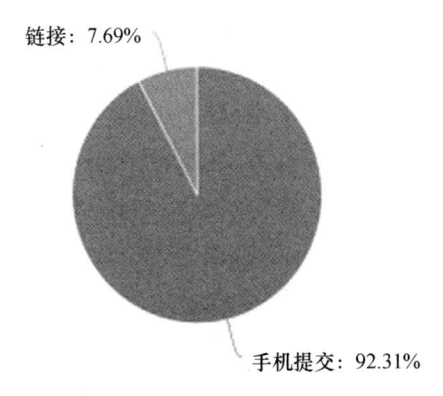

链接：7.69%

手机提交：92.31%

图 7—26　来源渠道分析

B. 时间段分布

本次问卷的发布时间为 2016 年 12 月 2 日，问卷完成时间为 2016 年 12 月 22 日，其中在 12 月 2 日与 12 月 16 日填写人数最多，中间的时间段陆续有学生填写。

C. 是否赞成"微课 + 半翻转课堂"混合式学习模式

选项	小计	比例
A.非常赞成	16	15.38%
B.赞成	65	62.50%
C.反对	3	2.88%
D.无所谓	20	19.23%
本题有效填写人次	104	

图 7—27　是否赞成"微课 + 半翻转课堂"混合式学习模式

如图 7—27 所示，在进行了一学期的"微课 + 半翻转课堂"混合式学习模式的学习后，学生非常赞成这种模式的比例为 15.38%，赞成的比例为 62.50%，反对的占 2.88%，无所谓的占 19.23%。由此可见，学生赞成混合式学习模式的比例远远高于反对的比例。对混合式学习模式持无所谓态度的，可能跟学生自身的原因有关。例如，可能学生自身的学习能力差或者是学生本来的学习态度差，或是相对于传统的课堂来说，学生对混合式课堂适应度还不是很好。

D. 互动情况

如图7—28所示，在进行了一学期的混合式学习之后，学生认为传统教学互动好的比例为5.77%，认为混合式学习互动好的比例为70.19%，认为两者相同的比例为17.31%，无所谓的占6.73%。由此可见，大部分学生认为混合式学习可以增加课堂互动。

选项	小计	比例
A.传统教学	6	5.77%
B.微课混合式教学	73	70.19%
C.两者相同	18	17.31%
D.无所谓	7	6.73%
本题有效填写人次	104	

图7—28　互动情况

选项	小计	比例
A.及时获得帮助	39	37.5%
B.改变了学习方式	68	65.38%
C.资源共享	69	66.35%
D.增加师生交流互动	54	51.92%
本题有效填写人次	104	

图7—29　微信、微信群学习对学生的影响

E. 微信、微信群学习对学生的影响

如图7—29所示，在进行了一学期的混合式学习之后，利用微信、微信群学习，学生认为能及时获得帮助的比例为37.5%，认为改变了学习

方式的占 65.38%，认为能达到资源共享的占 66.35%，认为能增加师生交流互动的占 51.92%。由此可见，相对于传统课堂，混合式学习模式可以让学生获得及时的帮助，能改变学习方式，达到资源共享，增加师生交流互动。

F. Tower 平台对学生的影响

如图 7—30 所示，在进行了一学期的混合式学习之后，认为 Tower 平台能为学习者与教师提供更加自由的协商空间的比例为 50.96%；认为学习效率提高，方便快捷地上传作业的比例为 60.58%；认为能增加同伴交流，提升人际关系的占 48.08%；认为通过 Tower 平台学会利用网络平台开展自主学习的比例为 61.54%。由此可见，相对于传统课堂，Tower 平台能为学习者与教师提供更加自由的协商空间，能提高学习效率，能方便快捷地上传作业，增加同伴交流，提升人际关系，还能让学习者学会利用网络平台开展自主学习。

选项	小计	比例
A.为学习者与教师提供更加自由的协商空间	53	50.96%
B.学习效率提高,方便快捷地上传作业	63	60.58%
C.增加同伴交流,提升人际关系	50	48.08%
D.学会利用网络平台开展自主学习	64	61.54%
本题有效填写人次	104	

图 7—30　Tower 平台对学生的影响

G. 混合式学习培养学生的能力情况

如图 7—31 所示，认为混合式学习能提升学生自主探究能力的比例为 65.38%，认为能提高动手操作能力的比例为 61.54%，认为能培养思维组织能力的比例为 53.85%。认为能培养交流协作能力的占 49.04%，认为能培养理解应用能力的占 53.85%。由此可见，相比传统课堂，混合式学习能培养学生的自主探究能力、动手操作能力、思维组织能力、交流协作能力、理解应用能力等。

选项	小计	比例
A.自主探究能力	68	65.38%
B.动手操作能力	64	61.54%
C.思维组织能力	56	53.85%
D.交流协作能力	51	49.04%
E.理解应用能力	56	53.85%
本题有效填写人次	104	

图7—31　混合式学习培养学生的能力情况

H. 学习效能提升情况

如图7—32所示，认为混合式学习能营造情境，促进学习定向的占44.23%；认为混合式学习形式变革，促进学习动力的占58.65%；认为混合式学习促进认知，提升建构学习意义的占58.65%；认为混合式学习促进合作学习，拓展思维发散的占62.5%。由此可见，相比传统课堂，混合式学习能营造情境，促进学习定向，促进学生的认知，提升建构学习的意义，能促进合作学习，拓展思维发散等。

选项	小计	比例
A.营造情境,促进学习定向	46	44.23%
B.形式变革,促进学习动力	61	58.65%
C.促进认知,提升建构学习意义	61	58.65%
D.合作学习,拓展思维发散	65	62.5%
本题有效填写人次	104	

图7—32　学习效能提升情况

I. 混合式学习是否有利于培养以实践能力为主的专业发展

如图7—33所示，认为混合式学习有利于培养以实践能力为主的专业发展的比例为66.35%，认为不利于培养以实践能力为主的专业发展的比例为14.42%，认为不影响的比例为19.23%，这说明在一定程度上，混合式学习有利于促进专业发展。

综上所述，我们可以看出，喜欢混合式学习模式的比例远远高于反对的比例，大部分学生认为混合式学习可以增加课堂互动；混合式学习

选项	小计	比例
A 是	69	66.35%
B 不是	15	14.42%
C 不影响	20	19.23%
本题有效填写人次	104	

图 7—33 混合式学习是否有利于培养以实践能力为主的专业发展

能为学习者与教师提供更加自由的协商空间，能提高学习效率，能方便快捷地上传作业，增加同伴交流，提升人际关系，还能让学习者学会利用网络平台开展自主学习；混合式学习能培养学生的自主探究能力、动手操作能力、思维组织能力、交流协作能力、理解应用能力等；混合式学习能营造情境，促进学习定向，促进学生的认知，提升建构主义学习的意义，能促进合作学习，拓展思维发散等；混合式学习能促进专业发展等。

（2）访谈内容分析

研究者对实施混合式学习的教师进行访谈，通过反复听访谈录音并分析，得出以下结论。

①教师对于混合式学习的教学效果很满意

在实施混合式学习之后，教师对于混合式学习的教学效果整体来说比较满意，混合式学习使教师和学生的整体满意度有所提高。

②教师希望开发专门的 MOOC 或者 SPOC 平台

实施混合式学习的教师希望能开发 MOOC、SPOC 来支持教师和学生的学习，这样学生在平台上既能学习，还可以在平台上及时沟通互动，教师也可以随时跟踪学生的学习情况，统计学生的学习行为，以便对后续的混合式学习实现持续改进。

③教师也希望能在高互动的混合式学习空间给学生授课

开展混合式学习需要一定的教学环境来支撑，教师希望在混合式学习空间里进行混合式教学，高互动的学习空间使学生的学习兴趣增加，学生能够在轻松的氛围中学到知识，这是教师、研究者还有学生共同的心声。政府、学校、相关机构都在促成未来高互动学习空间的建设，混合式学习空间物理层面的空间建设很快就会实现。

九　本章小结

综上可以看出，混合式学习能使教师与学生、学生与同伴之间的互动性增强，混合式课堂需要学习者看的课程资料更多，学生根据自己的情况学习和练习的时间更多，演示学习成果的机会也更多，学生更乐于将学习视为一个主动积极的过程，学习团队更倾向于一起作决策，更倾向于批判性思考和问题解决。混合式学习使教师更能考虑到学生的兴趣，学生对任务的选择也有更大的自由度，教师使用混合式教学能提高学生的学习成绩和改变学生学习态度。

混合式教学模式能够为教师和学生提供有趣、深入的教和学的双向体验，其吸收多种渠道的教学资源并把它们有效地整合到教师的教学过程中。混合式教学不仅是一种教育技术的变革，也是一种教育理念的变革，推动了教师不断更新教学理念、完善教学手段。在混合式模式下，自主学习能力较强的学生能够很好地在教师的指导下进行自主学习，然后在课堂上能够就其所学、所获、所思进行研讨，并带动其他同学进行探究性的、深入的讨论。同时我们应该清晰地认识到，混合式教学模式是在传统课堂模式的基础上拓展吸收了现有的网络空间资源，给学生提供一个理想的教学过程，所以在这个过程中有很多难点，教师需要综合考虑对学生的评价、课程是否适合采用混合式教学、教师投入和收效、如何进行混合式教学等问题。

第八章

翻转课堂本地化教学模式建构

近年来,翻转课堂教学模式在国内外掀起了浪潮,也加快了教育信息化的进程,众多研究学者将其广泛运用在中小学以及高等院校的课堂中。《现代教育技术》作为高师院校学生的必修公共课之一,肩负着培养师范生在日后工作岗位上有效利用计算机进行教学和信息时代人人都应具备的基本信息素养的重任。然而,该课程存在内容丰富多样、课时相对较少、教师教学理念落后、学生的学习积极性和创造性不高、课程考核忽视学生综合技能的培养等问题。翻转课堂通过学生课前微视频、导学案等资源的自主学习,课中学习任务单、案例教学等协作方式完成知识内化,课后再进行反思和评价,从而达到有意义学习的目的。这种教学方式不同于传统的教学模式,充分利用了学习资源,并重新定位了师生角色,学生能更好地实现个性化学习与协作学习。因此,翻转课堂为《现代教育技术》教学改革提供了一种新思路。

本研究首先了解国内外翻转课堂模式和高师院校《现代教育技术》课程的现状。随后对师生进行了深入访谈,并对翻转课堂本土化进行必要性分析。再次,根据已有的翻转课堂教学流程,结合高等师范院校学生特征构建翻转课堂本土化模式,并针对《现代教育技术》公共课进行教学设计,提出每个环节需要注意的问题。最后,将已设计好的教学流程应用到化学材料与工程专业两个班级进行教学实施,通过课堂观察法、调查问卷法、期末成绩比较法等方法收集数据,利用SPSS进行统计分析。研究结果表明,学生非常喜欢翻转课堂模式,它有利于学生自学能力、实践能力、分析和解决问题能力的培养和提高,并在上课过程中降低了学生课堂提问的次数以及提高了所询问问题的质量。

本研究在构建翻转课堂本土化模型中，具有一定的创新性。各环节流程更加详尽，"教"与"学"的活动明确分离，并将任务单、知识地图、博客反思运用到模式中；重构和谐的师生关系；实现了分层教学，体现了教育公平。

一 研究背景

新时代的教师不仅需要像传统教师一样具有扎实的学科知识和基本的教学能力，还要求他们具有娴熟的教学技能、信息技术能力以及终身学习能力。同时教育信息化和全球化不断推进，高等师范院校作为未来教师的培育基地，也不得不调整教学培养目标来迎合社会的需求，其培养目标是培养师范生作为教师所必备的学科知识与教学技能，并肩负着培养创新人才和提高教育质量的重任。《现代教育技术》公共课是为本科师范生开设的一门必修课程，它既注重学生对基本理论知识的理解和掌握，也注重学生软件操作、实践技能的学习以及提高信息素养的能力。开设此课程的主要目的在于培养师范生信息时代所必需的基本信息素养，使其能在日后工作岗位上对各科课程进行教学设计并利用信息化教学培育下一代，能快速适应多媒体环境下的各种学习环境以达到终身学习的目的。而目前现代教育技术课程存在很多问题，首先，学生需要掌握的学习内容丰富，涉及的知识面广，需要学会操作的教学软件多，但学生课程学习时间少，不能深入地掌握课程知识技能。其次，每个专业学生的计算机基础参差不齐，教师使用传统的教学方法不能兼顾所有层次的学生，导致不能激发学生的学习积极性和创造性。再次，课程采用期末试卷或制作一个作品的方式来考核，导致学生对平时学习不够重视，期末死记硬背，忽视了自身综合技能的培养。翻转课堂作为一种新型的教学模式，近几年已经走进了许多学校课堂，并起到了良好的教学效果。这种教学方式不同于传统的课堂讲授—课外作业的模式，很大程度上节省了时间，充分利用了学习资源，并重新定位了师生角色，降低了教师的权威性，使学生能更好地进行个性化学习。因此，翻转课堂为《现代教育技术》教学改革提供了一种新思路。

二　研究目的与意义

当前许多高校教师使用的教学方法单一，依然是按照教材中的内容和教师的示范结合来进行，这种"填鸭式"教育模式，导致学生不动脑，缺乏独立思考和操作能力。《现代教育技术》课程一学期共 34 个课时，其中理论部分 20 个课时，实践部分 14 个课时。学习课时较少，各学院学生基础参差不齐、学习效果不佳等问题，都成为一线教师的难题。针对这些情况，教育工作者也做了一些变革，通过改变教学策略、增加设计性实验或完善学生考核评价体系，试图在教学中加强学生主动解决问题的能力，提高学生基本的信息技术能力。这些变革虽然使教学效果有所改善，但仍需要探索与时代背景相适应的新型教育模式，进一步提高教学质量。本研究拟在教学中使用翻转课堂教学模式。第一，提升《现代教育技术》课程的教学质量。在对《现代教育技术》公共课学习者的调查与访谈中，发现该课程存在理论课讲授方法单一、学习资源不足、实验课程内容比较多、课时相对较短、学习负担较重等问题。本研究在翻转课堂教学模式的课前环节主要采用不同类型的微视频进行自主学习。为解决教学资源少的问题，本研究在学习资源方面还增加了 PPT、学习任务单、导学案等。翻转课堂模式在课外进行知识讲解，学生根据自己的计划，合理安排学习的时间、地点和学习进度，这样最大化地延长了教与学的时间，能够在课时相对不变的情况下，提升学习效果。第二，构建翻转课堂本土化模式，设计《现代教育技术》公共课的教学方案。翻转课堂作为舶来品引入我国的课堂，但由于我国地区之间存在巨大差异，学科之间存在差异，每个年龄段学生的特点也有所不同，故翻转课堂必须进行本土化来适应当地学校、不同学科的使用。本研究结合高等师范院校学生的特点，以及《现代教育技术》公共课的学科性质，建构出翻转课堂本土化模式，设计翻转课堂在《现代教育技术》公共课的教学方案，最后以高师院校学生为研究对象来实施，并对教学效果进行定量化分析。第三，培养学生的合作学习能力和创新能力。新课程改革要求当前教学要转变传统的模式，改变教育的现状，坚持"以学生为本"的思想和倡导采用合作的学习方式，创建新型的课堂教学活动,激发学生学习的潜力来谋求学生的全面发展。翻转课堂教学设计还需从学生的角度出发,关注学生的有意义的学习,注重提高学生的创新能力。

三 相关概念

(一) 混合学习

混合学习就是将面对面授课学习方式的优势和网络学习的优势进行有效结合的一种学习方式。何克抗教授[①]认为混合学习既要发挥教师教学过程中引导与启发的主导作用,又要充分体现学生学习过程的主动性与创造性。混合学习是在教学过程中采用不同的媒体呈现教学内容,使教学成本降低,提高学生学习效率的一种学习方式。这样,教师可以引导、监控教学过程,及时了解学生的学习进度,合理安排教学进度和教学方法,学生也可以根据自己的学习风格和学习习惯,自主安排学习时间和地点,在学习过程中发挥主体作用。翻转课堂在课前与课后采用基于网络的在线自主学习,课中采用面对面课堂教学,能够很好地将混合学习贯穿在整个学习过程中,从而使学生的学习更具人性化,同时增强了课上学习的互动性,学习效果也能达到最优化。混合学习与翻转课堂两者都强调教师的主导作用和学生的主体作用相结合,后者在此基础上强调课堂内外学习方式的颠倒。

(二) 翻转课堂

翻转课堂,就是在信息化环境中,课程教师提供以教学微视频为主要形式的学习资源,学生在上课前完成对教学微视频等学习资源的观看和学习,师生在课堂上一起完成作业答疑、协作探究和互动交流等活动的一种新型的教学模式。它起源于美国林地公园高中的化学教师利用录屏软件录制上课的内容,并将视频上传到网络,帮助学生补课。后来,教师让学生在家看教学视频,在课上完成作业,教师随堂解决疑问,这种教学模式受到学生的广泛欢迎。翻转课堂不是简单的"在线视频教

---

① 何克抗:《E - learning 与高校教学的深化改革 (下)》,《中国电化教育》2002 年第 2 期,第 11—14 页。

学"，而是颠覆了传统的教学结构。将传统的教学过程拆解，重新定义教学过程中各个部分的功能，重新理解教师在教学过程中的作用。与传统的教学模式相比，翻转课堂实现了三种翻转：教学结构翻转，即由传统的"课堂讲课—课外作业"翻转为"课外知识传授—课上知识内化"，从而提高教学质量，优化教学；教学方式翻转，即翻转课堂实现了当下最流行的"以学生为中心"的教学方式和个性化的学习方式，课堂不再是传统的"满堂灌"和"一刀切"的模式；师生角色翻转，即教师与学生进行了角色转换，使学生成为整个过程的主体，而教师的角色上升为学生学习的组织者、帮助者和指导者。

四 理论基础

（一）行为主义强化理论

行为主义理论，是四大主要学习理论之一。行为主义学习理论认为，学习者是在不断地与外界环境相互作用的过程中，形成"刺激—反应"，即行为是学习者受到刺激后产生的结果，环境刺激是学习者行为发生变化的原因。他们认为环境是一种刺激，把有机体行为发生的变化看成是反应，认为所有行为都是学习获得的。在行为主义发展的后期，斯金纳在行为主义学习理论上作出了杰出的贡献，他结合巴甫洛夫经典条件反射理论和桑代克的学习理论，在1937年提出了自己的学习理论操作性条件反射学说"刺激—反应—强化"，并把实验中总结出的一些规律用于教学，要求教师为学生创设学习环境，塑造和矫正学生的学习行为，尽可能地强化学生的正确行为，消除学生不正确行为。强化理论认为，教师需要对学生的一种行为进行肯定（否定），这样做至少在一定程度上能增加（减少）这种行为的重复发生。或者当学生在一种正确的操作行为结束后，紧接着给刺激来强化，那么它的行为就会多次发生。教师教新的教学内容时，也需要进行即时强化，延缓学生记忆的消退。翻转课堂在课前学习新的知识，课上进行互动交流和知识拓展，实际就是给予学生即时强化，使知识得到内化。课后，师生评价和教师评语也给学生一种鼓励，一种正强化，一定程度上增强了学生的学习兴趣，学习行为在以后学习中也更可能被多次重复。

(二)建构主义学习理论

建构主义认为,学习是在特定的情境和他人的协作下,学习者将相关的学习资料,通过信息加工活动过程,主动地建构内部知识结构,从而进行有意义的学习。建构主义学习理论是在认知主义学习理论基础上发展起来的一种理论[1],其最早是由心理学家皮亚杰提出的,他认为儿童是在与外界环境接触的过程中,逐渐建构起基本的认知结构框架,并且在以后的生活中,通过学习不断改变原有的认知结构的过程。同化和顺应是学习者认知结构发生变化的两种方式,学习是由学生通过信息加工,主动建构知识,形成认知结构。当有新知识需要接受吸收时,通过同化和顺应再进行平衡认知结构,而不是由教师简单地把知识讲授给学生。建构主义强调学习的主动性、情境性以及学生的有意义学习,关注如何在原有的认知结构、经验基础上建构新的认知结构。翻转课堂的课中教学环节,教师通过案例学习或基于问题的学习方式,创设与教学内容相关的情境,引导和提示学生在新旧知识之间建立联系,激发学生的学习兴趣,增强学习动机。随后,教师组织学生展开讨论和交流,在师生共同学习形成统一体的过程中不断引导。翻转课堂教学模式非常符合建构主义学习理论。翻转课堂中的教师不再是传统方式中传递知识的主体,而是成为学生建构知识的帮助者和引导者;学生也不再是知识的被动接受者,而是主动建构知识,进行有意义学习的主体。这种教学模式,极大地降低了教师的权威性,同时也适合学生之间以及师生之间在一定情境下进行协作、会话和意义建构。

五 文献综述

(一)翻转课堂国内外研究现状

通过对国内外有关翻转课堂的大量文献的阅读、整理和分析,本研究将翻转课堂的发展归纳为三个阶段,分别为产生、发展和运用阶段。翻转课堂最早起源于 2000 年,迈阿密大学在《经济学导论》课程中尝试

---

[1] 何克抗、李文光:《教育技术学》,北京师范大学出版社 2002 年版。

一种新的教学模式，翻转课堂作为一个独立的概念被提出。发展阶段源于美国科罗拉多州落基山的林地公园高中的两位化学教师乔纳森·伯尔曼（Jonathan Pullman）和亚伦·萨姆斯（Aaron Sams），为了给因请假不能正常上课的学生补课，将自己的上课 PPT 演示文稿以及讲课声音利用录屏软件录制成视频，通过网络发送给学生，供他们补习功课。2011 年，萨尔曼·可汗（Salman Khan）在 TED 大会上《用视频重新创造教育》的报告，使翻转课堂被更多教育者所了解与应用。随后，美国的很多中小学对翻转课堂的实施越来越欢迎。国外学者主要对翻转课堂的模式、教学应用、效果评估等方面进行研究。杰里米·斯特雷耶（Jeremy Strayer）通过将翻转课堂教学效果与传统课堂进行对比，发现翻转课堂有利于促进学生掌握新知识并系统地吸收与内化，将新旧知识建立联系以及有助于学生自我效能感的发展。布莱恩·贝内特（Brian E. Bennett）等认为翻转课堂使师生角色发生了转变，教师不再是知识的独裁者和教学的权威，学习者可以根据计划自主安排学习内容、学习时间及学习地点。艾尔蒙湖小学教师将翻转课堂与 Moodle 平台相结合，通过平台来解决问题，教师根据答题情况设计课堂活动，通过学生协作学习，促进学习共同体的形成。凯文·克拉克（Kevin R. Clark）将翻转课堂教学模式运用在初中数学课中，通过行动研究法对教学效果评测，发现其能够提高学生的学习兴趣和课程成绩。蒂姆·布里斯托尔（Tim J. Bristol）博士在护理学的教学中运用翻转课堂教学模式，研究结果表明翻转课堂教学模式能够提高学习者的临床推理能力。

通过在中国知网上，以"翻转课堂"为关键词进行搜索，共搜到 800 多篇文献，其中 2014 年 660 篇，2013 年 132 篇，可见 2014 年是国内研究翻转课堂的高峰。本研究对已有文章研究的主题进行了归类，主要包括探讨翻转课堂的起源、内涵及意义，翻转课堂的模型建构，翻转课堂的教学运用等。张宝辉等[1]建构的翻转课堂模型，将学习分成课前和课中两个环节，并提出"信息技术和活动学习是翻转课堂学习环境创设的两个

---

[1] 张金磊、王颖、张宝辉：《翻转课堂教学模式研究》，《远程教育杂志》2012 年第 4 期，第 48—53 页。

有力杠杆"。钟晓流等①融合中国的传统太极思想、信息技术以及翻转课堂的理念等构建出一个太极环式的翻转课堂模型，简述了师生课堂上下具体的教学过程，"体现'教'与'学'教学相长、和谐共济、互相转化的关系，为中国本土文化背景下的翻转课堂实践提供理论参考"。在教学应用研究方面，主要包括教师结合中小学、中职院校和高校的相关课程特点所进行的翻转课堂教学应用的探索，其中重庆市江津聚奎中学把翻转课堂教学模式总结为课前四环节和课堂五步骤，并成功地开展了翻转课堂的教学实验。马秀麟②将翻转课堂运用在大学信息技术公共课，通过构建有效的学习支持体系，实验证实了"翻转课堂"有利于解决因材施教的问题，有利于学生个性化学习和创新能力的培养。王芳③通过新的课程理念，以及结合移动学习、云计算的发展、新形式数字化学习资源的开发，论证了翻转课堂将成为未来的主要课堂教学模式之一。宋艳玲等④从认知负荷视角探究翻转课堂，认为翻转课堂降低了认知负荷，学习资源能得到合理的运用和分配，能取得更好的学习效果。何克抗⑤从翻转课堂的由来、发展、作用效果、挑战以及未来发展等方面，论述了翻转课堂的本质，并为翻转课堂的中国化指出了明确的、可实施的发展方向。

（二）《现代教育技术》课程现状

教育技术从兴起到发展，越来越受到人们的重视，有专家学者说"现代教育技术是与传统教育弊端作斗争的有力武器"，"现代教育技术是落实硬件、软件和潜件建设的保证"。《教育信息化十年发展规划（2011—2020年）》也指出："探索现代信息技术与教育的全面深度融合，以信息化引领教育理念和教育模式的创新，充分发挥教育信息化在教育

---

① 钟晓流、宋述强、焦丽珍：《信息化环境中基于翻转课堂理念的教学设计研究》，《开放教育研究》2013年第1期，第58—64页。
② 马秀麟：《翻转课堂教学实践及教育价值》，《教育学报》2019年第4期，第127页。
③ 王芳：《"翻转课堂"模式在少先队活动课中的应用初探》，《课程教育研究》2017年第24期，第217—218页。
④ 宋艳玲、孟昭鹏、闫雅娟：《从认知负荷视角探究翻转课堂——兼及翻转课堂的典型模式分析》，《远程教育杂志》2014年第1期，第105—112页。
⑤ 何克抗：《从"翻转课堂"的本质，看"翻转课堂"在我国的未来发展》，《电化教育研究》2014年第7期，第5—16页。

改革和发展中的支撑与引领作用。"然而，高等师范院校在开设现代教育技术课的过程中遇到了一些问题：学习者的基础参差不齐，难以因材施教。教师需要思考应该采取什么教学方法满足不同专业学生的学习需求，并能使学生最大化地吸收学习内容。教学内容多、课时少，教师应该如何进行课堂设计，才能既将理论知识有效传授，又能留有足够时间让学生实践。本研究在××高等师范院校从汉语言专业、历史专业、音乐专业、数学专业随机抽取100名已经学习了《现代教育技术》公共课的学生发放问卷，调查学生学习此课程时的重视程度、学习态度和动机、师生课堂角色情况、学生对教师教学与课程考核的评价、学生对此课程学习后自己能力提升的评价等。调查结果显示，教师在授课方面的问题为教学模式呆板单一、教学设计有待提高、重视作业程度不够、师生关系冷漠、期末试卷考核单一等；学生学习方面的问题为学生学习兴趣不高、对此课程的重视程度远远不够、学习资源不足、自我控制能力差、能力有所提升但不够明显等。

总而言之，《现代教育技术》课程在提高学习者兴趣、课堂交互、教学质量等多方面存在不足，急需新的教学模式来改善这种教学情况。而翻转课堂作为一种新型的教学模式，怎样才能使其更好地在高校教学实践中应用起来，是值得不断进行研究的。鉴于此，本研究将《现代教育技术》与时下流行的翻转课堂教学结合起来，探索翻转课堂教学模式在《现代教育技术》课程中的具体应用。

六 翻转课堂本土化教学模式的建构

（一）国内外现有翻转课堂模式

美国学者格斯坦（Gerstein）[1]于2011年构建了翻转课堂的教学模型，认为课堂学习应该分为四个阶段，分别为 Experiential Engagement（体验学习阶段）、Concept Exploration（概念探究阶段）、Meaning Making（意义建构阶段）以及 Demonstration & Application（展示应用阶段）。格

---

[1] Gerstein, J., The Flipped Classroom Model: A Full Picture, 2011.

斯坦翻转课堂模型如图 8—1 所示。

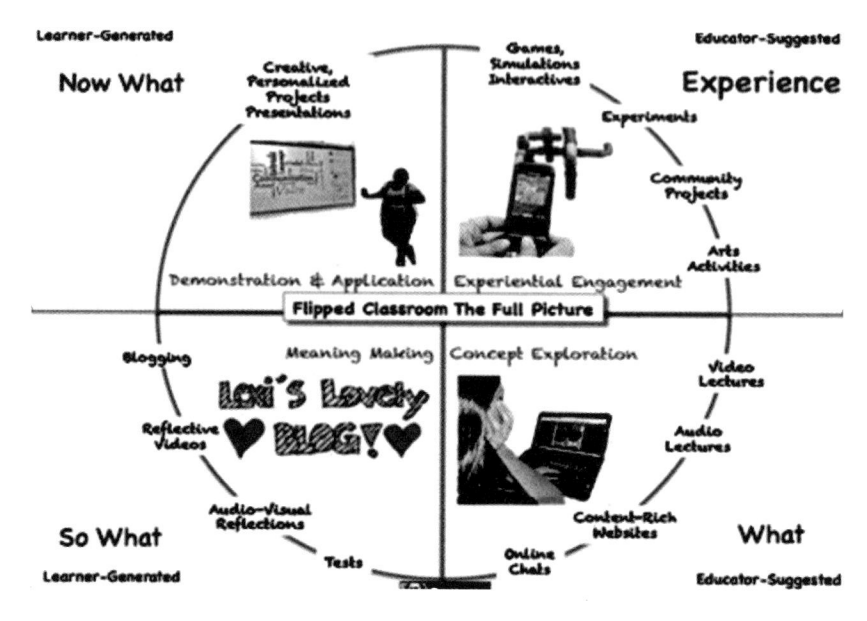

图 8—1　格斯坦翻转课堂模型

富兰克林学院的罗伯特·塔尔伯特（Robert Talbert）教授[1]，在多年教学实践中应用翻转课堂，并总结出翻转课堂模型，实施后发现教学效果良好。该模型简要地描述了翻转课堂实施过程中的五个主要环节，包括观看教学视频、指导性操作、快速简单地评价、以问题为导向促进知识的内化、汇报/反馈，并提出此模型适用于理科类的操作性课程。罗伯特·塔尔伯特翻转课堂模型如图 8—2 所示。

张宝辉等[2]在罗伯特·塔尔伯特教授翻转课堂模型的基础上，根据翻转课堂的内涵以及建构主义学习理论、教学设计理论完善了翻转课堂教学结构，主要由课前学习和课中学习两部分组成，课中是以问题为导向，注重个性化学习环境的建构和协作学习，并提出"信息技术和活动学习

[1] Robert Talbert, Flipped Learning: A Guide for Higher Education Faculty, 2017.
[2] 张金磊、王颖、张宝辉：《课堂教学模式研究》，《远程教育杂志》2012 年第 4 期，第 48—53 页。

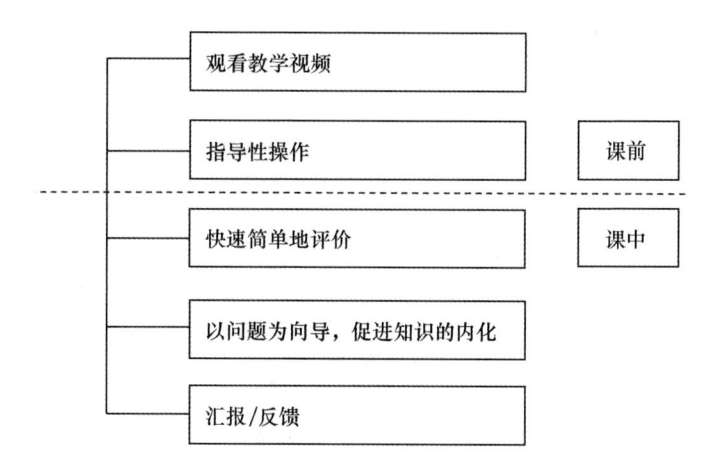

第八章 翻转课堂本地化教学模式建构 / 183

图8—2 罗伯特·塔尔伯特翻转课堂模型

是翻转课堂学习环境创设的两个有力杠杆"。张宝辉等翻转课堂模型如图8—3所示。

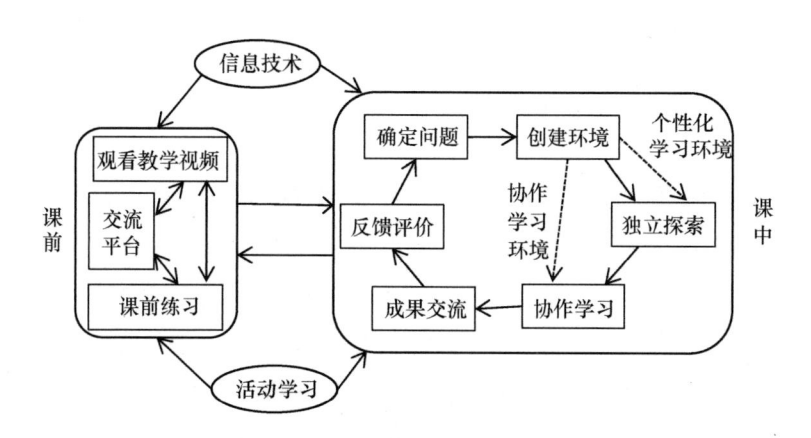

图8—3 张宝辉等翻转课堂模型

钟晓流等[①]将翻转课堂理念、教学设计与中国传统文化中的太极思想相融合，构建出太极环式的翻转课堂模型。此模型为翻转课堂本土化模

---

① 钟晓流、宋述强、焦丽珍：《信息化环境中基于翻转课堂理念的教学设计研究》，《开放教育研究》2013年第1期，第58—64页。

型建构和实践应用提供了理论参考，同时也能够很好地体现师生之间的教学相长与和谐共济。钟晓流等翻转课堂模型如图8—4所示。

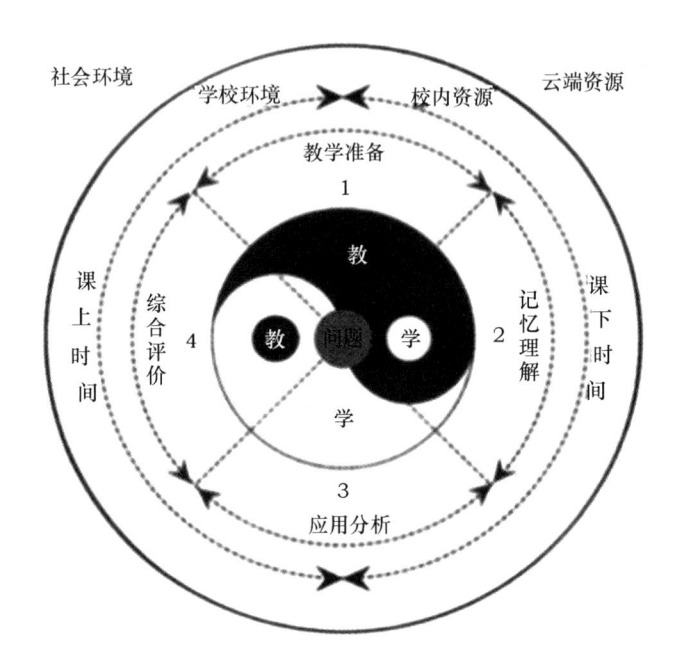

图8—4 钟晓流等翻转课堂模型

上述国内外现有翻转课堂模式是在罗伯特·塔尔伯特教授的翻转结构模型基础上，融合中国的传统文化、相关理论以及多年教学实践进行重新构建的模型。这些模型主要有以下几个特点：第一，每个环节叙述详细，一目了然，教师在上课中具有可操作性，环节之间也具有连贯性与层次性；第二，融合了新理念，如中国传统文化中的太极思想、建构主义理论、认知负荷理论等；第三，给学生提供一定的学习平台，如博客、交互白板、Moodle 平台等；第四，课堂教学活动多样，比如 PBL 教学方法、抛锚式教学方法、支架式方法等；第五，这些翻转课堂模式可以运用在不同的学科中，例如数学、英语、信息技术、Flash 等课程。

（二）翻转课堂在高等师范院校中本土化的必要性分析

翻转课堂教学模式被国内的学者和一线教师广泛使用在各种学科中，

在此基础上，本研究结合众多专家提出的模式与相关理论，也建构了高师院校翻转课堂模式①，随后在为期一学期的实验中发现，模型中的课前模式有一些弊端。如果将翻转课堂应用到高师院校的教学中，就需要将其模式进行本土化。第一，高等师范院校的办学理念是为基础教育输送合格教师，高师院校提前安排学生与基础教育的教学改革和先进的教学模式对接是很有必要的。如果师范院校的教师在教学内容和方法上运用翻转课堂模式，并结合专业性质和学科特点将翻转课堂本土化，那么学生就会提前从教学管理、教学环境等方面受到熏陶，促使他们在潜移默化中树立翻转课堂教学理念，很好地应用在未来的教师职业之中。第二，根据艾宾浩斯记忆遗忘曲线和记忆特点，并结合高师院校的课程安排设置，翻转课堂教学模式需要调整和重新构建。根据艾宾浩斯记忆遗忘曲线，学生在不复习的情况下，对于无关联记忆材料在1天之后的记忆量仅为33.7%，对于相关联记忆材料在1天之后的记忆量为70%。高师院校学生课业任务重，大多数学生只是匆忙看完课前学习资料，没有足够时间进行复习，造成课上合作完成任务时遗忘很大，部分学生只能又利用上课时间复习。根据加涅的信息加工模型，短时记忆的容量有限，即5—9个项目。因此内容需要经过复述、精加工、定时复习等才可以转入长时记忆系统。类似于计算机基础、Photoshop、CAD等的操作类的课程，操作步骤难记，操作过程比较复杂，学习工具多样、难于区别，要求学生不仅上课能耐心听讲，课后还需要花费时间和精力学习，才能将知识内容转化进入长时记忆。第三，翻转课堂课前模式需要占用学生的课余生活，而高校本科生时间管理存在不足，导致翻转课堂难于实施。时间管理就是强调对学生学习、生活质量的提升和管理，通过计划、组织、协调、控制等手段，控制各项任务有序进行，编排任务的次序，取得各项工作的最佳成果。大学生的课余时间是有限的，学生一天会面对很多的事情，重要的、次要的、紧急的、可有可无的……这就需要根据重要性考虑处理先后的问题。通过调查，有80%的学生认为课前学习资料花

---

① 李志河、刘志华：《高职院校3D Max课程中的翻转课堂教学设计》，《现代教育技术》2014年第4期，第33—39页。

费时间少,应该将其放在既不紧急又不重要的事情之中,更有的同学到上课的时候依然没有学习,导致翻转课堂的课堂设计无法实施。综上所述,从高师院校的办学理念和培养计划、翻转课堂在高校实施中存在的问题以及学生的时间管理困难等方面看,翻转课堂运用在高师院校必须进行本土化。

(三)翻转课堂本土化模式建构

张宝辉等人的翻转课堂模型中,将翻转课堂教学分为课前和课中两个环节;钟晓流等人的翻转课堂模式将教师"教"的过程与学生"学"的过程明确分离,并在此基础上还增加课后环节,用于师生的共同反思,并详细构建每个阶段"教"与"学"的过程,使其更具有操作性,进而实现翻转课堂的本土化。由于课堂时间有限,教师与学生之间难以作出有效评价和系统性反思,急需课后环节来对翻转课堂模式进行补充,这有助于教师依据反思结果对教学计划作适当调整。本模型与国内外其他模型比较,有着自己的特点。美国翻转课堂与中国本土化模式的比较如表8—1所示。

表8—1　　　　　　中国本土化模式与美国翻转课堂的比较

特点	中国本土化模式	美国林地高中
教学流程	采用课前、课中、课后	课堂内外翻转
教学资源	微视频、知识地图、导学案等 手机、笔记本、平板电脑	教师设计制作微视频 学生自带学习设备
教育理念	以学生为中心、个性化教学	以学生为中心、差生补课
文化差异	中国特色素质教育	美式教育
教学效果	培养学生的学习技能,实现终身学习	降低不及格率、提高发散思维
考核方式	平时成绩+期末考试	期末考试/画漫画/写电脑游戏/做课题……

此本土化模式与国内学者建构的模型相比,也具有创新的特点:第一,将教学模式分为课前、课中以及课后三个阶段。课前增加了"知识地

图"与丰富的学习资源，建立清晰的导航体系，学生不会在众多学习资源中迷失方向。增设了"知识拓展"过程，这样可以实现分层次教学。对于学习较好的学生，可以提供知识拓展来解决"吃不饱、不够吃"的问题；对于能力较弱的学生可以通过巩固、练习来加深对知识的理解。第二，重构和谐的师生关系。本模型在每个环节都能体现教师主导、学生主体的教学理念。尤其在课中环节，教师可以参与到学生的讨论中，也可以给学生实时的个别辅导，与学生共同学习、共同讨论，可以有效减弱教师的权威性，成为学生的良师益友。如果模型用于中小学教学中，课前、课后家长可以进行监督，参与学生的学习，了解孩子的学习情况。同时，家长也可以实时地跟教师进行沟通、交流，形成"家长—学生—教师"的交互模式，这样可以更加全面地促进学生的发展。第三，教学流程更加详细，易操作。本模型将教师的"教"与学生的"学"的活动明确分离，师生能够清晰地知道自己在课前、课中、课后每一个环节具体要完成的内容，这样分工明确也利于督促学生完成学习目标和教师控制整个课堂活动过程。第四，教师评语评价更具人性化。本模型在课后阶段增设"评语评价"，弥补课堂时间有限，教师不能全面评价每个学生的课堂表现、作业完成情况。同时，教师应用评语评价会更委婉地指出学生不足，也会考虑到学生的自尊心。

1. 课前

课前，教师根据教学内容、现有资源、学生特点等进行课堂教学设计。随后根据教学设计录制微视频，微视频的类型有课堂讲授型、示范操作型、游戏学习型。但应该注意，一节"微课"可以有一个或数个相互联系的知识点，不要拘泥于一个知识点，而要服从"任务单"给出的任务。教学资源除了微视频外，还可以准备一些PPT、知识拓展、任务单、知识地图等。最后，将所有资源上传至学习平台上。课前教学模式，和课前预习相似，主要依靠学生在空闲时间自主学习，完成知识的初步吸收。课前，教师先根据教学内容进行教学设计，并录制微视频，制作其他的资源，上传到学习平台上；学生下载学习平台上的资源，将教师提供的知识地图作为导航，开展自主学习，主要为观看微视频、学习PPT、完成导学案，时间富裕的同学进行知识拓展，来达到内容的巩固和知识深度的提高。如果在学习过程中遇到问题，可以采取多种解决办法，例如在搜索引擎中寻找答案、回放微视频或再次查阅资源、通过聊天工具将疑问上传请教师讲解。教师将学生上传的疑问进行记录与整合，个别问题在网上个别辅导，共性问题课上共同研讨。翻转课堂的课前教学模式如图8—5所示。

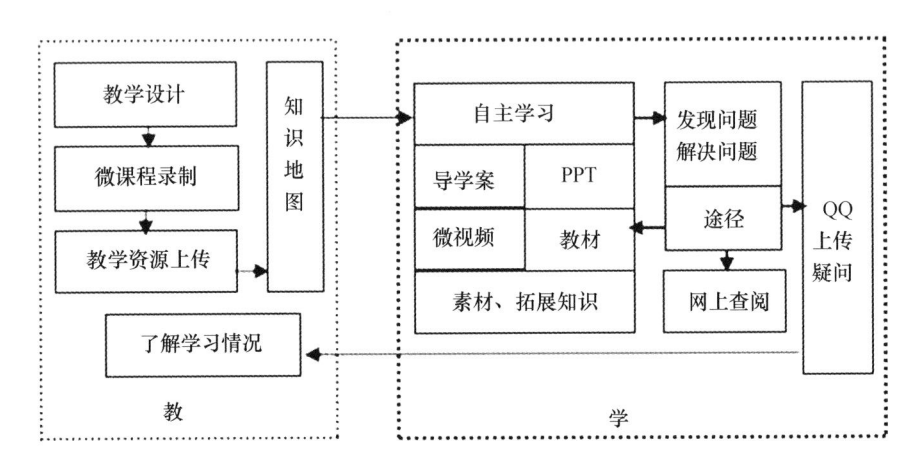

图8—5 课前教学模式

一般地，教师提供大量的资源，学生反而会束手无策，因此给学生提供清晰的知识地图是非常必要的。教师在 Mind Manager 或 Xmind 中先罗列所有知识点，并将知识点之间、知识点与素材之间建立链接。学生拥有这样的知识地图，就不会再在资源中迷失方向。教学视频可以由教师亲自录制或者使用网络上优秀的教育资源，例如，哈佛、耶鲁公开课，可汗学院课程，中国国家精品课程，大学公开课等。教师可以在资源库中寻找相关微视频，使学生领略其他院校优秀教师的课堂风采。在学生看完教学视频之后，需要回答导学案中提出的问题。在导学案中，首先要有学习目标和重难点，学生可以对照学习目标作出自我评价，从而进行查漏补缺；其次，设置问题导学，问题的设计要有层次，有逻辑，解决一个问题又是解决下一个问题的前提；最后，要有针对性地进行课前练习，以加强对学习内容的巩固，帮助学生将新旧知识建立联系，完成知识的过渡。学生还可以学习一些拓展知识，提高这部分内容的深度和广度，提高自己的能力。学生在阅读教材、观看视频以及做导学案的练习部分时，会遇到很多疑难问题。学生可以通过三个途径来进行解决。第一，学生可以重新翻阅教材，在课本中寻找知识的根源。或者将微视频回放重新听讲，依靠其他学习资源来解决问题。第二，上网解决疑问。网络资源如此丰富，学生可以通过查找资料，自行解决。第三，对于难于理解的内容，可以通过学习平台和聊天工具与教师共同探讨。

2. 课中

翻转课堂选择课前观看微视频，提前预习，有助于延长课堂学习时间。在课中再次进行学习，达到知识的内化和迁移。课堂活动的设计是整个翻转课堂的核心，也是学生有效学习的重要阶段。翻转课堂的课堂问题是由课前学生提出的问题，经教师进行归纳得出的。教师根据收集的问题将学生分成若干个小组，首先进行生生互助，在此期间，教师根据问题的特点可让学生进行多种方式的探究（PBL、案例、任务驱动等），同时根据课前学习情况适时提供个别指导。学生协作中共同存在的问题，需要教师给予帮助或师生一起讨论。学生探讨完问题后，针对具体任务，以个人或小组形式练习巩固。最后教师与学生开展成果交流会，比如展览会、报告会、小型比赛等。

在课堂上分为四个环节，即自主学习、协作学习、知识拓展、成果交流。从高校课程时间的安排上看，本科生一节课的时间为100分钟，根据教学内容，可以再将每个环节的时间进行预估计。课中协作学习与问题讨论环节，建立在自主学习环节之上，该模块教师根据学生提出的疑难点问题和提供的微视频，引起学生面对面的集体讨论以及教师的疑难讲解。知识拓展环节，可以采用案例教学，通过展示优秀案例激发学生学习热情，实现学生对任务问题的思考。最后，师生共同参与成果交流，采取学生汇报、小型比赛、报告会、展览会等方式，也可由小组将汇报内容进行视频录制，上传平台，实现新型的成果交流的翻转。翻转课堂课中教学模式如图8—6所示。

教师通过对学生课前提出的问题归纳出一些有探究意义的问题，制定学习任务单。学生根据兴趣选择相应的探究题目并自由组合进行协作学习。学生根据学习任务单中的任务，组内、组间集思广益寻找问题的

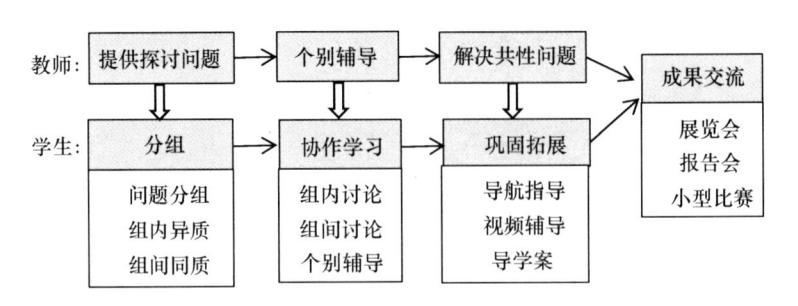

图 8—6　课中教学模式

多种解决方案，每个人分工明确，都积极参与其中，并随时交流判断自己想法的正确性、解决办法正确与否。教师可以随时参与到小组讨论中，必要时给予引导和帮助，还需要监督学生，防止讨论偏离主题。学习任务单中的任务要密切联系实际，综合所有知识点，学生可以根据教师提供的素材完成，也可自行上网搜集资源协作完成。学生经过一系列的协作探索，任务完成之后，向同学和教师积极展示自己的作品，分享制作的成功与喜悦。师生可以共同组织展览会、小型比赛或画概念图等，也可以邀请家长、其他学校师生参与。除此之外，还可以进行翻转汇报，学生自行将汇报内容录制成微视频，上传至学习平台，师生课堂上进行讨论评价。

3. 课后

课后，师生需要对课前、课中的表现或成果作出评价和反思，自我评价、小组评价、教师评价可以从如下几个方面进行：学生的学习态度、自主学习的表现、小组协作的贡献、任务完成的情况、成果展示的效果等。经过课前和课中两个模块的学习，学生是否对学习内容有了整体上的把握和理解，需要在课后模块中学习评价和自我反思环节进行验证。同时，师生都需要自我反思，思考问题的原因和解决的办法，教师针对学生学习情况，调整教学计划，改变教学方法。教师将各组的学习成果进行评语点评，并写教学反思。最后，教师需要将学生的评价记录表、课程成果、教师评语、博文等作为学生的阶段性成果妥善保存。课后，既是此次课堂内容的结束，也是下一个教学流程的开始。翻转课堂的课后教学模式如图8—7所示。

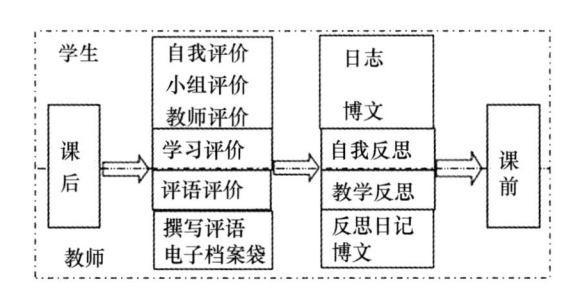

图8—7 课后教学模式

课后反思包括五个阶段。（1）自我反省阶段，是反思的开端，起着重要的作用。学生需要反省自己的学习过程，教师需要反省自己的教学过程，比如最近的学习情况、学习方法、学习目标完成情况、教学情况、教学方法、教学目标完成如何等。（2）自我判断阶段，师生自我评判第一阶段的反省内容，如目标是否完成、方法是否适合、态度是否端正等。如果以上评判都符合要求，就进入第五阶段；如果认为不合理，就进入第三阶段。（3）发现问题阶段。学生意识到问题的存在，明确问题的情境，通过分析现象，查找出现此类问题的原因。（4）制定解决办法阶段。通过查找大量新的信息，拓展知识的深度和广度，来完成知识的补救，同时去制定解决问题的策略和突破口。（5）总结提高阶段。师生通过一系列的反思过程，需要去总结自己获得的经验、问题突破的方法从而优化自己的认知结构。

七 案例研究

（一）研究对象

本研究以2013—2014年第三学期学习《现代教育技术》公共课的2012级化学与材料工程专业两个班级进行为期两个月的实验研究，其中1班41人作为实验班，2班40人作为对照班。经过前期的访谈了解到，两个班级的学生均没有系统学习Photoshop，学校仅开设了计算机基础这门课。本研究对两个班级学生的计算机基础成绩进行SPSS独立样本t检验，结果显示实验班和对照班学生的平均分分别为 80.70 和 81.08。虽然对照班的平均分高于实验班,但是两个班级学生的成绩没有显著差异（P = 826 > 0.05）。学期末,对实验班的学生发放了 40 份问卷,分别对课堂学习情况、课后反思情况、考核评价制度以及翻转课堂应用总体情况进行调查,教学内容选取《现代教育技术》实验项目五——数码图像的编辑。

（二）课前设计与实施

课前,实验班教师根据教学内容、现有资源、学生特点等进行微课程的设计与制作,利用 Xmind 制作知识地图。最后将所有的资源上传到 360 云盘供学生随时下载。学生根据班级统一的 360 云盘账号和密码登录,下载提供的数码图像编辑学习资源,进行学习。随后,模仿教师的操作与提供的素材,进行实践练习。将学习遇到的疑问先自行解决,不能解决的通过 QQ 上传给教师。对照班依然采用只提供教材和导学案的方式,让学生自主预习。以"数码图像的处理"为例,Xmind 制作的知识地图如图 8—8 所示。

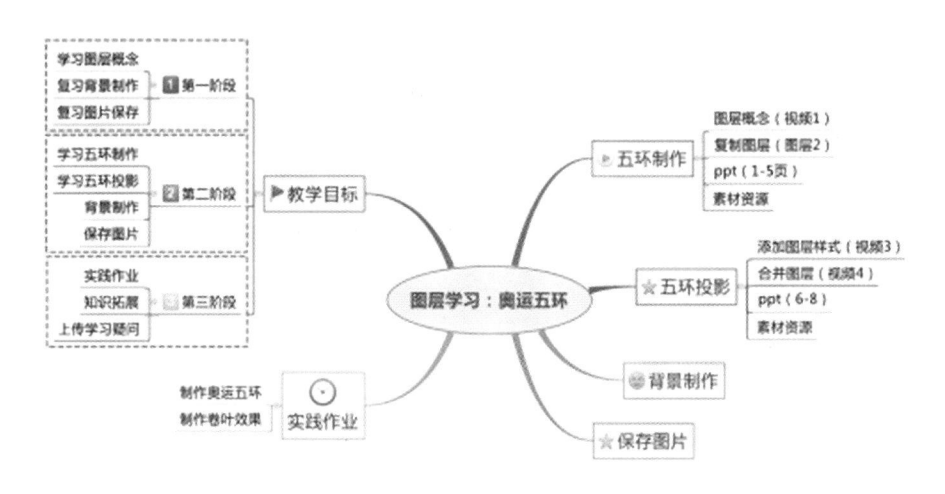

图 8—8　知识地图

1. 前端分析

（1）教学内容分析

我们采用的教材是由李志河主编,清华大学出版社出版的《现代教育技术》①。教材内容分为八章。前七章为基础理论部分，可以综合概括为概述、学习资源的制作与应用、教学设计与课程整合、四大应用案例；第八章为实践部分，共有四大实践内容，分别为多媒体综合教室的基本操作、教学资源的获取与处理、教学软件操作（PowerPoint、Flash、Photoshop、Dreamweaver）、微格教学技能训练。书中内容丰富，案例多样，每章为学生提供了重难点讲解和导入主题，适合学生开展自主学习。教师作必要的协助和引导，旨在为师范生打好坚实的理论基础和获取广泛的实践经验，促使其形成正确的教学观和学生观，为以后的教学工作提供有效的保障。

（2）学习目标

《现代教育技术》是我国师范类院校专科学生、本科学生、教育学硕士研究生的公共必修课程之一，要求学习者能掌握基本理论知识、基本方法、教学设计与基本实践技能。该课程的教学目标从以下四个方面叙述，一是认知目标，通过课程学习，学生能够掌握所有知识点，能够在每一章学习之后，总结出每章的知识地图，能够独立完成每章的思考题；二是实践能力，通过学习，学生能够掌握多媒体综合教室的操作、教学网站的设计与制作、能进行课程的教学设计、Flash 与 Photoshop 等软件的基本操作；三是合作精神，在课程学习中，采用翻转课堂教学模式、小组合作的学习方式，在潜移默化中培养学生的团队意识，加强学习的主动性、积极性；四是正确的教学观和学生观，作为师范生——未来的一线教师，应在课程的学习中，形成正确的教学观与学生观，为以后的教学生涯奠定坚实的基础。

以《现代教育技术》实践环节"数码图像的处理"为例，利用 Photoshop 制作奥运五环，主要学习图层的概念、复制（合并、移动）图层、添加图层样式、保存图片、背景制作等。其中将合并图层、添加图层样式作为这节课的重点讲解内容。从初始能力来看，高师院校学生已经熟练掌握了基本的计算机基础操作，对 Photoshop 的操作环境也学习了一个多月，已经学会基本的图形选择、移动、图章工具等的使用。这节课适

---

① 李志河：《现代教育技术》（第3版），清华大学出版社2019年版。

合采用案例教学，内容的趣味性能调动学生学习的兴趣，任务的驱动性能激发学生的潜能。而且高师院校学生经常接触计算机多媒体和聊天工具，能快速学会使用该课程所使用的学习平台。在学习内容上，能够自行分析出 Photoshop 制作奥运五环需要的几个操作，包括添加图形、颜色填充、自由变换、复制图层、添加图层样式、合并图层以及保存图片；在操作上，能够学会制作奥运五环，以及结合素材资源完成实践作业；在应用上，能够灵活使用上述步骤制作出奥运五环，并能够将学习到的内容运用到数码图像的编辑中，提高学生的审美能力。

2. 微课程的设计与开发

微视频的制作要求内容模块衔接、时间长度短小，学习目标明确，视频的内容要有吸引力，这样才能激发学生持续学习的动力。因此，要根据学生的生活习惯和兴趣，将教学内容分割出合理的模块，在案例的选取上也要和学生的生活环境息息相关。微视频资源制作一般有三个步骤，即教学内容分析、编写分镜头稿本、拍摄与后期制作。

（1）教学内容分析

教师在进行教学内容分析时，要思考视频中的知识应该包括哪些内容，我们应该如何将这些知识进行组块与整合。然后将这些知识点按照逻辑性进行归纳，整合成便于学生消化吸收的小组块，再制作成教学视频。《现代教育技术》的课时安排比较松散，因此，要创设一定的情境，使学生利用碎片化时间快速高效地学习。《现代教育技术》每个章节的理论内容相关性不大，实践内容中每个实验项目内容相对完整和独立。在划分知识内容时，要依据知识点的独立性及与其他知识点的内在联系，这样有利于学生形成完整的认知结构。在制作微视频时，教师将重难点讲解清楚，学生易出错的知识要多次强调。

（2）编写分镜头稿本

在微课程制作中，所谓分镜头稿本就是为了摄制的需要，将完整的原始教材内容材料设计划分为一个个小的分镜头。制作分镜头稿本能避免微视频制作过程中效果不理想而多次返工，不浪费时间与精力。如表8—2所示为以 Photoshop 图层制作奥运五环为例的微视频分镜头稿本。

表 8—2　　　　　　　制作奥运五环的微视频分镜头稿本

镜号	景别	画面	解说	字幕	备注
1	中景	背景+教师	本节课的教学目标：1. 学会图层的基本知识；2. 能制作奥运五环；3. 根据所学内容完成实践作业	本节课的教学目标：1. 学会图层的基本知识；2. 能制作奥运五环；3. 根据所学内容完成实践作业	教学目标阐明
2	特写	PS处理的照片与没有处理的照片对比	大家先来观看几组图片，谈谈你喜欢哪种？	第一组：在穿婚纱的新娘图片上加绿油油草地的背景 第二组：将清澈的湖面加上树、房屋的倒影	导入新课
3	中景	教师	上面的图片都是通过应用我们这节课所学图层来合成的	无	导入新课
4	近景	投影幕布内容	先来学习复制图层，打开一张素材图片	步骤：1. 打开图层面板；2. 选中所需复制的图层；3. 鼠标右击，选择复制图层	新课讲解
5	近景	奥运五环制作过程	思考奥运五环需要几个图层，每个图层需要放置什么内容，根据所给步骤先来自行操作	步骤：1. 制作环形，填充颜色；2. 复制4个图层，将每个图层填充颜色；3. 移动每个环形的位置	知识迁移
……	……	……	……	……	……

（3）拍摄与后期制作

在拍摄过程中，我们没有必要一定按照分镜头稿本从前至后顺序拍摄，往往是打乱顺序，分场景拍摄。这种拍摄方式虽然拍摄前期工作繁重，但在实际制作时，可以提高工作效率，节省人力物力财力。将拍摄好的视频采用蒙太奇的手法与目前流行的 Adobe Premiere 非线性编辑工具软件完成镜头的组接。在后期制作中，对于学习重难点或易错点要重点提示，如用屏幕画笔或者字幕的方式重点呈现，或提高教师的讲课声音，以引起学生的特别注意。对于操作性较强的教学内容，我们可以采用录屏软件（Camtasia Studio、Jing、Knovio、Screen Flow）来完成教学，拍摄效果比较清晰，这样的操作，学生更容易进行模仿。

3. 导学案的设计

导学案，是教师引导学生课前预习，在自学中发现问题、解决问题的一种学习方案，是完成学习目标的重要保障，能有效保证课中学习的顺利进行。导学案的设计，要体现教师对学生的因材施教，问题的设计要符合学生的"最近发展区"，还要考虑其知识的层次性和难易程度，让学生愿意去自主探索，可以鼓励优等生去挑战有难度的问题，激励中等生去激发潜能，鼓励学困生奋起直追。以"数码图像处理"为例，学习图层知识导学案的设计如表8—3所示。

表8—3　　　　　　　　　　　　图层导学案

		导学案	
自主学习	妈妈今天不在家，请帮妈妈把房间里的物品摆放整齐，并发挥想象，把你的房间设置成温馨的小屋	操作任务	达成目标
		把爸爸刚买的壁画挂到墙上，鲜花摆到餐桌上	移动图层
		把家里的垃圾清理掉	删除图层
		在床头柜上摆放两个一样的台灯	复制图层
		自由想象，装饰你的小屋吧	复习多种操作工具的使用
实践练习	打开素材文件夹下的"操场一角.psd"，根据要求完成练习，完成后保存文件 1. 将正在打乒乓球的小明，移动到乒乓球桌旁（移动图层） 2. 将篮球场地两边都安装一样的篮球架（复制图层、自由变换） 3. 将地上的香蕉皮扔掉，以免同学摔跤（删除图层）		
拓展提高	使用素材文件夹下的多种图片，结合学习的图层知识，制作一幅海报，介绍你的校园操场一角。完成后，记得保存文件哦		

4. 课前注意事项

为了提高课前预习的效果，保证课上学习的质量，我们需要从微视频的制作、教学资源的种类、软件工具、知识地图等方面引起注意。
(1) 教学微视频的设计与制作要遵循短小精悍的原则，时间控制在10分钟之内，知识点的讲解要全面准确，内容可以是一个教学问题、一个知识点或者一个主题。在后期编辑方面，我们可以给这些微视频增加暂停、回放等功能，学生可以在遇到问题时选择暂停以进行思考，错过细节时返回重听。在教师开发视频课程时，还需注意如何提高学生兴趣，使学生乐在其中。我们在教学资源的选择上不要仅仅局限在微视频上，还可以考虑一些教学课件、导学案、任务单等，但制作这些资源时，依然需要遵循短小精悍的原则，最后将所有资源上传至学习平台。(2) 给学生呈现的学习平台可以不同，例如 Moodle 平台、校园网、Wiki 等，但不要使用移动设备（U 盘、硬盘）或聊天工具（QQ、微信）等，以防资源信息丢失，学生也不便二次观看和及时复习。还可以使用课件制作工具（Articulate Storyline、Lectora、OutStart Trainer、Composica 等）、PowerPoint 插件工具（Adobe Presenter、Wondershare、Ispring、Microsoft Producer）、屏幕录像软件（Camtasia Studio、Jing、Knovio、Screen Flow 等）、内容展示工具（Prezi、Slideshare 等）。(3) 知识地图能引导学生有效地学习，不在众多的资源中花费太多的时间甚至迷失方向。将大量的资源与学生需要掌握的知识点建立联系，并保证所有的知识点都能够在知识地图中完整地呈现，它要求教师不仅需要在知识点之间建立联系，还需要将所有资源素材与知识点建立联系，以最大化地方便学生为目的，建立高效、便捷、系统的知识体系。

（三）课中协作与交流

实验班学生课上 100 分钟分成四个阶段。首先学生用 30 分钟时间讨论教师提供的共性问题，教师对学生中的个别问题进行个别辅导并对实践操作过程中较难的部分进行讲解。其次，学生利用所学知识，在 30 分钟内完成知识迁移的实践任务，达到知识的内化和知识拓展。学生通过协作学习，遇到困难可以求助教师与同学。教师在课堂上进行观察，对疑难问题进行指导。再次，师生利用 30 分钟的时间进行成果交流，即小组派代表，汇报完成情况，同时小组之间进行互评、教师对每个小组写出评语。课后，学生对学习过程进行反思。对照组采用传统教学模式，课堂上教师对学习内容作全面的讲解或示范操作；然后学生根据知识内容做相应的练习，或者根据教师的示范步骤进行具体的操作；最后，师生共同总结教学内容，教师对学生练习遇到的问题或错误操作进行纠正指导。

1. 任务单的设计

学习任务单就是教师根据学习目标结合教学内容，设计一些学习的任务，让学生在课堂上通过完成任务来达到知识的掌握，且任务要有层次性，以文本形式呈现在课堂教学中。[①] 翻转课堂的课中教学，应该每节课都设计学习任务单，并且符合学生的认知特点，努力从学生身边寻找与教学目标相关的、有价值的、可实施的社会实际问题。以"数码图像处理"为例，学习图层知识的学习任务单设计如表8—4所示。

表8—4　　　　　　　　　　　　学习任务单

学习流程	具体任务	难度系数
问题探究	Q1：使用图层制作与处理图片的原因 Q2：向下合并图层、合并可见图层、合并所有图层的区别 Q3：合并后的图层能否再次拆分成多个图层 Q4：图层混合模式有很多，如何进行选择使用	★★☆☆☆
任务驱动	任务一：小组协作制作奥运五环 （提示：新建图层—复制图层—移动图层—添加背景图层等）	★★☆☆☆
	任务二：制作书的卷页效果 （提示：新建图层—制作圆锥—填充渐变—自由变换—移动）	★★★☆☆
	任务三：给一套还未装修的小屋布置家具、安放家电、装饰点缀等，打造一个温馨浪漫的住房	★★★★☆
展示交流	各小组选派代表来展示小组成果（说明作品名称、创作意图、主要使用工具、遇到的疑难问题以及解决办法）	

---

① 杜星月、李志河：《基于混合式学习的学习空间构建研究》，《现代教育技术》2016年第6期，第34—40页。

2. 教学活动的设计

（1）基于问题的探究学习阶段

探究式学习是指在教学过程中，学生通过独立自主学习，并结合教师的启发引导和提供的讨论话题进行探究，学生能够在学习过程中提出自己的见解、质疑和与同学合作完成知识的建构和迁移的一种学习模式。基本步骤为教师提供相关的探究问题；自由形成小组，拟订探究与学习计划；创设学习情境，促进教学过程的顺利展开；主动形成解释、展示成果，评价结论、总结反思。在翻转课堂课中，教师提前提供疑问，学生自主选择探究问题，并依据个人的学习能力、储备知识以及兴趣爱好自愿组成小组，根据教师提供的素材展开激烈的讨论。教师也可以提供范例，学生有了初步的直观印象后，轻松愉快、主动地去解决疑问，完成任务，进而达到自身对知识的意义建构。

（2）个别化辅导阶段

个别化辅导是学生在学习中遇到疑难问题，自己无法解决或者知识没有学懂或理解有偏差时，教师专门对这类学生进行一对一的教学，具有针对性、高效性特点。翻转课堂的教师在课堂中的主要任务是指导学习者参与活动，观察和监督学习者在活动中的表现，在学习者遇到疑问时给予适当的帮助。教师在学生小组协作学习时随机走进学生群体中，参与学生的讨论，了解小组学习的进程，监督学生的讨论话题。在遇到困难和出现瓶颈时，教师及时给予帮助和指导，给学生一个支架，跳出思维的限制，达到更高的理解水平。

（3）任务驱动与合作学习阶段

合作学习是学生根据学习内容，小组共同合作完成教学目标的一种教学策略。其目的是培养学生的互助意识和合作的行为习惯，从而提高学习效率。它包括两个环节，一是分工学习，即将小组任务分割成一些小任务，组内成员各自承担一些任务并独立完成，最后成员之间再进行合作总结。二是讨论学习，即小组成员根据分工发现的问题展开讨论，给出自己的意见和建议，最后达成共识，进而解决问题。

（4）成果交流展示阶段

成果交流阶段，每个小组的成员选出代表展示合作学习的成果，将合作发现的问题和解决问题的注意事项与其他小组进行组间交流。同时，将小组成果共享到班级指定的平台。这一阶段，对于理论课的学习，可以采取头脑风暴的方式进行，全班同学在没有任何拘束规则的情况下，围绕一个特定的主题自由思考、畅所欲言，进而产生新观点和问题解决办法。这种方式可以提高学生的语言表达能力，促使学生敢于并善于表达自己的观点和看法，为未来成为合格教师提前做好准备工作。

（5）总结点拨阶段

总结点拨阶段，教师对所授知识进行系统化总结和点拨，学生能够弥补课堂学习中的不足。教师还对学生的课堂表现、问题解决途径、小组任务完成情况等多方面进行评价。

如图8—9，利用Photoshop图层实现奥运五环的制作，这节课从教师教的过程、学生学的过程、媒体的选择和利用来进行设计。其中，在教学方法的选择上，我们可以将翻转课堂与PBL、案例教学等相结合，以任务驱动来督促知识的建构。

图8—9 学生优秀作品展示

3. 课中注意事项

通过对课中学习环节的设计，以及汲取众多学者的实践经验，我们需要对教学方法、小组协作、任务驱动学习与课堂总结四个方面予以足够的重视，保证课堂教学的效果。（1）课堂有助于学生最大化地吸收知识，完成知识的内化。在教学方法的选择上，我们可以依据教学内容作出不同的选择。教师可以选择基于项目的学习、案例教学、研究性学习等教学方法，但一定要适合教学内容，能有助于学生理解知识，能激发学生学习的兴趣。（2）教师要合理地进行分组，"组内异质，组间同质"，即小组成员之间应该在家庭教育、性格、智力水平等方面存在差异，小组之间则反之。组内异质有助于小组成员发挥各自优势，合作互助学习；而组间同质是保证每个小组的水平尽量接近，有助于小组之间公平竞争，小组讨论顺利实施。为了达到学习目标，教师要制定讨论内容，并监督每个小组，防止偏离主题，小组选择汇报人员不能只是固定的一位，要做到人人参与。（3）任务驱动学习中的课堂任务布置要详细，并根据本班学生学习水平的不同层次，设计难度适中的教学任务。教师要进行个别辅导，帮助学生，不能过分高估学生的自学能力。当学生完成一定任务后，教师要鼓励他们去完成更具挑战性的任务，不要让学生在课堂上无事可做而浪费时间。在学生完成任务时，教师可以参与到他们的学习中，及时发现学生的困难，引导学生顺利完成任务，增强学生的自信心。（4）课堂总结是整个教学过程的一个升华，是引导学生纠正错误认识，彻底吸收并掌握知识的一个重要环节。有效的课堂总结，学生能从中得到启迪，对课堂教学进行归纳梳理，留下一个整体印象。课堂总结可以采取归纳点睛式的总结、引申式的总结、激励式的总结、游戏式的总结、竞赛式的总结等。

（四）课后评价与反思

1. 课后评价设计

本课程采用过程性评价和总结性评价相结合的评价考核制度，平时成绩（出勤、课上讨论参与性、成果交流积极性）占20%，小组作业占20%，期末理论成绩占30%，课后反思（写博文）占10%，期末作品占

20%。课堂表现部分由教师、组员和学生自己三方进行评价,取综合得分。自我评价主要评价自己对于知识的掌握程度、课前自主学习任务完成情况、课堂讨论参与度等方面;小组评价包括组内评价和组间评价,组内评价是评价组员之间的默契程度、每个人在学习过程中的贡献程度等,组间评价主要是指出别的小组作品或表现的优点、需要改进的不足;教师要尽可能做到客观公平地评价每位学生,学习者平时表现、提交作业情况、小组成果、课前学习情况等都可以作为评价标准。教师的评价能够给学生以鼓励和提醒,增强学生刻苦努力学习的动力。在作品交流课后,教师要给每个小组的作品写出评语,可以鼓励其优秀的地方,也要指出需要改进的不足。

2. 课后反思

《现代教育技术》公共课的考核中利用博客写学习反思占到综合成绩的 10%,旨在培养学生的反思能力,有更多的进步。学生反思内容多是学习内容、翻转课堂模式、学习方法等。例如,课前是否完成自主学习,遇到的问题是否和教师进行了有效交流;课上是否积极参与讨论,是否将任务单的任务全部完成,拓展训练阶段,自己的小组分工任务是否完成,对作品的贡献在哪里;根据学生与教师的评价,分析出产生这样结果的原因以及思考如何去改进。教师教学反思主要分析自己教学过程是否恰当,教学设计与教学策略实施如何,教学行为和教学结果出现的原因。通过反思,教师能够在教学观念、教学行为、教学水平上得到快速成长,形成自己的教学风格,尽快成长为骨干型教师或教学能手。

3. 课后注意事项

通过课前预习、课中协作,完成知识的内化后,我们还应该注意课后的评价与反思环节。(1)在自我评价中,存在很多问题。比如,有些学生怕自己的最终成绩不如别人,非常容易过高地评价自己,或者是看到部分学生的作品非常好,突然觉得自己的一无是处,而给了自己过低的分数。因此,学生应该认真对照自我评价表中的项目,给自己一个真实而客观的评价。小组评价能够弥补自我评价的不足,使学生更好地了解到别人眼中的自己的成果,有利于发现不足与错误。人不仅要自己认识自己,还要明白自己在别人眼里是怎样的,才能更好地反思自己。教师在评价学生作品时也要严格按照与学生评价相同的标准，认真公平地对待每一位学生的作品，给出合理的评价。在使用评语式评价时，要以宽容的态度接纳学生们存在的问题。（2）反思作为教师教学后有效的补救措施之一，应该在广大一线教师中推广使用，同时反思也可以提高学生学习效率。因此，师生应该在课后花费一些时间开展反思，学生对学习上存在的问题、最近的学习表现、知识的查漏等方面反思，教师根据学生的自我评价和学生评价的结果，详细分析了解每一位学生的不足、学习态度以及出现问题的原因，提出具体的解决措施。通过反思，教师调整教学进度，学生调整学习态度，最终提高教学的效果。

（五）数据分析与讨论

1. 翻转课堂教学模式对学习者学习成绩的影响分析

为了探究"翻转课堂"教学模式对学习者学习成绩的影响，选取作为对照组的高师院校化学与材料工程专业 2 班《现代教育技术》课程的 40 名 2013 级本科生的期末总评成绩，选取作为实验组的同专业 1 班《现代教育技术》课程的 40 名 2013 级本科生的期末总评成绩，将 1 班与 2 班的学生成绩以每 10 分分一个划分段，比较分析两个班级各个分数段人数分布情况，如图 8—10 所示。

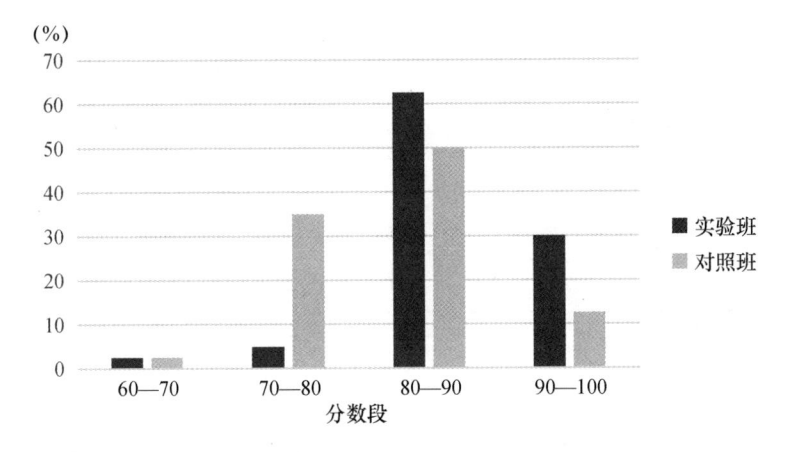

图 8—10 学生成绩分布统计

从总体来看，实验班的学生明显比对照班的学生优秀，两个班级中90分以上的优秀率相差17.5%，80分与90分之间的学生人数两个班相差12.5%，实验班学生80分以上的占到全班的87%，而对照班仅占到63%。从这些数据表明翻转课堂模式对学生的整体成绩提升有显著成效。通过对比分析，我们还发现课前和课后的分层教学，能够提高学生的整体能力，使成绩中等的学生的潜在能力得到发挥。

学生学习《现代教育技术》公共课17周后，对学生进行了理论课考核和实践课考核。其中，理论课考核共两道题，分别为结合本专业写教学设计、给本书制作概念图；实践课考核共三道操作题，分别为基本操作、能力提升与自学创新。其中，基本操作为上课所学内容的简单操作；能力提升为将所学内容中多个知识点的结合操作，要求图片整体美观；自学创新为现场给学生未学过的资料，学生通过自学设计出不限主题的图片。随后，利用SPSS的Z检验，对两个班级考核的每种类型题目成绩进行了差异性分析，分析结果如表8—5所示。

表8—5 《现代教育技术》实验课学习成绩方面的差异性检验

类别	实验班（1）班 均值 x_1	实验班（1）班 标准差 s_1	对照班（2）班 均值 x_2	对照班（2）班 标准差 s_2	差异性Z-test（Z值）
教学设计（15分）	13.18	2.41	12.33	2.52	2.42
制作概念图（20分）	17.40	2.16	17.30	2.18	0.80
基本操作（15分）	14.32	1.78	13.94	1.89	1.27
能力提升（20分）	17.33	2.13	16.58	2.84	2.14
自学创新（30分）	26.10	2.55	23.95	3.75	5.43
总成绩（100分）	88.33	2.21	84.10	2.64	12.15

注：$Z<1.96$，差异不显著；$1.96<Z<2.58$，差异比较显著；$Z>2.58$，差异非常显著。

从表8—5可以看出，理论课考核的教学设计，实验班均值13.18分，对照班均值12.33分，传统课堂的平均分略低于实验班，Z值为2.42，介于1.96和2.58之间，故差异比较显著；制作概念图中，我们能清晰地看到二者均值和标准差几乎一样，Z值为0.80，远小于1.96，故两者差异不显著。实践部分考核中，基本操作，实验班均值14.32分，对照班均值13.94分，虽然传统课堂的平均成绩有所下降，但Z值1.27＜1.96，P＞0.05，表明二者差异不显著；能力提升，实验班学生成绩略有提升，Z值2.14＞1.96且2.14＜2.58，P＜0.05，表明两个成绩的均值之间差异比较显著；自学创新，实验班均值26.10分，对照班均值23.95分，显然传统课堂的平均成绩低于翻转课堂的成绩，并且Z值5.43＞2.58，表明两个成绩的均值之间差异非常显著。从总成绩方面看，实验班总平均分88.33分，对照班84.10分，Z值12.15＞2.58，两个班级存在非常明显的差异。因此，传统课堂与翻转课堂教学模式相比，两者在制作概念图和基本操作中不存在差异，学生对于基础知识方面的掌握都能达到学习目标，但在教学设计、能力提升与自主创新方面，翻转课堂教学模式能更好地培养学生的知识迁移能力和自学创新能力。

2. 学生对翻转课堂教学模式看法的调查问卷分析

为了进一步分析该教学模式在高师院校的应用效果，向实验班40名学生发放问卷，了解学生对翻转课堂模式、翻转课堂提升能力、课前使用云盘与QQ学习平台进行自主学习、课内教学活动是否安排合理、课后评价与反思是否能补救知识、课程考核是否喜欢等方面的看法，并多角度进行了统计和分析。调查问卷由课前问卷、课中问卷、课后问卷三个部分组成，每份含有20个单选题和1个主观性问题。

（1）学习者对翻转课堂教学模式的看法

在课程结束之后，通过调查问卷对学习者对"翻转课堂"教学模式的看法进行了调查，结果如图8—11所示。喜欢"翻转课堂"教学模式的学习者占到83.33%，并且有62%的学习者认为"课前自主学习，课中协作学习或完成任务，课后进行反思的教学方式有助于知识的深度掌握"。分析图8—11中的数据和学习者的建议可知，多数学习者认为这一模式能很大程度上提升自己的能力。但从课堂观察发现，实验班的学生在开学前两周对翻转课堂教学模式有抵触情绪，在后面的几周才慢慢适应这一上课方式。总之，翻转课堂的开展需要一个长期的过程，学生才能慢慢转变固有的上课习惯，喜欢上这种教学模式。

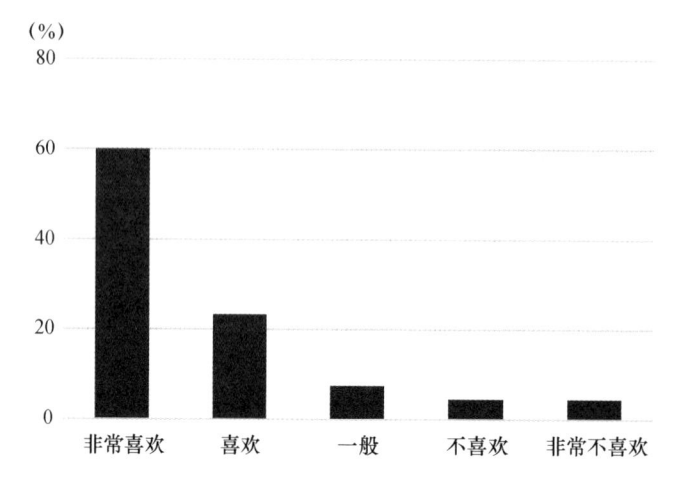

图 8—11　学习者对翻转课堂教学模式的看法

（2）学习者对课前环节自主学习的看法

通过对课程调查数据进行统计分析，探究学习者对翻转课堂教学模式的课前环节使用云盘与 QQ 学习平台的看法，研究结果如图 8—12 所示。

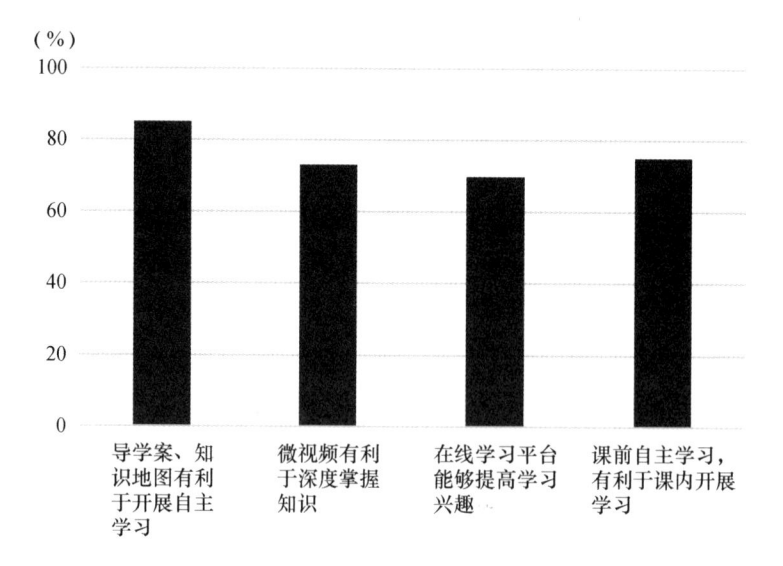

图 8—12　课前环节自主学习的看法

研究结果表明，通过使用学习平台开展课前学习，学生对这种模式持积极的态度，其中有 85% 的学生认为"导学案、知识地图有利于开展自主学习",有 73% 的学生认为"微视频有利于深度掌握知识",有 69.7% 的学生认为"在线学习平台能够提高学习兴趣",有 75% 的学生认为"通过课前自主学习,有利于课内开展学习"。

(3) 学习者对课中环节教学活动能否提升学习能力的看法

在课程结束后,通过调查问卷对学生学习能力进行了调查,基于问卷得到的数据,利用统计分析软件 SPSS 进行处理和分析,统计结果如表 8—6 所示。

表 8—6　　　　　调查学习者对翻转课堂提升能力的看法　　　（单位:%）

看法 能力	非常有利	比较有利	一般	不利	非常不利
探究能力	7.5	25.0	62.5	2.5	2.5
实践能力	10.0	42.5	45.0	0	2.5
自学能力	37.5	55.0	2.5	2.5	2.5
沟通能力	7.5	22.5	67.5	0	2.5
问题解决能力	7.5	52.5	35.0	2.5	2.5

从表 8—6 可以看出,此模式实施之后,有 52.5% 的学生认为实践能力得到了显著提升,92.5% 的学生认为提高了自学能力,60.0% 的学生认为提高了问题解决能力。这说明,采用翻转课堂能够锻炼学生的时间管理能力、实践动手能力、对信息加工与处理能力。但翻转课堂却在基础知识的深入掌握、沟通能力方面没有对学生产生显著提升。也有同学认为与以前上课相比,他们能够集中精力认真学习,能够将前后学习的知识联系起来,能够将学到的知识与本专业的学科进行有效联系,能够通过小组研讨的方式提高团队协作能力,能够有效地缓和师生关系。

(4) 课程考核是否喜欢

本课程的评价采用过程性和总结性评价相结合的方式进行,在出勤、课上讨论参与性、成果交流积极性这些方面的平时成绩占 20%,学习成果占 20%,期末成绩占 30%,课后反思(写博文)占 10%,期末作品占 20%,具体所占百分比如图 8—13 所示,学生对考核评价合理性的看法如

图 8—14 所示。

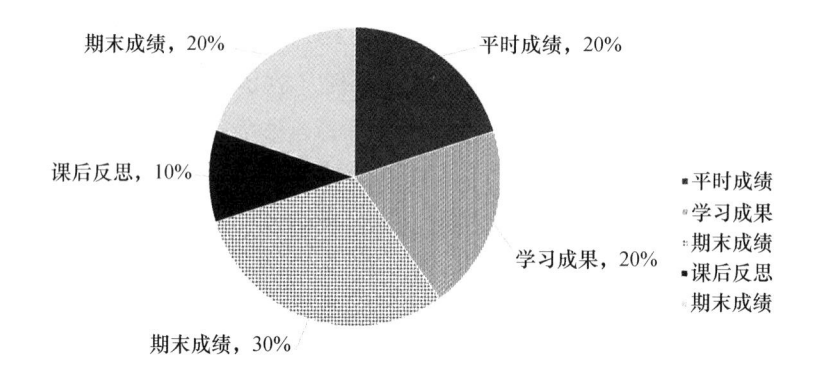

图 8—13 实验课评价考核比例

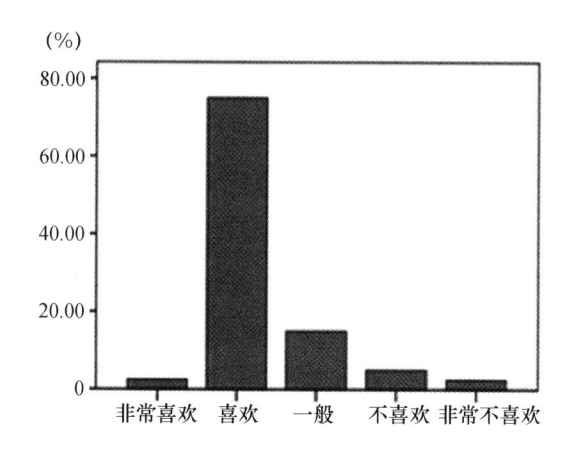

图 8—14 学生对评价考核制度的看法

从学生对评价考核制度的看法看，有将近 80% 的学生喜欢这一评价方式，认为过程性评价能及时地反映学习中的情况，促使他们经常进行反思和总结。通过记录学生在整个学习过程中的点滴经历，包括学习中的问题、解决的办法以及最终的成果，激发学生持续学习的动力，在学生的全面发展中起到良好的效果。这种评价方式不仅能使学生发现自己的优点和不足、劣势与强项，同时也能督促教师反思教学方法，不断改进教学设计，找到教学的不足。

3. 课堂观察结果分析

为了更好地了解两种教学效果对学生的影响，助教随堂记录了学生在学习过程中的学习情况，记录学生询问教师的次数以及主要知识点。以"数码图像处理"中图层知识的课堂记录为例，结果如表8—7所示。

表8—7　　　　　　　　　　学生询问课堂观察

班级	询问次数	主要知识点
实验班	18次	多种选区工具，不知如何选择
		不知选择哪种橡皮擦能擦出透明色、背景色等
		合并图层的三种方法分别适合的环境
		如何添加蒙版（知识拓展）
对照班	37次	找不到使用工具
		不会使用历史记录
		未选中图层进行操作
		图层复制后如何换色

我们看表中数据，实验班学生询问次数为每节课18次，对照班询问次数为每节课37次，实验班学生提问次数明显低于对照班，而从所询问的问题的复杂程度来说，实验班学生的问题更具有探究性和劣构性，对照班学生的问题80%属于基础知识。通过观察，还能发现在采集信息方面，实验班学生思维敏捷，发散思维活跃，对照班学生查找信息的方式单一，速度较慢；在自主学习方面，实验班学生具备独立思考、积极动手操作的能力，对照班学生自主能力不强，不善于动手操作；在合作学习方面，实验班学生任务分明、分工协作、善于合作，对照班学生课堂秩序乱，合作意识不强；在表达方面，实验班学生课上积极交流，表达自己的思想，对照班学生整个课上交流机会少，缺乏有效的沟通。

4. 学生博客反思分析

在学期末，学生从自己的学习情况和学习效果两个方面在博客中进行反思。博客反思的主题主要围绕翻转课堂课前自主学习存在的问题、课中教学活动存在的问题、课后评价存在问题以及翻转课堂优点和缺点等,随机选取了 5 个学生的博客反思,如表 8—8 所示。

表 8—8　　　　　　　　　　　学生博客反思内容

学生	反思内容	内容阐述
史＊＊	翻转课堂模式	课前自主学习,养成了自主探索学习的好习惯,摆脱了教师一味地单方授课的古老模式,方式新颖,给了我们更多自由。教师需要提前征集好学生所遇到的问题,然后在课上进行详细讲解,那么教师就会在课中很轻松,不会奔走于学生队伍之间了
何＊＊	翻转课堂与传统课堂结合	增强了同学们的自主学习能力,所以学到的知识会比传统课堂中更多,但是有些同学还不适应翻转课堂教学,认为教师肯定还会在上课时讲解内容,所以课前不会关注学习资源。个人认为,传统课堂有其可取之处,应该将传统课堂与翻转课堂有机结合起来。作为即将走向教师岗位的我们,更多地应该学习教师上课的方法,而不应仅仅局限在知识内容上,因此教师在课堂上要适度教授教学方法,给我们提供一定的教学示范
王＊＊	课前教学资源不足	课前进行自主学习的时候,遇到比较困难的问题,出现了资源不足的情况,打消学生们自主学习的积极性。学到的知识比传统课堂获得的多且印象深刻,不容易忘记,对于像我这样学习慢的学生来说,再也不用课堂上出现听不懂课还要继续急急忙忙地跟上教师学习后面的内容
范＊＊	图层学习意见	这节课不仅使我重新回顾了上几节课的内容,还使我熟练地运用这节课所学内容完成了教师的实践作业。教师提前提供视频,我遇到不会的内容就会自己主动地反复观看,直到弄懂为止,希望教师可以提供更多的素材和实践任务。提个小小的建议,希望教师能将教学资料尽早发给我们,让我们有足够的时间去学习
刘＊＊	操作课程建议	翻转课堂教学模式使我愿意去尝试解决遇到的困难,当每次将困难克服后,都会增加自信心。课上的课堂活动中,我最喜欢的是成果交流,它增进了我们教师和同学之间的感情。但对于操作课,希望教师最好能够检查学生的课前预习效果或者检查学生的实践作业,而不是简单地通过填写"是否完成"来判断

从学习者博客反思来看，大部分学习者对翻转课堂学习模式比较喜欢，表现出赞许的态度，而且认为课前学习，学生能自由支配时间，合理地安排学习地点；通过提供学习资源，学生可以自主选择或搜集材料学习，养成好的习惯，培养终身学习的能力；学生认为通过这种教学方式，他们能够对学到的知识有更深刻的理解，并且记忆时间长，不容易忘记。但是这种教学模式也存在很多问题，学生从小接受的课堂模式都是教师为主的讲授，突然改变成自主学习，不能适应这种教学模式，因此教学模式受到一些学生的排斥；学生课前学习动机不强，遇到问题不去自行解决，而选择回避，降低了学习积极性；教师应该检查学生的课前预习情况或课前实践作业，更好地督促学生高质量高效率的完成课前学习。

（六）研究小结

通过对两种教学模式为期一学期的对比研究，发现翻转课堂教学模式在《现代教育技术》公共课中的应用有利于学生自学能力的培养和提高，有利于分析和解决问题能力的培养和提高、有利于实践能力的培养和提高，并在降低上课过程中学生询问教师问题的次数以及提高所询问问题的质量方面有显著成效。通过对学生的实践课总成绩、调查问卷和课堂观察的结果分析，我们归纳了几点原因：翻转课堂教学模式给学生提供了大量自学的机会，更能培养和提高学生解决问题的能力和终身学习能力；翻转课堂教学模式留给学生更多的时间内化知识，同时在学生讨论和成果交流中，又是将知识外显的过程，更有助于学生深层次地理解掌握知识；教师给出优秀案例，学生通过任务驱动更能激发学习热情与创作兴趣。另外，我们也注意到此模式并没有提高学生的探索能力和沟通能力，原因可能有：翻转课堂要求教师肩负着提供资源、组织课堂、提供咨询、监督、评价等职责，而班级容量大，教师难以在关键时刻起到"画龙点睛"的作用，还没法使学生的学习真正地得到深化。

八　本章小结

通过翻转课堂在高师院校《现代教育技术》课的应用，提高了学生的课堂学习效率,培养了学生的自主学习能力、实践操作能力、解决问题的能力等,构建了翻转课堂的本土化模型。实践证明,翻转课堂教学模式对学生信息素养的提升和自学能力的培养有很大的帮助,并且能提高学生独立分析问题和解决问题的能力,同时也培养了学生顺利走上未来职业岗位所必需的信息技术能力。

本模型的创新之处在于以下三方面。

1. 翻转课堂的模型本土化。翻转课堂模型从课前、课中、课后三个阶段,将教师"教"的过程与学生"学"的过程明确分离,使师生在每个阶段更具有操作性,更能有效完成教学任务。课前使用"知识地图"与导学案,使学生在众多学习资源中不迷失方向,课中利用任务单,防止学生偏离学习目标轨道,课后写博客反思,做到"吾日三省吾身"。

2. 重构和谐的师生关系。本模型每个环节都能体现教师主导、学生主体的教学理念。教师可以随机参与小组讨论,或给学生适时地个别辅导,成为学生一起学习的好伙伴。

3. 实现了分层教学,减少学生学习差距。翻转课堂的课前"知识拓展"、课中"学习任务单"以及教师的个别化辅导等都是根据学生的初始能力和不同的学习能力,提供不同层次的知识,防止学有余力的同学出现"吃不饱"的情况。

另外,翻转课堂教学模式虽然可以在不同的学科、不同的教学内容中使用,但它并不适合所有的教学内容。教无定法,每位一线教师都有自己独特的教学风格,教师应该结合本校的学生特点,将现有的翻转课堂教学模式本土化。对于翻转课堂教学研究,如何进行教学设计才能发挥它的优势,如何实施才能够解决我国当前存在的教学问题,这些都还需要我们花费更多的时间,做更多的研究和探索工作。在今后的工作中,还需要将翻转课堂应用在其他的学科教学中,继续验证及完善改进教学模式。

第九章

问题式微教学单元包设计

随着"微"时代的到来,各种微形式的资源孕育而生,而当下教育改革也要求改变传统的教学方式,采用新型的教育方式来提高学生解决问题的能力并培养学生的创新意识与创新能力。采用问题式微教学单元包的模式来教学改革,这样既为教学资源的建设作了贡献,为教育革新与发展提出可行的方案,也证实新型的教学方式对课堂教学活动能产生相应的影响。

首先对微课程、问题式教学模式的研究现状以及《现代教育技术》课程开设情况进行了总结与分析;[1] 然后通过对问题式教学模式要素的介绍,延伸出问题式微教学单元包的要素,提出问题式微教学单元包的设计模型,就《现代教育技术》公共课 Photoshop 模块进行了模型的构建,并制作出一系列单元包;最后,通过将其中一个单元包应用于具体的课堂教学中,展示微教学单元包的具体内容以及采用微教学单元包进行教学的具体过程,并通过对课堂观察及问卷回收收集到的各类数据进行统计与分析。

研究结果表明,采用基于问题的微教学单元包这种新型的教学方式进行教学,可以提高学生学习积极性和学习兴趣,还可以增强学生自主学习的能力和分析问题、解决问题的能力。总之,微教学单元包的设计及应用不仅优化了教育资源,而且丰富满足了学生自学的要求,平衡了教育资源,可以预见微教学单元包在实际教学中具有广阔的应用前景。

---

[1] 李玲玲:《基于问题的微教学单元包的设计与应用》,山西师范大学,2016年。

一 研究背景

随着知识经济时代的到来，人们的生活理念与学习方式正发生深刻的改变。知识经济时代需要更多有创新精神与创新能力的人，而教育培养方式的变革对全民族创新意识的培养起着重要的作用。教育需要培养学生解决问题和协作学习的能力，这些能力的培养并不是通过知识的讲授就能习得与掌握的，而是需要在解决真实的问题情境中得以体会及领悟。因此，需要寻求一种新的教学模式进行教学。在这种背景下，教育部颁布的《国家中长期教育改革和发展规划纲要（2010—2020年）》"人才培养体制改革"一章中，也强调学校要更新人才培养观念，创新人才培养模式，倡导启发式、探究式、讨论式、参与式教学，帮助学生学会学习①。知识经济时代及教育改革都要求教育尝试新的教学模式，故问题式的教学模式正是在这种背景下得到大多数教学者的青睐。

随着网络技术的发展，人们更愿意接受快捷、高效的学习方式。近十年间，各种资源不断以"微"资源的形式涌现，如微电影、微访谈等，这些微形式的资源受到人们的大力支持与吹捧，也预示着我们步入了"微"时代。当然，教育也要顺应时代的需求，逐渐出现了"微课"与"微学习"。由于微课具有短小精悍、目标明确、主题突出等特征，更易于被学习者接受，得以迅速发展起来。微课这个概念最早是由美国戴维·彭罗斯提出来的，是一种新型的教学方式，并且拥有广阔的应用前景，对传统的教学方式产生一定的影响。与此同时，利用短时间进行的微学习也受到广泛关注，学习者可以随时随地进行短时间的学习。

2010年教育部发布《国家中长期教育改革和发展规划纲要（2010—2020年）》强调：要推进信息技术与教学融合；实施教育技术能力培训；增强教育信息化后备人才培养能力。2013年10月教育部发布《关于实施全国中小学教师信息技术应用能力提升工程的意见》明确指出，各地要将教师信息技术应用能力作为教师资格认定、资格定期注册、职务（职

---

① 李志河：《赛博格视角下的金属外骨骼 AMP 三维建模》，《电化教育研究》2012年第12期，第78—82页。

称）评聘和考核奖励等的必备条件，列入中小学办学水平评估和校长考评的指标体系[①]。国家对中小学教师使用信息技术的能力有了更高的要求，所以对在校的师范生也提出了更高的要求，要求师范生在校期间习得使用信息技术的能力。而《现代教育技术》是师范类院校向师范类学生开设的一门公共必修课，承担着培养未来中小学教师教育技术基本素养的重任。

二 研究目的与意义

目前，高校师范类专业开设的《现代教育技术》公共课有一些缺陷，尤其是操作模块：由于课程内容多，教师只能在课堂上采用传统的讲授式进行教学，学生很难通过课堂学习熟悉一个软件的基本操作，教师也很难对每一个学生存在的问题进行针对性的指导。《现代教育技术》公共课知识点联系密切，如果前面的知识点没有弄明白，后面的学习就很难进行。在传统的《现代教育技术》课堂中，为了不影响既定的教学进度，教师只能大量地向学生灌输知识；遇到的问题得不到及时解决，对学生后续学习产生较大的影响，也影响学生的学习兴趣。

结合上述问题，针对《现代教育技术》中 Photoshop 模块的特点——操作性和实用性强，各个所学工具间可以独立地进行讲解与使用，而 Photoshop 软件也是日常生活所需的一个工具，可以结合日常生活中的问题情境进行设计。对这一模块的内容进行问题式微教学单元包模型的构建，将设计出的系列教学单元包应用于教学实践中，并对学生的学习效果及对微教学单元包满意度和学习效果作了评价。验证了使用这一新型的教学方式提高了学习者的学习兴趣，为有效的教学改革提供一种可参考的方法，也期望其他教师能运用问题式微教学单元包的教学方式于以后的课堂教学中。并且由于微教学单元包采用问题式教学模式进行设计，将其应用于教学实践可以提高学生解决问题、合作学习和创新学习的能力；还可以让师范生接触先进的教学理念，让他们拥有实施现代教学手

---

① 《中国教育信息化》编辑部：《2013 年中国教育信息化十件大事》，《中国教育信息化》2014 年第 1 期，第 90—92 页。

段的意识和能力，进而提高其应用教育技术的水平。

三 相关概念

(一) 概念解析及特点分析

1. 问题式教学模式

问题式教学模式设计主要由问题、情境、资源、互动和评价这五个要素组成，如图9—1所示，情境等四个要素围绕着问题进行开展，也就是说问题式教学模式是以问题为中心完成对其他四个要素的设计。

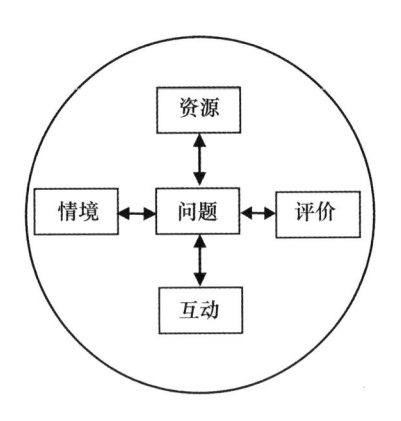

图9—1 基于问题教学的设计要素

（1）问题式教学中问题情境是学习内容的主要形式，即目前状态与想要达到的状态之间的差距。而问题式教学模式中的主要内容是现实生活中各种复杂的、与学科知识相关的、能激发学生兴趣的问题。当然，在设计问题时还应该考虑学科差异及特点以及学习者的学习现状。

（2）学习资源也是学习内容不可或缺的一部分，资源是完成项目必不可少的一个条件。首先给学习者布置任务，学习者可以根据任务需求自己在网上查找资料，或者使用教师提供的资料，对这些已知的材料进行加工、处理，从而找到完成任务的方法，并且将这些材料与所要获得的知识联系起来，达到对知识的内化。

（3）互动是使用这一模式进行教学的一个重要元素，学习者通过活动分享知识获得帮助，从而使知识得到内化。活动是为了帮助学习者实现更好的互动，可以是学习者与教学材料之间的互动，可以是学习者之间的互动，也可以是学习者与教师之间的互动。通过各种互动完成对知识的掌握。

（4）情境是问题学习的环境条件，必须创建以学习者为中心的环境条件，才能充分体现学习者的主体地位。这一环境条件是指支持学习者探究学习的环境，问题模式中的情境强调学习者的自主探究以及学习者与学习者之间的协作探究。[1]

（5）问题式模式重在培养学习者的动手操作技能及实战经验，如小组合作学习的技能、知识运用的技能及策略等，并且将培养的这些技能运用到终身学习中。这些任务成果会以学习者提交的作品以及学习者在课堂中的表现等形式反映出来。

2. 微教学单元包

微课是指比较短小精悍的在线教学或者学习视频，它的学习内容以某个知识点为中心。而对于微课程的定义，根据设计的侧重点不同分为以下几种：广东佛山教育局研究员胡铁生[2]认为，微课程是基于学科知识点而构建、生成的新型网络课程资源，微课以微视频为核心，包含与教学相配套的微教案、微练习、微课件、微反思及微点评等资源，这个观点主要强调微课程是一门在线课程。教育技术专家焦建利[3]则认为，微课程是以阐释某一知识点为目标，以短小精悍的在线视频为表现形式，以学习或教学引用为目的的在线教学视频，这个观点则强调微课程是一种教学资源。最后，黎加厚教授[4]则认为微课程是时间在 10 分钟以内，有明确的教学目标，内容短小，集中说明一个问题的小课程，这个观点则是强调微课程是一节课。而三者之间也有共同之处，都认为微课程是一

---

[1] 李志河、赵唱等：《基于 Web 的抛锚式教学模式研究》，《电化教育研究》2004 年第 6 期，第 59—63 页。

[2] 胡铁生：《微课给教育带来了什么改变》，《中小学信息技术教育》2018 年第 2 期，第 88—89 页。

[3] 焦建利：《微课与翻转课堂中的学习活动设计》，《中国教育信息化》2014 年第 24 期，第 8—10 页。

[4] 黎加厚：《微课的含义与发展》，《中小学信息技术教育》2013 年第 4 期，第 12—14 页。

种知识点单一、内容短小、时间比较短以及结构比较良好的在线视频形式。

微教学单元包的视频时间短，一般为 10 分钟左右。这是由学习者的认知特点和学习规律得出的，大多数人集中注意力的时间大约为 10 分钟，所以视频最适宜的时长为 10 分钟左右。由于学习内容以知识点为中心，所以学习内容不会太多，一个视频在不断重复及深化一个知识点，既达到了认知负荷理论减轻学习负担的要求，又使学习者对知识进行了深入的理解与学习。短小精悍的微教学单元包有利于视频的共享与拷贝，满足学习者的个性化需求。

微教学单元包是围绕着知识点进行设计的，所以教学主题比较明确，内容也比较单一，可以更加精细化地对内容进行处理。与使用教学单元包进行教学相比，传统的课堂教学存在教学内容多、教学任务重、难以全面深刻地对教学内容进行阐释等情况，而微教学单元包只是针对内容中的一点，可以将内容进行精细化讲解。在视频的后期处理中，将加入对重点难点知识的备注，更便于学习者的学习。微教学单元包中的资源包括教学设计、问题情境以及一些学习效果的评价量表等，这些教学资源与微教学视频共同构成了一个结构紧凑的教学生态环境，同时微教学单元包也可用于一般的课堂教学中，用于学习者的自学、复习以及知识巩固。

为此，我们认为微教学单元包是以教学视频为主要教学内容，针对某一知识点，是用于课堂教学及开展教学活动与各种资源的有机组合。微教学单元包中的教学资源类型有 PPT、教学设计、导学案、微教学视频、教学活动、课后作业以及评价量表这几个部分，它们以一定的结构关系和呈现方式共同营造了一个半结构化、主题突出的资源单元应用"生态环境"。

3. 问题式微教学单元包的设计要素

在对问题式教学模式的设计要素进行分析的基础上，将问题式微教学单元包的设计要素与设计环节进行一一对应，可以得出图 9—2 所示结果，我们可以将这些要素的设计作为单元包设计的主要组成部分。从图 9—2 中可以看出，所有环节的设计都是围绕着问题要素进行的。其中，微教学单元包的设计环节包括：学习前期分析、问题的呈现、目标的阐述、情境的创设、提供学习资源、引导学习活动以及评价学习效果，这几个环节分别与问题教学的设计要素一一对应。而学习者和教师所要做的活动分别是：进入课程学习、通过导学案的设计确定本节教学目标、提供合适的教学环境、通过微教学视频的讲解获得学习任务、掌握学习内容，最终解决学习问题，完成学习任务。这个过程也反映了学习者解决问题的完整过程，即发现问题、分析问题、寻求解答途径、尝试解答，最后解决问题，同时学习者通过问题解决的过程来完成内容的学习。

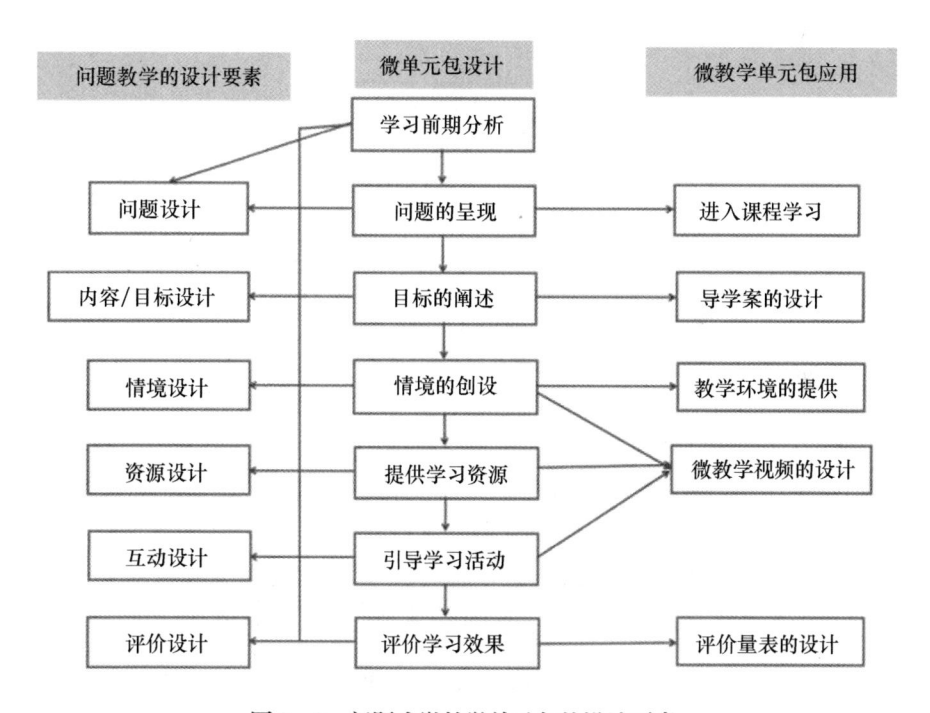

图 9—2　问题式微教学单元包的设计要素

经过对问题式微教学单元包设计要素的剖析可以总结出问题式微教学单元包包括 PPT、教学设计、导学案、微教学视频以及评价量表这几个部分。其中问题情境为微教学单元包的学习内容，是通过解决实际生活中的问题来掌握一个工具的使用，通过微教学视频来呈现问题情境的解决过程；教学目标的阐述通过完成导学案中提出的问题来体现；图片的搜集以及 PPT 的制作为微教学视频的录制做准备；引导学习活动主要通过将微教学单元包应用于课堂进行体现；学习效果的评价是通过设计评价量表对学生学习效果进行评价。我们可以得出微教学单元包的设计框架，如图 9—3 所示。

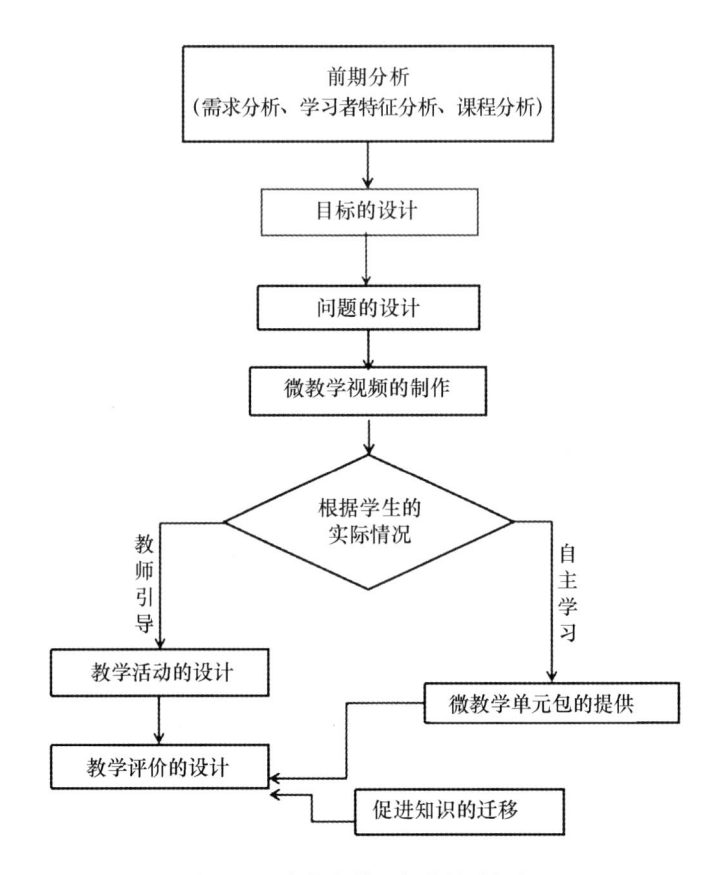

图 9—3　微教学单元包的设计框架

（二）理论基础

1. 梅瑞尔的首要教学理论

梅瑞尔的首要教学理论认为当今的教学内容与生活实际相关，只有聚焦与解决生活实际中的问题时，才能有利于学生的学习，如图 9—4 所示。在进行问题情境或者教学视频的设计时遵循了梅瑞尔的首要教学原理：通过创设一些与生活实际相关的情境，引入学习内容，让学生在完成学习任务的过程中思考和学习，并在这个过程中呈现重难点知识，引导学生在生活中学以致用。

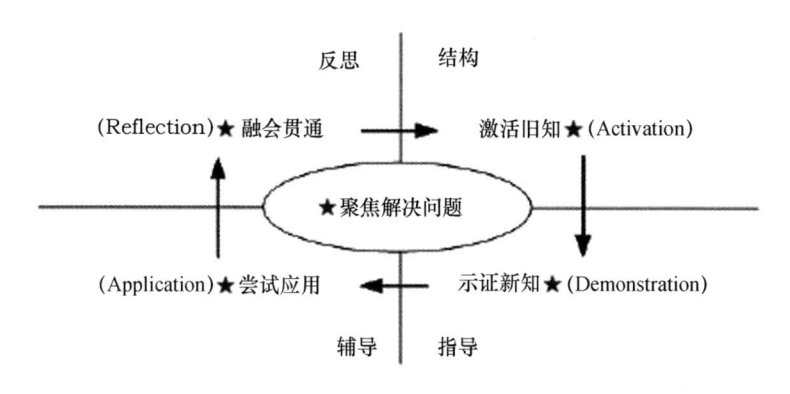

图9—4 梅瑞尔首要教学理论

2. 认知负荷理论

认知负荷理论是认知心理学家约翰·斯威勒等人于1988年首先提出来的，其中认知负荷是指人在处理信息时所承受认知资源的总量，如图9—5所示。故认知负荷理论对系列微教学单元包的设计具有重要的指导意义。系列微教学单元包中学习内容的设计采用以一个知识点为主题的设计形式，一个微教学包解决一个实际生活中的问题。系列微教学单元包的视频时间比较短，不仅有利于学生控制学习进度，而且降低了外界干扰对学生学习的影响，从而降低了学生的认知负荷。在设计教学资源时，注重添加一些提示性的相关信息，如导学案以一些小问题的形式呈现，而不是大篇幅的论述，这样的话学生会在后续的学习中针对性地完成知识建构，从而降低了学生的认知负荷。在教学内容的组织方面，采用由易到难，从基础到提高的方式呈现不同的问题情境，将知识以问题的形式联系起来，从一定程度上降低了认知负荷。总之，在微教学单元包的设计时要谨记减少学生的认知负荷。

3. 分层教学理论

分层教学理论在我国古代已有研究，像"量体裁衣"及"因材施教"

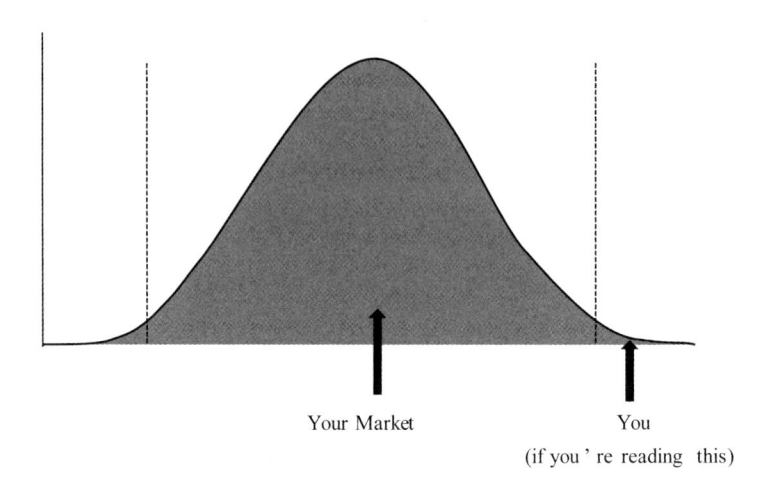

图 9—5　认知负荷对人承受认知资源总量的影响

都传达了这种思想。外国的学者对这一理论也有涉猎，如教育学家、心理学家布鲁姆的掌握学习理论，就包含了这一理论思想。该理论主张给学生足够的时间，让学生选择适当的学习方法，大多数学生可以通过自己的努力掌握学习内容。不同的学生学习需求不同，差异性学习目标，应采取分层教学的方法，将学习内容分为三个层次，基础层次、提高层次及拓展层次，学生可以根据自身的条件，选择相应的学习层次，通过自己的努力进行后续的学习。

四　文献综述

（一）问题式教学模式研究现状

问题式教学模式在 20 世纪 50 年代中期产生于美国，最初应用于教育医学领域。国外对于问题式教学模式的研究目前主要集中在四个方面：关于学生业绩的研究、关于学生态度的研究、关于元认知技能的获取和运用的研究以及影响问题式教学模式效果因素的研究[1]。计算机网络技术

---

[1] 郭智华：《PBL 教学模式在〈信息加工与表达〉单元教学中的应用研究》，内蒙古师范大学，2011 年。

的迅速发展和教学应用领域的不断拓宽,在线问题式教学模式及其他课程中问题式教学模式研究与探索逐渐成为热点。

国内有关 PBL 的研究分布在基础教育领域,在高等教育方面有关问题式教学的研究不是很多,高等教育领域对这一模式的研究探讨有待加强。

通过对在高等教育领域发表文献的分析,总结出关于这一模式的研究主要有六个方向:对某一学科的教学内容进行 PBL 教学设计;将 PBL 教学模式与其他教学模式进行对比研究;从教学改革、人才培养模式的角度探讨 PBL 的价值;结合一门具体学科探讨 PBL 在教学中的应用(较多);PBL 网络平台的设计与应用(较多);对 PBL 反思性评价研究。

(二)微课程研究现状

国外对微课程的研究和应用主要集中于中小学课程改革以及在线教育培训。国外微课程研究相对成熟。综合来看,微课程发展历程如表 9—1 所示。

表 9—1　　　　　　　　　微课发展的重要事件

年份	代表人物或部门	事件
1960	美国阿依华大学附属学校	率先提出微型课程的概念
1988	新加坡教育部	组织教师学习制作 30 分钟的教学视频,讲解一个知识点
2006	萨尔曼·可汗	创立非营利性的网站——"可汗学院"
2008	戴维·彭罗斯	提出一分钟教学的理念

其中影响较大的是萨尔曼·可汗创立"可汗学院",该学院的教学视频时间一般为 10 分钟左右,教学内容一般为一个知识点。教学视频支持下载,学习者可以根据需要选择在线观看还是随时观看,由于视频时间短,知识点讲授集中,所以深受大家的欢迎与喜爱。随着人们关注度及点击率越来越高,网上的课程种类也越来越多,方便各行各业的从业者学习。到现代,由于移动设备和网络的普及使得学习随时可以进行。到 2008 年秋,美国新墨西哥州圣胡安学院的戴维·彭罗斯又提出一分钟教

学的理念。

以"微课"和"微课程"为主题关键词在知网上进行精确检索,对相关文章进行筛选后,可以初步判断目前的微课程研究还不是很成熟。已有研究主要围绕以下几个方面:(1)微课程的概念界定、作用和发展前景;(2)国内外微课程资源的比较;(3)微课程设计模式的建构;(4)微课程实践中存在问题的反思。

五 微教学单元包的设计

(一) Photoshop 微教学单元包的前期分析

1. Photoshop 微教学单元包的需求分析

《现代教育技术》公共课是一门理论与实践相结合的应用型课程,Photoshop 这一模块实践性较强,这一模块主要让学习者对 Photoshop 软件有初步的了解,熟悉这一软件的操作界面及经常使用的一些工具,培养学习者对这一软件的兴趣。对于这一模块的课程,学校一般每周安排一节理论课(在一般的多媒体教室进行授课)、一节实践课(在计算机实验室上机学习),但是使用这种传统的教学方式对这一模块的内容进行教学,可能会遇到以下问题:理论与实践脱节,学习者丧失对这门课程的学习兴趣;学习者可能因为没有复习材料忘记之前的内容,导致教师需要对同一操作进行重复的讲解;上课课时比较长,教师对知识点都是概括地讲解,忽视了教学的重难点;一节课涉及的内容比较多,可能造成学习者的认知负荷过大。

使用微教学单元包进行教学,可以边播放视频边对知识进行讲解,并对重难点多次强调,有利于学习者对知识的学习。首先,学习者可以体会到如何将知识应用到实际生活中,并且视频以任务为主线进行设计,可以增加学习者主动学习的乐趣;其次,学习者遇到困惑或者遗忘的知识点时,可以通过观看视频及其他学习材料来完成学习任务;最后,视频以一个知识点为主要内容进行设计,不仅可以减轻学生的认知负荷,而且可以对这一知识点进行巩固深入的理解。

2. Photoshop 微教学单元包的学习者特征分析

研究对象为 S 大学美术专业 2013 级本科学生,年龄大多在 22 岁左右，他们的心理变化趋于稳定，对于知识的学习有较强的选择性、动机性及自主性。在学习动机上，他们主要想学一些"实用性的知识""对自己以后工作有帮助的知识"。所以设计微视频的任务时，需要寻找与实际生活贴近的例子，这样能带动学习者学习的积极性和主动性。大三的学生具备一定的学习能力，有较强的自我控制能力和主动学习的意识，教师可以灵活使用微教学单元包，既可以将教学资料以单元包的形式发给学习者，让他们自己积极主动地去学习，也可以使用教学单元包里的资源组织教学，还可以将两种方式结合起来进行教学。

对于大学三年级的美术系学生，他们之前已学过《大学计算机应用基础》，具备一定的计算机操作能力，为 Photoshop 软件的学习提供了先导条件。通过对学习者的了解可以知道，一部分学生对于 Photoshop 具有浓厚的兴趣，渴望对这一软件有深入的了解与学习。但是由于学生对微课程并没有很深的理解，所以开课前教师需要对这一教学方式作简单的说明，并且在如何使用微教学单元包教学方面为学生提供正确的引导。

对于师范类学生，这门课程并不是他们的专业课，教学目标中并不要求精通软件的操作，只是让大多数学习者掌握基本的操作技巧。针对这个情况，将教学视频中的问题情境分为基础、提高及拓展三个层次的任务进行体现，一般学习者在完成基础与提高的任务情境后已经达到课程教学的目标，最后一个问题情境主要是针对少部分对此课程感兴趣而且希望掌握更多知识的学习者而设置的。

3. Photoshop 微教学单元包的课程分析

《现代教育技术》公共课是 S 大学面向大学三年级师范类学生开设的公共必修课，其中 Photoshop 属于操作模块。对 Photoshop 这一软件稍有了解就知道，想要通过几节课的学习就精通这一软件是不可能实现的，需要在以后的实践中不断地总结经验。所以对这一软件只安排学习基本的工具及操作，将学习内容大致分为：规则选区工具的使用、不规则选区工具的使用、渐变工具的使用、滤镜的使用、蒙版的使用、照片处理工具的使用。每一个学习内容都会被设计成一个微教学单元包，每个单元包中都需要不同层次的问题情境，来完成对特定知识点的学习。

(二）问题的设计

问题的设计主要体现在微教学视频中问题情境的设计与实现。微视频是微教学单元包中最主要和最关键的一部分，所以需要非常重视对微视频的设计，当然微教学视频设计的好坏也会直接影响学生的学习效果。微教学单元包中的微视频是要用于课堂教学中的，所以这里的"微视频"应该涵盖完整的教学过程，包括课堂中所涉及的各个环节。

针对一个知识点开展一节课的学习，整节课程围绕任务或者问题进行设计，遵循梅瑞尔的首要教学理论，构建出一系列微视频教学设计的基本模式，将梅瑞尔的五项首要教学原理归纳为五个核心思想：强调解决实际问题、重视唤醒先前知识、需要呈现新知识、注重应用新知识、关注新知的切身性。在设计各个教学环节时要将这些思想融入其中。"强调解决实际问题"可以通过设计真实的任务或问题情境，采用情境导入的方式来达到这一目的。"重视唤醒先前知识"可通过提问的方式对知识进行回顾或者在新知识的学习中涉及对旧知识的回顾，采用提问或者设问的方式，从而达到温故知新的效果。"需要呈现新知识"可通过呈现操作步骤、对知识点的呈现或总结操作关键步骤、列出知识点等方式达到。"注重应用新知识"则可以在完成一个任务的学习之后，设置新的任务，这个任务在上个任务的基础上可能增加了一定的难度，目的是让学生思考和运用新知，学生可以根据自己的实际情况来决定自己要完成的任务。"关注新知的切身性"强调所选取的任务或者问题情境是学生在日常学习、生活当中可能会遇到的事件，或者是选择学生比较感兴趣的任务。

依据梅瑞尔的首要教学原理，在情境导入、操作演示及知识讲解这三个环节中融入首要教学原理的核心思想，构建出图9—6所示的微教学包问题的教学设计，使真正贯彻首要教学原理。首先，微视频在教学导入的部分运用了情境导入、提出问题等方式，充分体现了"强调解决实际问题""重视唤醒先前知识"等首要教学原理中的思想。其次，在操作演示这一环节，主要通过自然的提问、不经意的设问和呈现操作步骤等方式，展现首要教学原理中"需要呈现新知识""关注新知的切身性"等思想。最后，通过知识点讲解、重难点总结以及新任务的设置展现首要教学原理中"注重应用新知识"的思想。综上所述，这三个环节之间的教学内容和教学方式是承上启下、相互呼应、紧密相连的，始终围绕问题解决进行教学设计。

本研究以 Photoshop 课程微教学单元包为例设计，Photoshop 是操作性极强的软件，在对知识进行讲解时需要结合具体的操作才能使学生对某一知识有深入的了解。

图9—6 微教学包问题的教学设计

问题的解决过程为微视频从始至终贯彻的思想，目的在于解决生活实际中的问题，情境导入也是为明确目标唤起回忆，引发学生学习的兴趣。在演示操作时，教师设计的微视频引导整个教学的进程，引导学生的学习活动，在此期间视频中涉及的各种问题也是在教学设计时精心设计好的，目的是让学生深入思考、回顾旧知识或者让学生集中注意力。完成任务后可以将学生作品收集起来，以便展示与完善，同时有助于教师对教学重难点的精确把握。最后，需要强调的是在微视频中会根据三个不同层次的问题（基础、拓展、提高）将视频分为结构基本相同的三个片段，前两个视频的教学设计如图9—7所示，最后一个是引导学生自己解决实际生活中的问题，学生可以根据自己的实际情况选择性完成。

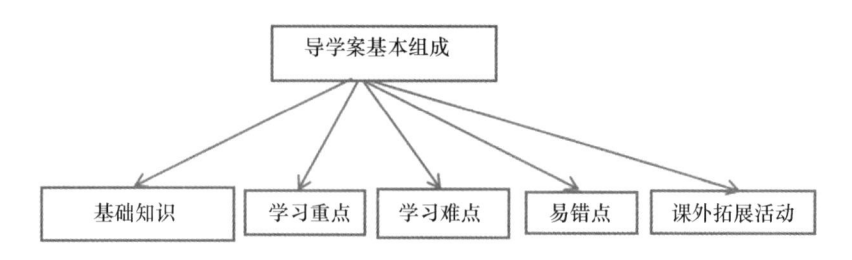

图9—7 导学案基本组成

（三）目标的设计

教案是教师上课的依据，教师按照教案上课；导学案则是针对学生而言的，学生可以在导学案的帮助下进行有效的预习。导学案可以让学生知道学习目标，更好地把握学习的基础知识，还可以帮助学生自学及巩固基础知识，为突破学习难点提供基础。导学案中包括：有关微视频中没涉及的问题，本内容中的新知识及工具的使用，一些常用操作的快捷键等；本节课的学习目标；本节内容的重点难点，所要学的主要的知识；容易出错的知识点，易出错地方的操作步骤；还有拓展部分练习题的做法。

（四）微视频的开发

1. 微视频设计与开发的原则

在设计、开发了大量微课的基础上，总结了创作系列专题微课主要遵循的几点设计原则：情境性、切身性、启发性和可视化。

（1）情境性：创设问题情境，是微视频开发最主要原则。微课时长较短，若要在短时间内集中学习者注意力，讲明白某个知识点，最好的办法之一是"创设问题情境"。首先，它能围绕"小问题"来讲解知识点，并给出解决问题的"小策略"，有利于学习者聚焦问题，产生学习兴趣。其次，学习者能在一种情境中体验思考和解决问题的过程，便于日后的跨情境运用。例如，在《雨景的制作》微课的教学导入环节，就是通过创设一个问题情境，引领学生设身处地进行思考和学习新知。

（2）切身性：选取与学习者的需要、生活和学习密切相关的案例。

首先，微课需选取与学生的生活、学习息息相关的案例，才能激发学习者的学习动机，引起共鸣，使其联系生活、推己及人或推人至己地看待知识，从而构建起事物与事物、人与人、知识与知识之间庞大、错综复杂且紧密相连的关系网。任务或者案例需谨慎选取，其难度不能一下子过大，必须是学生可望也可即的任务，意即在教师的指导下，学生只要稍加努力便可"够得着"。在一个微视频中设计三个相关案例，学生可以根据自己的兴趣及能力来完成相应的任务，以达到学生学习的需求，这样也遵循了层次教学的原理。例如，在《标志的制作》一节中，所选的任务均是日常生活中常见的"不准拍照""不准喝酒"等标志，这完全体现了切身性原则。

（3）启发性：引发学习者的思考。如果微视频总是开门见山、平铺直叙地将知识一一罗列出来，那么不仅失掉了趣味性，还变成了一个动态的电子课本，没有了开发的价值。为了避免这种误区，可以在微课的前、中、后设置一系列问题来引发学习者的思考。这些问题可以是随意的提问，也可以是对一个任务完成后的总结性问题。前者重在反复提醒、强调学习者思考和回顾这些问题，学习者在这三个阶段的认知和思考结果是不完全相同，甚至是完全不同的；后者则在前、中、后设置总结性问题，引导学习者逐步进行深度思考，为学习者完全掌握知识提供了条件。例如，《雨景的制作》微视频中提出问题："分析雨景的制作与雪景的制作有何不同？"学生通过思考这一问题，掌握使用滤镜的精髓。

（4）可视化：以具体的操作替换文字形式呈现的操作步骤。文本是一种抽象符号，会带给人较多的认知负荷，若想在几分钟内让学习者准确理解和掌握文本知识是较为困难的，而且人的思维更多的是一种图示思维。所以，我们应该化抽象为具象，在呈现文字内容的同时，采用能表达文本内涵的图片（或图形、图像）加以描绘，并配以相关动画进行展示。通过这种直观化、可视化和动态化的方式，减少文本内涵与学习者理解之间的差距，降低学习者的认知难度和认知负荷，提高其准确理解文本内涵的成功率。难点在于拿捏好具象与抽象、动与静的度，这也遵循了认知负荷理论。例如，每个微视频涉及的案例均采用这种方式设计，遵循了可视化的设计原则。

2. 微视频制作模型

在这一开发流程中，以教学设计和后期编辑为最主要和最关键的步骤，在进行教学设计时按照 PBL 的教学模式，结合首要教学原理对课程进行设计，主要在于确定教学过程中涉及的任务以及问题，如导入时涉及的问题情境等。在后期编辑时，需要在操作过程中标清具体的操作步骤，以及提出的问题、回顾知识点，必要时加入一些特效的制作等。下面针对教学视频开发过程作详细的介绍，设计与开发微课需要经历"问题确定→教学设计→资源的整合→录制→后期编辑→生成视频"这六大流程。具体的开发流程如图 9—8 所示。

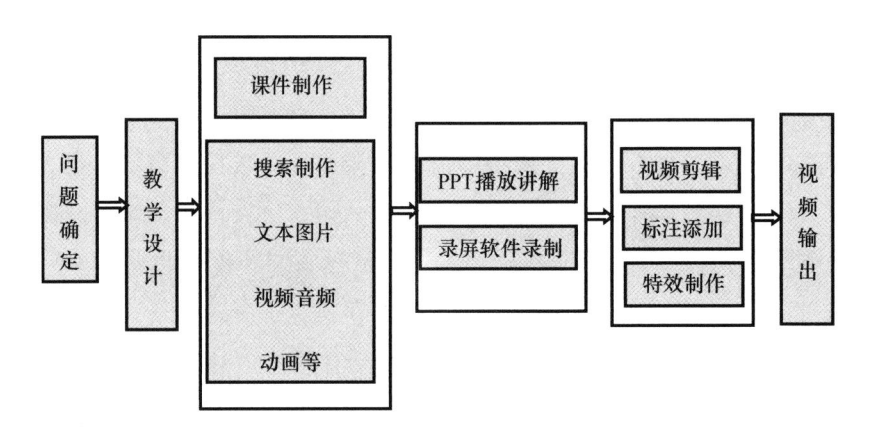

图 9—8　微视频制作模型

第一步，主题内容的确定是这一教学单元包使用效果好坏以及学生对这一教学单元包是否满意的关键。如果选题太大的话，由于时间的限制，对教学内容只能泛泛而谈，并不能深入地进行讲解，故在教学单元包中不能很好地突出主题，不能将知识点进行聚焦，导致学生无法辨识出主要的和重点的学习内容，达不到教学效果。因此，需要从 Photoshop 课程体系中，选择比较常用的、最基本的以及比较容易混淆的工具等作为微教学单元包项目的选题，使一个微视频只用于讲解一个小知识点或解决一个小问题。另外，一个微教学单元包中涉及的知识点或选题不能太小太碎，要避免知识过于零碎不利于学生系统的学习。这两方面的选题要求，将从 Photoshop 这一门课程中提取比较基本和常用的专题，结合这些专题所涉及到的工具，针对这些工具的具体使用，精心选取各个专题中的任务。如：在 Photoshop 中的规则选区这一专题，涉及规则选区工具中的椭圆及矩形选框工具，就将任务定为标志的制作，以身边常见的标志为例，进行工具的使用，如禁止拍照、禁止喝酒、禁止打电话等。

第二步，就像日常上课前需要备课编写教案一样，录制微教学视频之前也需要对教学视频中涉及的内容进行教学设计。只有做好教学设计，才有可能完成一个好的微教学视频的制作。教学设计的内容需要根据项目的主题来确定，可以是解决生活中的问题，也可以是完成任务等内容。

第三步，资源的整合需要根据这一主题搜集并筛选一些相关的资料，并将这些资料整合好，做成完整的 PPT，以便录制微视频。首先，图片的选定必须与主题紧密相关而且适合这一项目中有关任务的完成；其次，呈现出来的图片必须大小合适、放置的位置合理而且足够清晰；最后，图片所传达的内涵要紧贴主题内容、思想要积极健康、需要尽量激发学习者的学习兴趣和积极性。另外，选定 PPT 模板时，需要遵循简洁大方的原则，过于花哨只会让学生产生眼花缭乱的感觉，画面要干净，突出重点。画面尽量少用文字，将文字用图表的形式代替，减少学生的认知负荷。

第四步，微视频的录制要在比较安静的环境下进行，最好使用耳机进行录制，减少微视频录制生成视频文件的杂音。录制时讲解的语速需要慢一点，减少口头用语，在提问时需要调整语气及语速，给学生留下思考及回答问题的时间。在操作演示时，操作者需要把握操作节奏，让学生看清楚是如何操作的，这就需要减缓操作的速度，适应学生作为初学者的接受速度。录制幻灯片时，不宜播放太快，要根据所承载内容的多少控制好幻灯片的播放速度。

第五步，后期编辑时需要注意幻灯片与操作界面之间的切换。切换太过频繁，会让学生产生烦躁的心理，从而对这一课程产生抵触心理；切换动作需要慎重考虑，过快的转场会让人有不适应的感觉；对于一些提问或者关键的知识点，需要添加标注，引起学生的重视或者起到提示的作用等。对于视频的剪辑方面，无非就是将烦琐的语句、重复出现的画面剪切掉，但要在保持画面连贯性的条件下进行剪切，片头或者片尾标明制作单位、制作人等关键信息，以防以后出现版权问题。

第六步，完成微视频后期编辑后，需要生成一个视频文件，借助 Camtasia Studio 录屏软件录制成多种格式的视频。Camtasia Studio 软件内含录屏、后期编辑及视频文件生成等功能，操作简单，容易上手，而且在同一个软件中进行操作可减少更多不必要的麻烦。

3. 微视频的录制与编辑软件的介绍

采用 Microsoft PowerPoint 软件结合 Camtasia Studio 录屏软件的方式来制作微课。由于 Photoshop 这一模块内容的操作性比较强，操作时需要配合教师的同步讲解，所以采用"录屏软件 + PPT"的开发组合方式完成微教学单元包的制作。我们常用的录屏软件有 Snagit、屏幕录像专家、Camtasia Studio 等。本研究中微教学单元包的视频主要采用"Camtasia Studio + PPT"的组合形式制作。前期会制作一个呈现教学内容的 PPT，还需要装有 Camtasia Studio 软件的笔记本电脑，这台电脑需要有耳机和摄像头的配置。

打开 Camtasia Studio，点击"录制 PowerPoint"按钮或"录制屏幕"，在弹出的设置窗口中进行调整（如图10—9所示）。"Select Area"按钮用来调整录制屏幕的大小，"Settings"用来调控录制方式。点击"Camera"后录制的视频中会出现录制者的头像，一般这个头像会被设定到视频的右下角；"Audio"按钮用来控制声音的来源。"rec"为开始录制按钮。本教学视频的录制过程中教师一边讲解，一边展示 PPT，需要时转换到软件中进行操作。F10 为终止录制的快捷键，然后将此文件保存为 .camrec 格式，以便剪辑。Camtasia Studio 软件中自带编辑视频文件的功能，可以将文件拖到它的时间轨道上，在此轨道上完成剪切、合成音视频等任务，最后保存为 .camproj 格式，单击"生成视频为"按钮后，选择"自定义生成设置"，可导出成 mp4、wmv、flv、swf 等音视频格式。

（五）微教学单元包在课堂活动中的设计

由于《现代教育技术》中 Photoshop 这一模块的教学目标并不要求学习者熟练掌握这一软件，只是让学习者熟悉这一软件的操作，学会基本作图的能力。并且大学生自主学习的能力也比较强，有了一定的自制力，一般在选择学习内容时，目的性比较强，会根据自己的情况对学习有一

图 9—9　Camtasia Studio 的录制设置窗口

定的安排、步调及计划。不同的学习者，对自己在这门课程中的要求会有所不同，教师应尽量尊重他们的差异性。故根据分层教学理论提出课堂教学活动的流程图，如图9—10所示，其中课中和课后贯彻分层教学理论的思想，采用分层教学法进行施教。在这个教学活动中，学习者可以根据自己的能力、需求及兴趣进行个性化学习，完成自己力所能及的任务。微教学视频分为三个层次进行设计，正是为了满足学习者的这种需求。

在课前，学习者首先利用微教学单元包中的导学案预习基础知识，熟悉这节课所涉及的基础内容（这些知识可能是以前接触过的，或者是概念性的，比较容易识记和理解），为后续知识的学习打下基础；接下来观看教学视频，每个教学视频通常包含三个任务目标，学习者可以针对自己的情况，对每个任务中存有疑问的知识或操作事先做好记录，待课堂上通过与同伴的交流或者与教师的交流解决问题。在课堂上进行教学时，学生主要以讨论或者提问为主，解决课前遇到的疑点和难点或提出的问题及想法，通过问题的解决，来完成微视频中所提到的各个任务。课后，教学视频会留给学生一个拓展思考的任务，这个任务有一定的难度或者复杂度，学生需要查阅相关的资料来完成。

当微教学单元包用于课中时，微教学视频就相当于教师上课所准备的材料，即教学内容。这种课程的开设应"以教师为主导，学生为主体，微教学单元包为主要学习内容"，通过教师的有效组织来完成一堂课的讲解。教师对课堂的把控是有效完成教学的条件，教师根据视频中的任务，将一堂课分为三个阶段，通过三个阶段的学习，使学习者完成至少两个任务，最后一个任务可以根据学习者自己的学习兴趣或者自己的时间来

课前

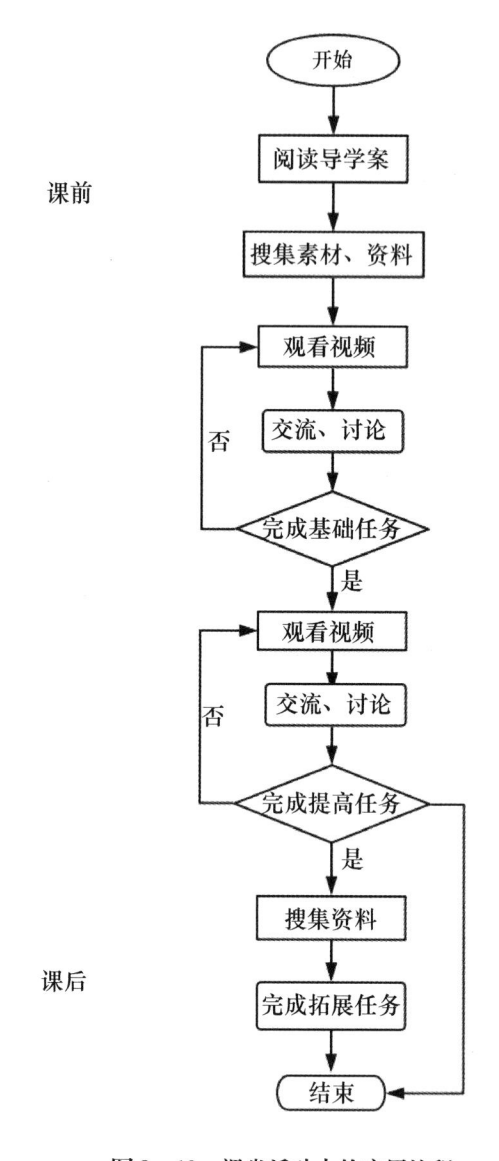

```
开始
  ↓
阅读导学案
  ↓
搜集素材、资料
  ↓
观看视频 ←──┐
  ↓         │
交流、讨论   │
  ↓         │
完成基础任务 ── 否
  │是
  ↓
观看视频 ←──┐
  ↓         │
交流、讨论   │
  ↓         │
完成提高任务 ── 否
  │是
  ↓
搜集资料
  ↓
完成拓展任务
  ↓
结束
```

课后

图 9—10　课堂活动中的应用流程

决定是否要完成。此外，教师还要通过课堂观察，了解学习者完成学习任务的进度，从而控制课程的进度，当大多数学习者完成任务时，可以进入下一个任务的学习。这一阶段的教学中，教学流程图应用了层次教学理论的思想，教师可以将教学单元包在课前发给学生。由于学生的基础知识、对新知识的接受能力等都存在差异，所以不同的学生对新知识的掌握速度也会有所不同。教师将教学单元包提前发下去可以照顾到接受能力比较强的那些学生，这些学生可能不需要按照教师的步调进行学习，他们完全可以自主学习；对于大多数中等层次的学生，可以跟着教师的步调学习，通过教师对重点难点的强调以及重要知识点的讲解，可以对新知识有深入的了解，并且结合教师和同伴的帮助，完成教学任务；对于少数接受比较慢的学生，他们可以自主地控制视频的播放速度，遇到不懂的地方可以反复观看学习，逐步完成学习任务。

对于此流程中涉及的课后拓展任务，学生可以根据自己完成任务的情况来决定是否要完成这一任务。拓展任务可能涉及之前学过的内容或者下一节课程中的内容，也可能需要查阅一些相关的资料才能完成任务，这就需要学生对知识融会贯通、学以致用。

此外，微教学单元包还能用于以下几个方面：首先是课后复习及知识巩固。对于操作类的课程大多数学生会有这样的感觉，当有一段时间不接触、不使用这一工具处理图片时，会忘记用这一工具完成某个任务的操作步骤。其次为考试复习提供重要的参考材料，学生可以根据教师下发的教学单元包中的内容总结这门课程的重点及易考点，为考试的通过做准备。再次是给无法在课堂上课的学生提供便利。一些学生由于生病或者其他原因，无法在课堂上获得完整的教学内容，有了微教学单元包，学生可以随时随地通过观看微教学视频及导学案等材料进行学习。最后是为非师范专业（不开设这门课程），但对这门课程感兴趣的学生提供学习资源。Photoshop 是一个通用性很强的软件，渗透到当今社会生活的各个角落，所以大多数学生会对这一软件好奇并有学习的欲望。有了微教学单元包，这一部分学生也可以对这一软件进行系统的学习。

总而言之，微教学单元包在应用方面比较广泛，可以用于课前、课中及课后。用于课前的话就相当于使用翻转课堂的教学模式进行教学；用于课中相应地就是传统意义上的授课，但是通过借助微教学单元包进行教学，学生不仅有充分的时间与教师交流、与同学探讨，而且可以自定步调进行学习；用于课后是为了给那些因请假而不能上课的学生提供便利，让他们可以按照教师提供的资料自己学习。

（六）教学评价的设计

教师通过课堂表现评价量表和学生作品评价量表来对学生的学习态度及学习效果进行评价，采用这种多元评价方式旨在对学生作客观真实的评价，力求反映学生真实的学习情况。图9—11展示了两幅学生的作品。

图 9—11　学生作品展示

课堂观察量表主要是对学生上课的具体情况进行统计与过程性评价，教师可以通过点名册对学生到课、迟到早退以及请假等情况进行详细的了解，还可以观察学生下课后是否会主动留下来进行继续学习。通过观察这些指标在实验前后的变化，可以初步了解学生上课的积极性以及学习的态度是否发生了转变。

六　案例研究

滤镜是 Photoshop 中最精彩的内容，应用滤镜可以制作出多种不同的艺术效果。Photoshop CS5 的"滤镜"菜单中共有 100 多种滤镜命令，每个命令都可以单独使用，使图像产生不同的滤镜效果，也可以利用多个滤镜产生特殊的艺术效果。每一种滤镜都有自己独特的窗口和功能强大的选项及参数设置，其使用和操作的方法相对也较简单。学生根据导学案中的问题对这一章节的知识有一定的了解，通过完成问题情境中的任务，了解不同滤境可以产生的艺术效果，提高学习兴趣及创造力，了解并掌握滤镜的功能。现以"滤镜的使用——雨景的制作"这一微教学单元包在课堂上的应用实施为例作简单的介绍。

（一）导学案的应用

学生根据导学案中的问题和要求，结合课本上的内容及搜索出来的资料作出相应的答案来完成导学案中提出的问题，从而完成预习的任务，具体如表9—2所示。

表9—2　　　　　　"滤镜的使用——雨景的制作"导学案

基本组成结构	问题
基础知识	至少认识5种滤镜
学习重点	你认识的滤镜是如何使用的？
学习难点	多种滤镜又是如何混合使用，达到特殊艺术效果的？
学习易错点	各个滤镜的选项与参数又是如何调整的？
课外拓展活动	搜集使用滤镜后达到的效果图

（二）PPT的应用

在课件中设计了几个问题，目的在于集中学生的注意力、引起学生的兴趣，进而激发学生的学习欲望与探究精神。图9—12中设计的问题，是为了检查学生的预习情况，促使学生掌握基础知识。以图片的形式呈现更容易让学生获取信息，引起学生的共鸣。图9—13中设计的问题，是为了引出问题情境，将所学知识点与生活中的实际问题结合起来，从而激发学生的学习兴趣及探究精神。

图9—12　PPT中问题的应用

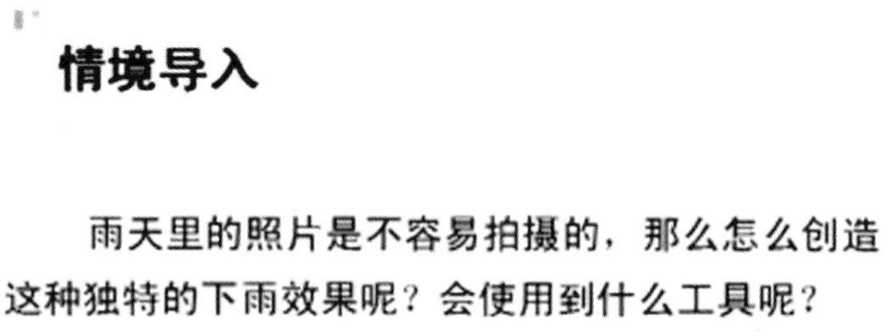

情境导入

雨天里的照片是不容易拍摄的，那么怎么创造这种独特的下雨效果呢？会使用到什么工具呢？

图9—13　PPT中问题的应用

（三）微教学视频的教学设计

表9—3　　　　　　　　微教学视频的教学设计

名称	PS中滤镜的使用——雨景效果的制作			
时间	第9周　星期二　（11月8日）　第2节		课时	1
类型	实验+讨论课			
教学资源	多媒体			
教学方法	讨论法 + 启发式			
授课教师		审核签字		
教学目标	知识与技能	1. 深入了解不同滤镜的作用效果 2. 熟练掌握制作雨景及雪景的操作步骤 3. 能够灵活使用多种滤镜为图片添加各种艺术效果		
	过程与方法	在完成这一任务的制作过程中，用到了多种滤镜工具，锻炼学生综合使用多种工具的能力以及学会知识的迁移		
	情感态度价值观	通过两个任务操作步骤的演示，让学生独立完成拓展任务，从而提高学生的自我成就感，激发学生的创作热情		
教学重点与难点	重点	熟练掌握制作雨景及雪景的操作步骤		
	难点	在完成这一图片的制作过程中，用到了多种工具滤镜，并且对每种滤镜都有相应的参数设置，如何让学生体会与理解不同作品参数设置的差异是教学难点		

续表

教学过程		问题的设计
教学内容（含时间安排）	师生互动、知识点梳理	
1. 问题呈现 看图想一想这些图片是经过哪种滤镜的处理达到下图所示的效果的？ 滤镜是 Photoshop 中最具创造力的工具，它可以通过不同的方式改变像素数据，以达到对图像进行抽象、艺术化的特殊效果处理。在图像处理过程中，经常将多个滤镜混合使用以产生特殊效果 2. 情境导入 雨天里的照片是不容易拍摄的，那么怎么创造这种独特的下雨效果呢？会使用到什么工具呢？	教师播放视频，并引导学生思考问题。学生观看视频回答问题 这些问题大多是导学案中所涉及的，教师可以通过学生的反应看出学生预习的状况 教师引导 这里起到承前启后的作用，为下面雨景的制作做铺垫 学生根据前面涉及的内容进行回答，从而引出这节课的主要任务	提问

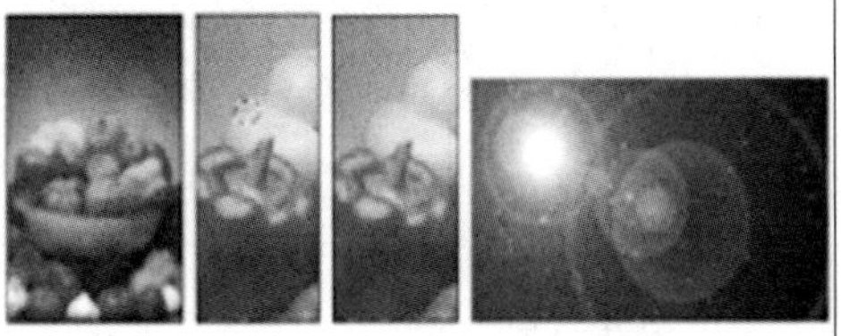

续表

教学过程		问题的设计
教学内容（含时间安排）	师生互动、知识点梳理	
本阶段任务效果： 晴天　→　雨天 3. 任务实施，操作步骤 第一步：新建图层，命名为"雨"，将此图层填充为黑色。 （图层面板截图） 第二步：执行：滤镜＞杂色＞添加杂色 （添加杂色对话框截图）	呈现任务效果图，引发学生学习兴趣 教师展示知识点 图层填充的方法： 添加前景色的快捷键： alt + delete 添加背景色的快捷键： ctrl + delete 填充颜色快捷键： shift + 橡皮擦工具 教师强调：注意观察杂色滤镜参数的设置。自己完成任务时，观察不同的数值会对最终的效果有何影响 各个数值的设置： 数量：75% 选中高斯分布 选中单色	提出问题 问题情境分析 介绍问题解决的途径

续表

教学过程		问题的设计
教学内容（含时间安排）	师生互动、知识点梳理	
第三步：执行滤镜 > 模糊 > 高斯模糊 	学生体会高斯模糊的作用	教师与学生在问题的解决中进行不断的交互
第四步：执行滤镜 > 模糊 > 动感模糊 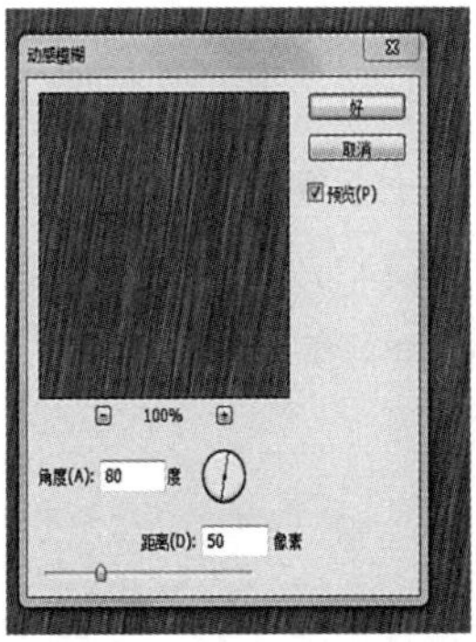	注意： 这一操作是对雨的倾斜度及倾斜方向进行调整。当然可以调整不同的角度，但是要在符合自然规律的条件下	
第五步：执行图像 > 调整 > 色阶 40%，调整后的效果如图。 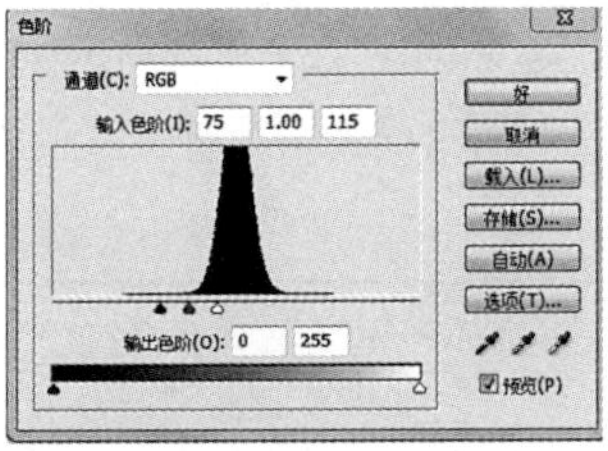	教师讲解，学生体会色阶的作用。色阶是调整图像亮度的 学生可以观察到这时会出现雨景的雏形	

续表

教学过程		问题的设计
教学内容（含时间安排）	师生互动、知识点梳理	
第六步：执行滤镜>扭曲>波纹 第七步：在图层面板上，更改"雨"层混合模式为滤色，透明度为50%，即可看到最终效果 4. 总结 滤镜 { 杂色滤镜 数量:75% 选中高斯分布 选中单色 　　　模糊滤镜 { 高斯模糊 半径修改为0.5像素 　　　　　　　　动感模糊 角度:80度 距离:50像素 　　　扭曲滤镜 数量:10% 大 图像—调整—色阶 75 0 115	执行这一步是为了使雨景看起来更加真实，使雨景有缥渺模糊的感觉 调整这一图层的模式后，会使这一图层上只呈现白色的雨点，可以将下一图层中的原图透出来。 总结这一部分是为了对以上重要的操作步骤进行简单的回顾，从而记住如何操作。	教师与学生在问题的解决中进行不断的交互
任务拓展	1. 独立完成雨景的制作，并为不同的图片添加雨景效果 2. 思考如何做雪景	
教学反思	通过这堂课的学习发现学生的积极性很高，可能是由于教学内容选取的案例贴近生活，学生在完成任务时才会有成就感。此外，学生还需要多做练习，这样才有利于对课中内容的进一步把握。教师要学会引导学生使用其他滤镜做出不同的艺术效果	

(四) 微视频中问题的设计

视频中不经意间的问答可以让学生巩固及回忆所学过的内容，还可以集中学生的注意力。如图9—14中所提到的问题，可以让学生通过比较视频中不同问题情境的解决方法，来巩固所学的知识点，即不同滤镜的作用效果。

图9—14 微视频中问题的设计

(五) 微教学单元包的教学实施过程

本微教学单元包在S大学美术专业的大三班实施应用。

1. 教学情境的创设

为了让学生更好地参与学习，我们安排学生在计算机实训室上课，计算机实训室是一个小型局域网，可供教师与学生随时随机地发放及接受文件。而且电脑并不是单独摆放的，一般都有相邻的电脑，学生可以就近讨论学习问题并协作学习。

2. 《雨景的制作》微教学单元包的课堂应用

课堂应用过程如图9—15至图9—17所示，在这个过程中学生利用导学案及课本教材了解到本节的基础知识并且明确了需要解决的实际问题；微教学单元包中的电子教案、课件、图片资料等为学生提供了相关的学习资源；在微教学单元包的应用过程中教师还引导整个课堂活动，掌控整个教学进程。课堂应用中的视频呈现三个层次的问题情境。

图 9—15 基础问题设计

图 9—16 拓展问题设计

图 9—17 提高问题设计

3. 学生作品制作

学生通过作品制作来完成课程内容的学习,同时也展现解决问题的能力。在制作作品的过程中,学生一旦出现困惑,可以通过同伴互助的形式进行解决;当学生遇到共性的或者无法解决的问题时,教师进行必要的讲解示范与指导。这样的话大多数学生会跟着教师的步调进行学习,让学生保持学习的积极性与热情,最终解决实际生活中的问题。

4. 学生评价

教师可以观察到,大多数学生使用大约 15 分钟的时间完成一个任务,学生遇到不懂的地方会积极地向教师及同伴寻求帮助，课堂氛围很好。

在课程结束时，学生需要提交自己完成任务的作品，并结合学生的作品展示来完成同伴及教师评价，通过这种综合评价的方式来对他们的学习效果进行考评。

七　微教学单元包的评价

（一）对微教学单元包教学效果的评价

1. 学生作品评价

通过学生提交的任务作品来评价教学效果，主要通过作品评价量表来实现。收集的学生任务作品是学生学习效果的一个重要体现，它可以展现学生对知识点的把握，反映出学生自主学习能力、分析问题及解决问题的能力。通过对收集到的学生作品进行评价，发现学生的作品质量很高，比较有自己的特色，说明使用微教学单元包进行教学，大多数学生可以按照教师的要求完成教学任务，还能按照教学流程不断探索，进而逐步达到教学目标。由此可以看出，使用这种教学方式进行教学能增强学生自主学习能力，提高学习时分析问题、解决问题的能力。

2. 学生参与学习情况的评价

使用课堂观察量表及学校的学生到课情况表，来评价学生参与学习的情况及分析这种教学方法是否能有效激发学生的学习兴趣和学习热情，课堂观察量表如表9—4所示。

表9—4　　　　　　　　　课堂观察量表

观察项目	效果等级			
	优	良	中	差
参与学习的学生人数				
学生对视频中所提问题的回应				
学生与教师互动，探讨问题				
学生能表达自己的见解				
学生对新知识的渴望				

通过课堂深入观察及上课人数统计分析，从图9—18我们可以看出大多学生能按时完成任务，也能准时上课，出现请假和旷课的人数相对于使用微教学单元包前有所减少；从图9—19中可以看出学生上课时能主动与教师进行交流、积极与同学讨论，有些学生下课后会主动留下来进行课外学习。说明使用微教学单元包能让学生对教学内容感兴趣，调动学生学习的积极性与主动性。

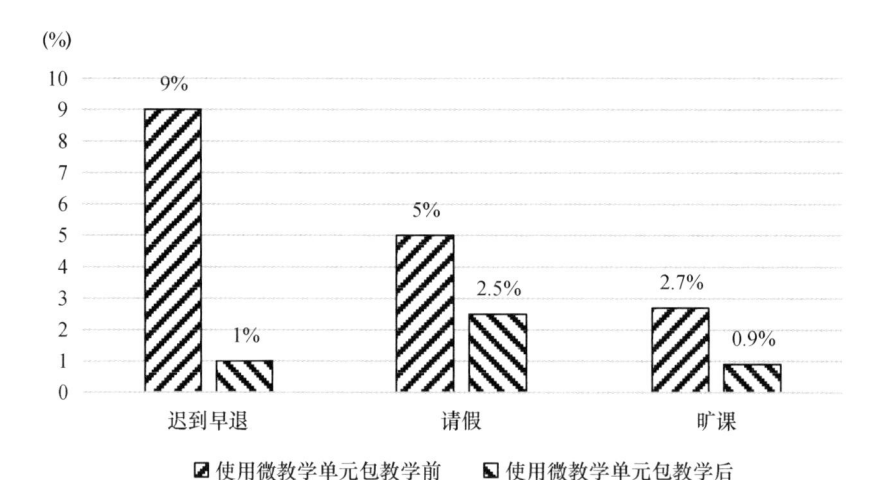

图9—18 学生上课积极性的转变

（二）对微教学单元包设计的评价

针对微教学单元包设计的评价是通过问卷调查的形式来获得的，参与调查的学生是使用微教学单元包进行教学的S大学美术班大三的学生，《有关Photoshop微教学单元包学习满意度的调查问卷》详见附录2。分发问卷共计120份，回收有效问卷114份，其中参与人数为女生92人、男生22人。

问卷中每个问题的答案选项分为四个维度，分别是完全满意、满意、不满意及一点也不满意。将回收问卷中的每个问题的选项，在SPSS软件中分析，得到以下结果。

1. 通过学生对问卷中第2个问题的选择，可以看出学生对使用微教

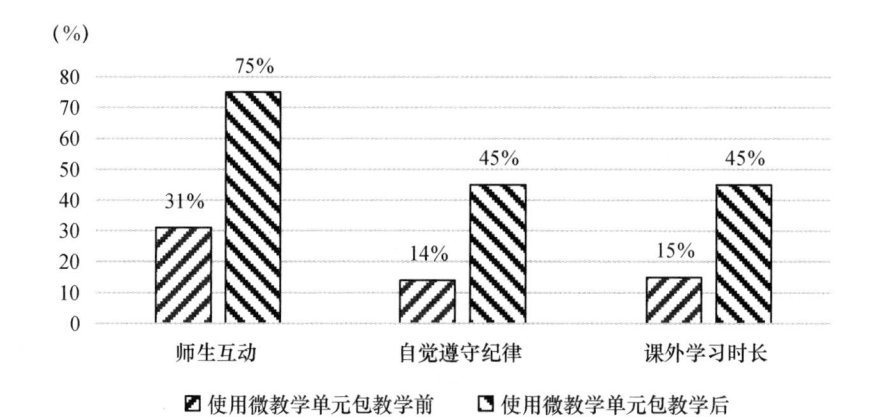

图 9—19 学生学习态度的转变

学单元包进行教学的满意度。如图 9—20 所示，其中 27.2% 的学生完全满意、71.1% 的学生满意，只有 1.8% 的学生对这种新型的教学方式不满意，所以总的来说绝大多数学生比较认可这种教学方式，很满意使用微教学单元包进行授课。

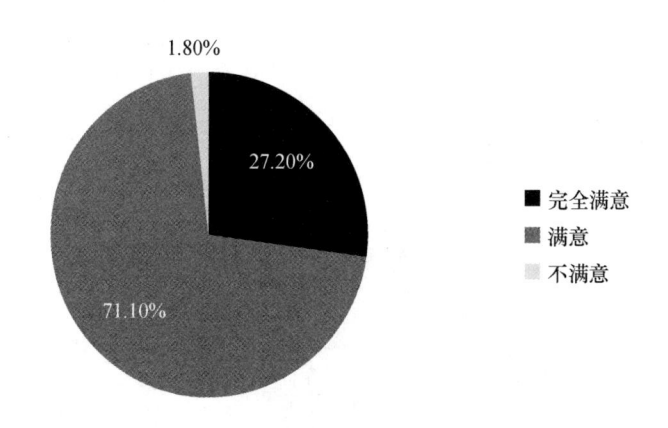

图 9—20 学生对新型教学方式的满意度

2. 通过学生对问卷中第 3 个问题的选择，可以看出学生对微视频教学模式的满意度。如图 9—21 所示，其中 21.1% 的学生完全满意、76.3% 的学生满意，只有 2.6% 的学生对这一模式不满意，所以推测绝大多数学生认同微教学视频按照 PBL 的教学模式进行录制，说明这样的录制模式有利于学生对知识的掌握。

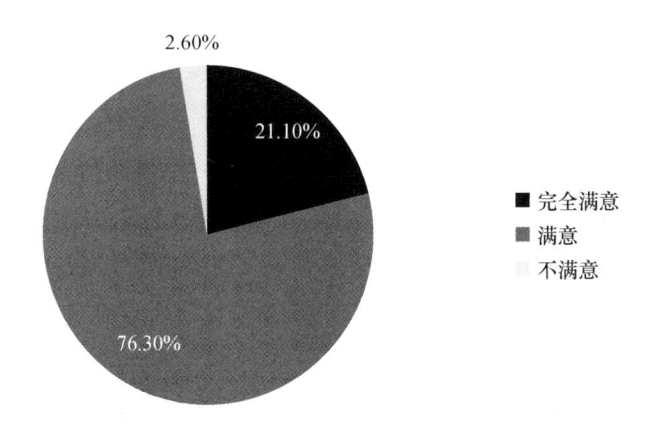

图9—21 学生对微教学视频采用的教学模式的满意度

3. 通过第 4 个问题可以得出学生对教学中设计的教学任务的满意度。如图 9—22 所示，其中 31.6% 的学生完全满意、66.7% 的学生满意，只有 1.7% 的学生对这一模式不满意，绝大多数学生对教学任务选取生活中的案例感到满意，选取与生活贴近的任务更有利于激发学生的学习兴趣。

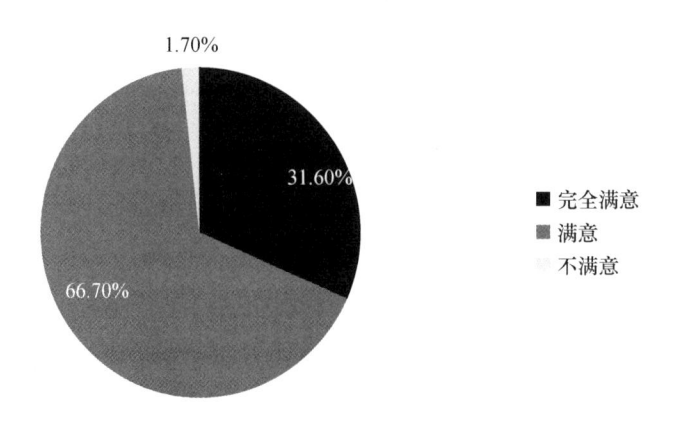

图9—22 学生对微教学单元包中的教学任务的满意度

4. 通过第 5 个问题可以得出学生对微教学单元包中教学任务分层次进行设计的满意度。如图 9—23 所示，其中 26.3% 的学生完全满意、71.9% 的学生满意，只有 1.8% 的学生对这种设计不满意，大约 98% 的学生对这种设计方式满意，这样的话才能达到对学生分层教学的目的。

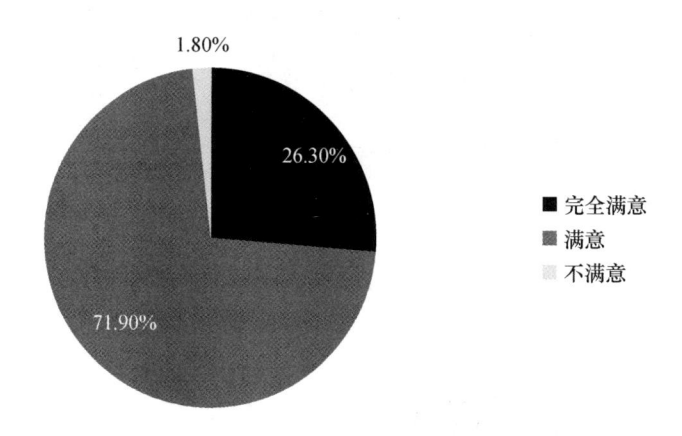

图 9—23　学生对微教学单元包中使用层次教学法的满意度

5. 通过第 6 个问题可以看出学生对设置课后总结这一环节的满意度。如图 9—24 所示，其中 26.3% 的学生完全满意、71.9% 的学生满意，只有 1.8% 的学生对这种设计不满意，也就是说大约 98% 的学生对教学中增加这个课后总结感到满意，学生可以在这个环节对新学的知识进行进一步的巩固。

6. 通过第 7 个问题可以看出学生对微视频时长设置满意度。如图 9—25 所示，其中 22.8% 的学生完全满意、71.1% 的学生满意、5.3% 的学生不满意，还有 0.9% 的学生对微视频时长设置一点也不满意。这个情况反映出有些学生对时长不太满意，根据了解，有些学生觉得视频讲解有点快，可以将时间延长点，将语速放慢。大多数学生对这个环节还是比较满意的，这个时长符合认知负荷理论，但是根据学生的要求可以在原来视频的基础上做适当的调整，尽量满足所有学生的需求，这样的话所有的学生都可以快速接受新知识、获得新技能。

7. 第 8 个问题是有关视频后期编辑中标志及标注的添加，是对学生

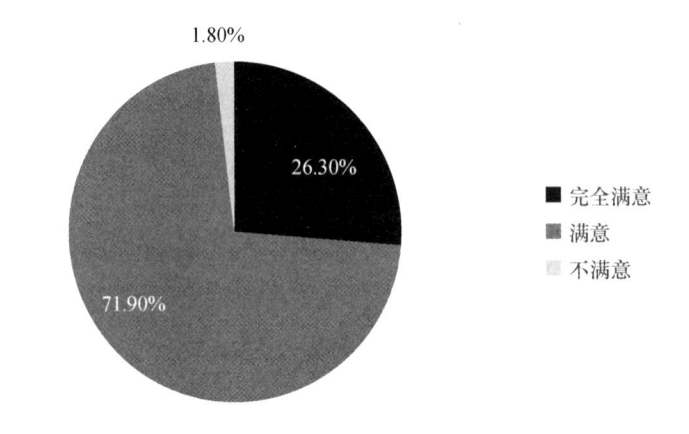

图9—24 学生对设置课后总结的满意度

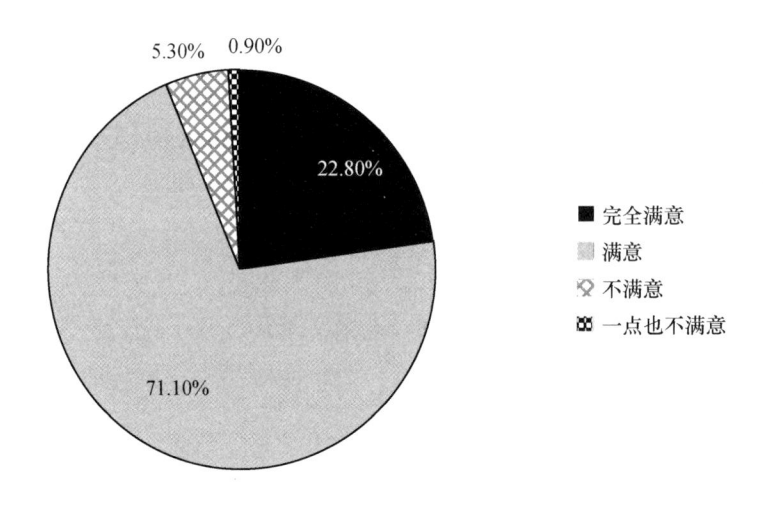

图9—25 学生对微视频时长设置的满意度

进行后期编辑满意度的调查。如图9—26所示，统计的结果中41.2%的学生完全满意、57.9%的学生满意，只有0.9%的学生不满意。从这个结果中可以看出，学生对后期编辑整体比较满意。减少不必要的标志会使画面更加干净及重点突出，学生更加容易接受新知识。

8. 第9个问题是有关是否能满足学生个性化需求的调查。据统计，43.9%的学生完全满意，56.1%的学生满意，如图9—27所示。从这个结

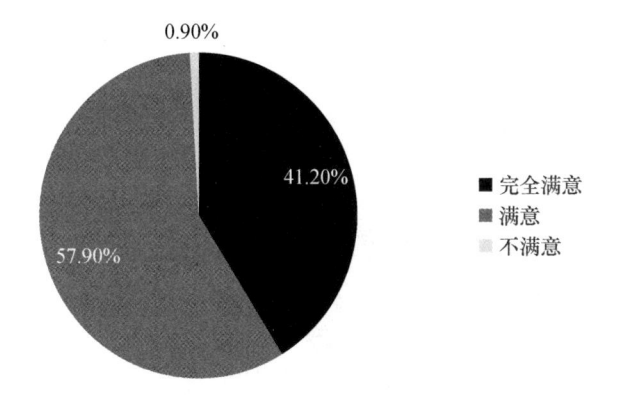

图 9—26　学生对微视频后期编辑的满意度

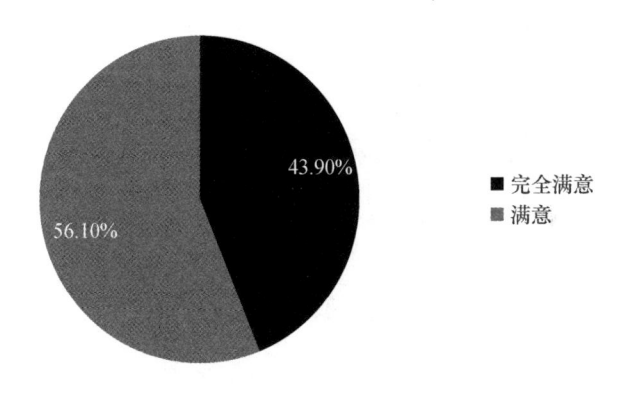

图 9—27　学生对教学内容以微视频形式呈现的满意度

果可以看出，学生对这一模式中自定步调进行学习很是满意，符合了学生个性化学习的需求。

9. 第 10 个问题是有关微教学单元包是否对自己课后复习有帮助的调查。如图 9—28 所示，数据显示 42.1% 的学生完全满意，57.9% 的学生满意。从这个结果可以看出，绝大多数学生认为这个资源对他们的复习很有帮助，满足了学生的学习需求。

10. 通过对第 11 题选项的统计，可以看出学生对学习评价标准满意度的情况。如图 9—29 所示，其中 23.7% 的学生完全满意，74.6% 的学生满意，只有 1.7% 的学生不满意，反映出学生对教师采用课堂观察与作

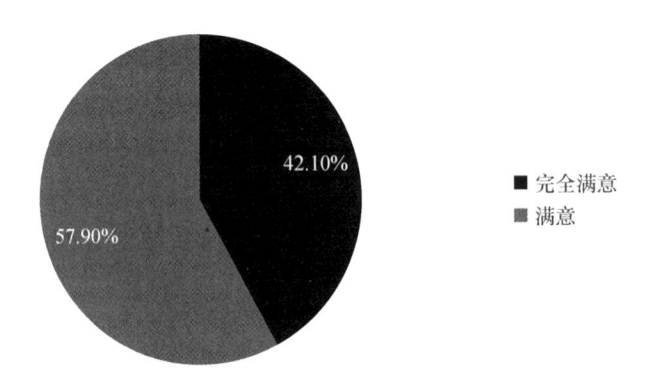

图 9—28　学生对微教学单元包满足自己复习需求的满意度

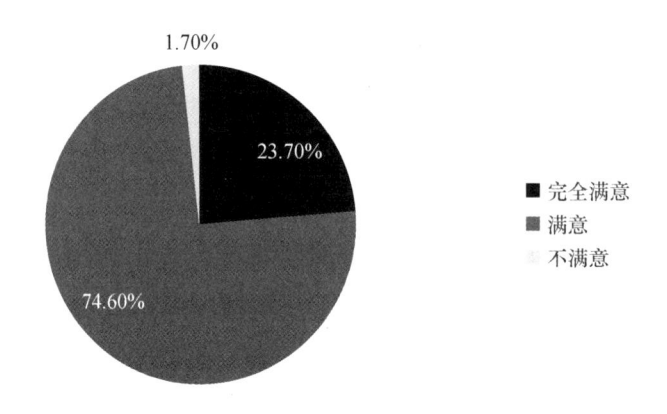

图 9—29　学生对教学评价标准的满意度

品成绩相结合的综合性评价比较满意，这种方式能更加灵活地对学生进行评价。

11. 对第 12 题选项的统计如图 9—30 所示，可以看出学生对自己学习效果满意度的情况。其中，22.8% 的学生完全满意，70.2% 的学生满意。说明学生可以通过这种新型的教学方式掌握所要学习的内容，这种学习方式比较受学生的欢迎。

从以上涉及的问题统计结果，可以得出大多数学生对使用微教学单元包进行教学很满意，希望以后的课堂教学也能采取及借鉴这种方式。

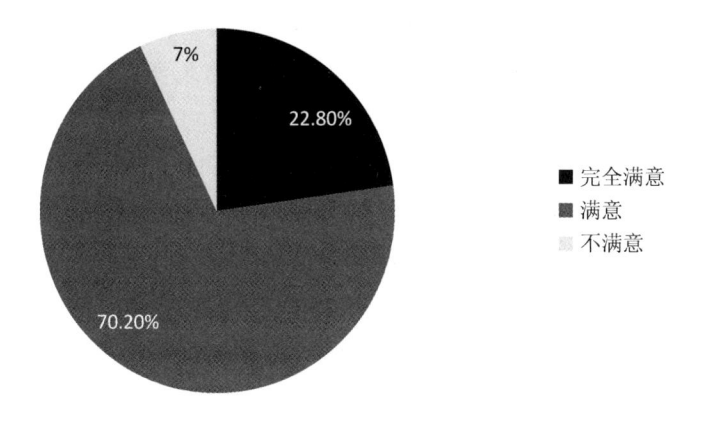

图9—30　学生对其学习效果的满意度

总之，这种新型的教学方式受到多数人的欢迎与认同，他们认为使用这种方法进行学习不仅可以更加清晰地掌握课程内容，而且有利于培养自主学习能力和创新能力，还能满足个体的个性化需求，是教学方式探索的不错的尝试，该教学方式提供的教学资源也具有长期的使用价值。他们希望在以后的课程教学中也尝试使用这种方法。当然，这个微教学单元包也有不足之处，如微视频中出现一些需要调整的细节问题、教学材料提供的不够全面等，在以后的研究与实践中需要教学者根据实际情况作相应的修改和调整。

八　本章小结

本章构建了适用于《现代教育技术》公共课操作模块微教学单元包的应用模型，并详细介绍了这些模型是如何进行设计开发的，为教师设计操作类微教学单元包提供参考与借鉴。还针对《现代教育技术》公共课的 Photoshop 这一模块的内容，设计开发了一系列微教学单元包，不仅丰富了教学资源库，而且为教师灵活使用不同教学方式对不同教学内容进行授课和探索新的教学理念提供了便利。

通过实地考察及访谈的方式了解到《现代教育技术》公共课开设的现状，了解到使用传统的授课方式已经不能满足不同层次学生的上课需求，急需采用新型的教学方式扭转这一现状。提出适用于操作课的授课模型，即使用问题式微教学单元包这种新型的教学方式进行授课。首先，在问题式微教学单元包中，教师尽量设置一些与现实问题紧密相关的情境来感染学生，这对于学生的情感具有积极的影响，能吸引学生的注意，激励学生完成指定的任务并培养学生解决实际问题的能力。其次，微教学单元包本身包括导学案、教学设计、PPT、微教学视频以及评价量表等上课所需要的各种资源，这些资源都是最有利于学生学习的资源，可以提高学生的学习效率。

通过对S大学美术专业大三的学生采用微教学单元包前后教学评价的对比，以及学生对微教学单元包满意度的问卷调查，发现采用这种教学方法能有效激发学生的学习兴趣和学习热情，还可以增强学生自主学习的能力和分析问题、解决问题的能力。进而证实了微教学单元包在课堂教学中具有实用性和可行性。微教学单元包的设计不仅优化了教育资源，而且极大地满足了学生自学的要求，平衡了教育资源，证实微教学单元包在实际教学中具有广阔的应用前景。

第 十 章

交互式微学习单元包设计

移动互联网时代,各种在线教育形式层出不穷,"移动学习""碎片化学习"等一系列热词开始进入人们的眼帘,PC 端的教学模式满足不了人们的需求,基于智能终端的学习——微学习应运而生。如何将新媒体传播模式下诞生的微学习方式通过成熟的模式有效地嫁接到教育活动中,成为当下研究的热门话题。高校师范生的《现代教育技术》是一门理论与实践相结合的课程,但在实践部分的学习中,学生学习效果并不是很理想。

结合微学习的理念,以改善 Flash 的教学为目的,进行了交互式微学习单元包的设计、开发以及应用研究。首先,在教学交互理论以及个性化学习理论的指导下,通过对教学内容以及学习者学习特征的分析,构建了交互式微学习单元包的学习模型。其次,在这个模型的指导下,将理论与实践结合,将交互式微学习单元包的模型应用于 Flash,设计出关于这门课程的完整的交互式微学习单元包,并选择合适的软件进行开发。最后,将成品应用于实际的教学中并通过问卷调查对学生的使用效果进行分析,发现该单元包的不足,并有针对地改进。[1]

通过以上研究,我们发现交互式微学习单元包的使用不仅可以减轻教师教学的负担,还可以提高学生学习的积极性。学生通过这种方式进行学习,对知识的掌握程度和迁移应用程度也得到了很大的提高。

---

[1] 李珊珊:《基交互式微学习单元包的设计与研究》,山西师范大学,2016 年。

一 研究背景

随着人工智能和大数据不断深入教育领域，以"学习者"为中心的数字化、个性化学习方式逐渐成为学校课程教学改革的主要形式。新西兰教育部部长史蒂夫·马哈雷在 2006 年的《个性化学习：把学生置于教育的中心》演讲中指出，"所谓个性化的学习就是意味着要围绕学生不同的学习方式来塑造教学，以及关注发掘每一个学生独特的天资"[①]。该学习理念迎合了数字原住民的需求。另外，随着无线网络的进一步覆盖和提速，以及手机、平板电脑等便携式移动设备的普及，随时随地的移动学习和个性化学习逐渐成为我们生活中不可或缺的一部分。

为了迎合数字原住民全新的学习方式，为每一个学生营造个性化学习的环境，本章将微学习的概念整合到学校教育中，设计有效的交互式微学习单元包。一方面，依据学生的学习特点和认知风格设计符合学生需求的教学活动；另一方面，通过"个性化"的交互式微学习单元包的有效应用，改善学生的学习习惯，促进学生的学习。

二 研究目的与意义

本研究主要是想通过对交互式微学习单元包的构建和使用实现以下几个目的。

其一，探讨学习过程中交互的类型以及作用，建立学习交互模型，解释学习的交互规律，用以指导教学，提高教学质量。

其二，设计出能够发挥教师"主导"、学生"主体"作用的交互式教学单元包，减少学生学习过程中的认知负荷，减轻教师的教学负担。

其三，作为师范生必须掌握的一门公共课，本研究试图运用交互式微学习单元包来优化高等师范院校《现代教育技术》实践部分 Flash 课的教学，以求有效提高教学质量和教学效率，进而从根本上提高师范生的教育技术水平。

---

① 胡金顿：《基于移动技术的学生个性化学习探究》，《西昌学院学报》（自然科学版）2013 年第 9 期，第 86～88、91 页。

三 相关概念

(一) 教学交互

教学交互指的是在学习过程中,学习者与所有教育资源之间的相互交流及作用,目前为止已经形成较为稳定的体系结构。北京师范大学陈丽教授指出:"教学交互模型由三个层面所组成,学生与媒体的操作交互、学生与教学要素的信息交互,以及学生的概念和新概念的概念交互,这三个层面的教学交互在学习过程中可能同时发生,学习者的学习在这三个层面的教学交互共同作用下完成,其中,学生与学习资源的交互,学生与教师的交互,学生与学生的交互,这三种形式的信息交互相互补充。"

教学交互模型中这三种层次的交互是重点。其中,概念交互贯穿于整个学习的过程中,是评价教学交互是否有意义的要素。操作交互是媒体界面交互性和学生操作媒体熟练程度的综合体现;媒体界面交互性是媒体设计和开发的重心,随着学生使用媒体经验的不断丰富,操作交互的水平会逐步得到提高;信息交互是教学设计和教学实施水平的体现,信息交互是教学设计的重点,信息交互的水平与学生和学习支持人员的具体表现有关。

本研究以教学交互三层次的模型为理论依据,主要通过设计交互式微学习单元包中的操作交互和信息交互来提高学生学习过程中的概念交互,从而提高学生的学习效率。

(二) 个性化学习

所谓个性化学习是根据学生的学习风格和认知特点来塑造教学,从而促进学生个性化发展的一种学习方法。由于受教育的每一个个体都是独立的,都有各自与众不同的一面,一概而论的教育方式越来越无法满足学习者日益增长的个性化学习需求。

因此,教学者应该为不同的学生提供不同的学习支持,让学生可以根据自身的实际条件进行不同进度以及不同方式的学习。从个性化学习的课程设计维度上说,要求学科课程与个人课程统合、个性化学习与集体学习统合、教师指导的个别化和学生学习的个性化统合。在实施的过程中也要注意，要适应学生的学习能力差异、兴趣差异、生活经验差异。本研究所设计的交互式微学习单元包则是以满足学生个性化学习的需求为目的，希望为不同的学生创造适合自己的学习情境，从而提高学习效果。

四　交互式微学习单元包的设计

（一）前端分析

1. 课程概况介绍

《现代教育技术》是高等师范院校师范类专业必修的一门公共基础课程，能够有效地培养师范生现代教育技术能力。在《现代教育技术》课程中设置 Flash 软件的学习，目的在于提高学生教学设计的能力。而每一门课程的学习又是理论与实践相结合的过程。但由于整体课程内容多而授课时间较为短暂，学生专业背景不同，以及实践环节难以把控等诸多因素的影响，Flash 的教学难以达到预期效果，师范类学生的现代教育技术能力并没有得到应有的全面发展。[1]

Flash 实践性极强，在传统的课程中，一味地讲解知识点而忽略了学生的实践练习，而且讲解完全部的课程知识点所需要的时间也较长。Flash 是作为现代教育技术课程中的实践部分的一个具体内容，没有过多的课时安排，而交互式微学习单元包的使用正好解决了这一难题。

2. 课程内容分析

由于课程体系以及学生专业学科背景的不同，在短时间内很难对学生进行专业的 Flash 软件的培训，所以主要通过多个微学习单元包来学习相关的知识内容。根据教学目标以及教学大纲，对所学的知识内容进行整体的分析以后，将 Flash 中所要学习的动画分为七个基本类型，分别为图形绘制、位移动画、形变动画、逐帧动画、遮罩动画、引导层动画和代码动画。

---

[1] 李志河：《发展性评价在中学信息技术课程中的应用研究》，《电化教育研究》2010 年第 4 期，第 54—57、66 页。

不同的模块相互联系，共同构成了 Flash 部分的学习。虽然 Flash 是动画制作软件，但是，图形绘制是基础，图形绘制部分主要为学生介绍 Flash 中一些基本工具的使用以及基础图案的绘制方法。在了解基础操作部分以后，将 Flash 中的动画部分按照难易程度分为基本动画、提高动画以及复杂动画。其中，基础动画主要包括位移动画、形变动画和逐帧动画，提高动画包括引导层动画和遮罩动画。最后讲述比较复杂的代码动画。

3. 学习者需求分析

近些年，微学习、教学单元包等相关词汇已经逐步进入人们的视线，但基于交互式微学习单元包的学习，很多学生并未实际了解或者接触过，所以，采用问卷对学生的具体情况进行调查。

目前，学习者在学习操作类软件的时候，普遍是通过教师讲授习得基本知识。教师在授课过程中，仍旧采用"满堂灌"的模式，忽略了学生的自主性和积极性，学生的个性无法发挥。针对这种情况，对学生的满意度进行了调查，结果如图10—1对所示。3.64%的学习者对教师的这种教学方法非常满意，16.36%的学习者比较满意，还有40.00%的学习者持中立的态度，31.82%的学习者不满意，8.18%的学习者对这种教学方法很不满意。可知，虽然很多学习者对传统的教学方式并没有表示出不满和反抗，但整体而言，传统的以教为主的灌输式教学方法已经不能满足当代学生的个性和需求。因此，给予学生一种新的学习方法已经势在必行。

对学习者之前在学习操作性软件的时候是否接触过该类型的学习方法进行了问卷调查，结果如图10—2所示，2.73%的学习者表示经常使用这种方式进行学习，6.36%的学习者表示较少使用这种方式进行学习，14.55%的学习者选择了"一般"。说明，在所有接触过该类型学习方法的学习者中，其使用率不是很高，这样的方法并没有在学习者中普及。但76.36%的学习者表示，之前没有接触过这类型的学习方法，如图10—3所示。这说明，随着时代的发展，微学习引起了很多人的注意，但真正将微学习的方法应用到实际教学中的情况是微乎其微的，甚至很多学生根本就没有听说过这类型的方法。

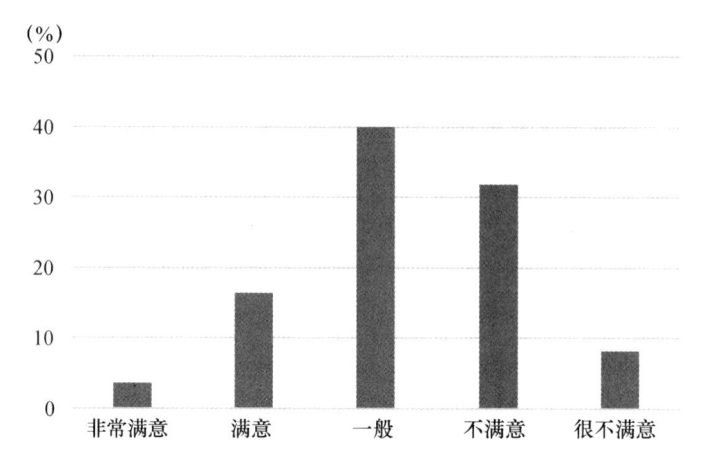

图 10—1　对当前教学方法满意度

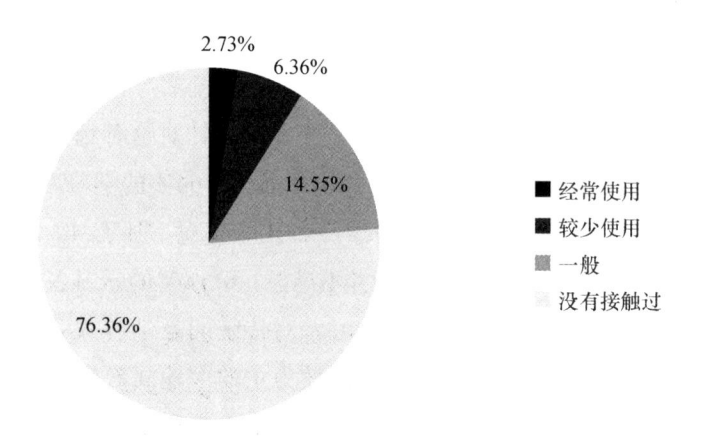

图 10—2　之前接触过此种学习方法

同时，针对此种学习方法的适用性，也进行了相应的调查，结果如图 10—4 所示。28.18% 的学习者初步认为，此种学习方法非常适合操作类软件的学习，53.64% 的学习者认为比较适合，还有 17.27% 的学习者认为一般，0.91% 的学习者认为操作类软件的学习不适合使用这种方法，没有人选择非常不适合的选项。这些数据表明，在使用之前，学生整体上并不排斥这样的学习方法，大部分学习者表示可以接受并认同这样的学习方法。其中，还有相当大的一部分同学对这样的学习方法表现出积极的态度。

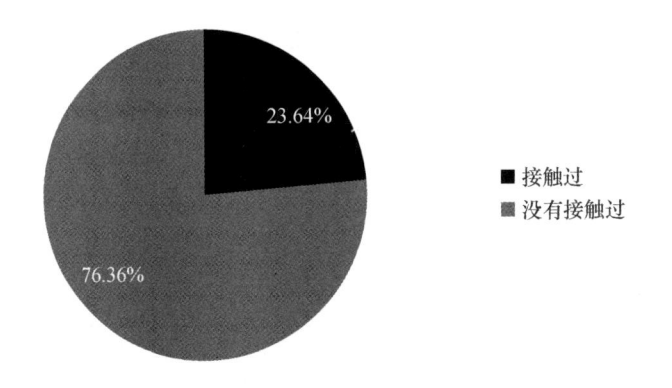

图10—3　微视频的课堂使用程度

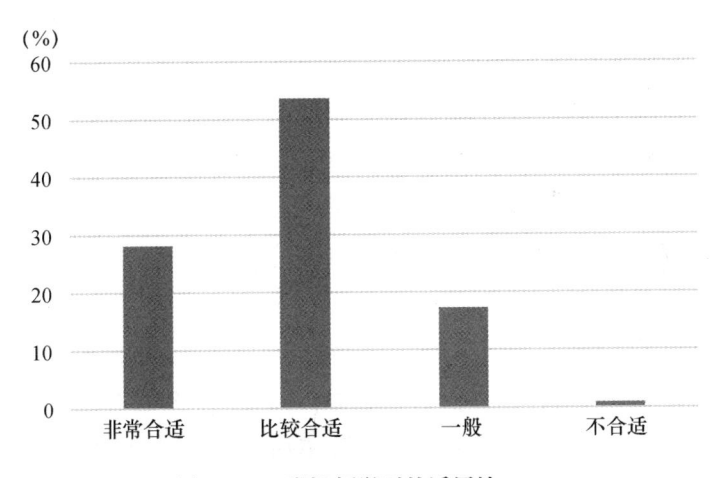

图10—4　微视频学习的适用性

综合分析前文数据，可以得出，大部分学生在之前并没有接触过这样的学习方法，教师将这种方法带入课堂，学生们首次接触到这样新颖的学习方式，表现出了一定的兴趣和关注，很大一部分学生表示更愿意尝试这样的学习方式，同时，还有一部分同学并没有表现出强烈的欲望但是也没有持反对态度。

4. 学习者初始能力分析

Flash 软件的学习是《现代教育技术》这门课程中的重要实践部分，

也是高校师范生所要掌握的一门必要技能。旨在希望高校师范生通过这门课的学习可以独立地完成相关教学课件的制作，在以后的教学过程中丰富教学内容以及教学方式。但是，不同水平的学习者在学习这部分内容的时候，侧重点以及关注点并不完全相同，所以在开始课程之前，应该先了解学习者的初始能力，以便在学生学习的过程中可以及时地对症下药。

（1）先决知识技能分析

在学习 Flash 软件之前，通过对学习者的了解发现，上《现代教育技术》这门课程的学生都是某师范大学大二的学生，在学习该软件之前，学生们对操作性的软件都有一个基本的了解，有学生甚至已经学习了一些操作类的课程，如 Photoshop 等，这对于学生进一步学习类似的操作性软件有一定的帮助。

（2）目标技能分析

在学完这部分内容以后，希望学习者能够完成以下目标：能利用绘图工具绘制不同图形，在理解图层和帧的含义的基础上，掌握演示型动画如逐帧动画、变形动画、精确控制变形动画、运动动画、路径动画、遮罩动画、色彩动画的制作方法；同时，掌握插入声音、制作按钮的方法，通过这些基础内容的学习可以掌握简单交互型动画的制作方法，并且制作出与专业相关的简单的教学课件。

通过与学生的交流了解到，以往教师在讲授《现代教育技术》的实践操作部分的时候，往往都是照本宣科，并没有给学生详细讲解或者练习的机会，有的教师甚至自己本身并不懂这部分的内容，所以导致学生不懂装懂、得过且过的现象。此外，相对而言学生对这部分知识还是比较陌生，而且考试并不涉及这部分内容，很多学生对 Flash 软件的学习不仅不感兴趣，而且很不重视，所以教师在授课的时候更应该注重消除学生和知识之间的陌生感，培养学习兴趣。

（3）学习态度分析

Flash 实践性极强，是否适合使用交互式微学习单元包进行学习？针对这一问题，通过抽样研究法对学生的态度进行调查。经过调查发现，大多数学生已经习惯了数字化时代的各种学习方式，他们更倾向于在教师的指导下进行自由的学习，希望可以自己安排自己的学习时间以及进程，不喜欢受人指派。通过微学习单元包进行学习的方法很大程度上满足了他们的学习需求，所以，他们很乐意使用这样的方法进行学习，大部分学生还是表示出接受的态度。

（4）学习者基本情况分析

在研究交互式微学习单元包的使用情况的时候，将《现代教育技术》课程中实践部分的 Flash 作为载体，以该校 2014 级的师范生为研究对象。选择其中的 110 个人使用了交互式微学习单元包，发现其中的问题并进行改进，最终通过对学生的问卷调查分析学生在使用该单元包前后的学习差异，并总结出交互式微学习单元包的教学效果。

首先，一些学生由于自主性差，学习过程中容易迷失方向，故很难将整堂课进行下去。在教师的指导下，使用交互式微学习单元包进行学习，可以给学生明确的目标，引导学生的学习进程，使学生的学习进程可以顺利进行。

同时，每一个学生都有不同的知觉倾向，不同的感觉器官捕获的信息在人的大脑中所占的百分比不同，所以要通过提高教学过程中的交互性来提高信息在人脑中停留的时间。故交互式微学习单元包的设计，要充分调动学生的积极性，使其参与学习活动，并尽可能地调动其知觉倾向，帮助其学习。

（二）交互式微学习单元包的设计

1. 设计思想原则

将 Flash 的基本知识内容分解为七个部分，为每一部分设计一个学习单元包，从知识涵盖的角度来说，这本身就是一个微学习单元包。同时，在学习单元包中，每一模块的知识内容都按照专题、项目、任务、过程、阶段这样的层次来划分，逐步细化，微中见大。

在设计过程中首先应该注意该单元包的科学合理性。在设计交互式微学习单元包的时候要注意其中教学内容的科学性，呈现顺序的合理性。不能一味地追求学生的高关注度而过度夸大应有的事实，应真实地呈现相应的知识内容。同时也应该合理地对知识内容进行拆分和组合，让学生通过一个个小知识点的学习达到最后的融会贯通，而不是一个个支离破碎的碎片知识点。其次是易用性,交互式微学习单元包的设计必须简单易用。因为这个单元包就是为了方便学生的学习而设计的,如果单元包本身过于复杂使得学生没有办法理解而不知如何使用,那么单元包就失去了它本身的促进教学效果的作用。

2. 交互式微学习单元包的构成

交互式微学习单元包的使用分为课前、课中、课后三个阶段。如表10—1所示,单元包在每个阶段都有不同的内容。

表10—1　　　　　　　　交互式微学习单元包构成

时间段		构成
课前		微学习任务单、微视频1、微练习
课中	素材资料	微视频1、初级练习、微视频2、提升练习
课后		拓展练习、微评价表、微反思

其中,微学习任务单是根据教学目标编制的,基于学生现有的认知水平和知识经验的,用于引导学生自主学习的任务型文本。主要包括学习指南、学习任务、困惑与建议这三个部分。如图10—5微学习任务单结构所示,微学习任务单将传统教学模式中教师讲授的知识内容按照一定的模块转化为学生学习过程中需要完成的小任务,由学生通过自主学习、同伴互助以及小组合作交流的方式完成。其主要是为了帮助学生明确课前自主学习的内容、目标和方法。交互式微学习单元包中的交互式微视频是指时间在5—20分钟,适合在电脑、平板、手机等终端使用并且具有交互性的教学视频。在交互式微学习单元包中,根据教学目标对教学内容进行分析,将其划分成多个独立的模块,并将其制作为视频课程,同时,增加视频在使用过程中的交互性,希望由此可以提高学生的使用投入程度和积极性。

微练习不同于交互式微视频使用过程中的一些练习,这里的练习主要是指课前的前测性练习或者课后的总结性练习。微练习的设计应该紧扣本节课的微学习任务单来设计,在无疑—有疑—无疑的学习过程中,使学生能够逐步完成不同难度的任务,即通过微练习来引导学生的学习。

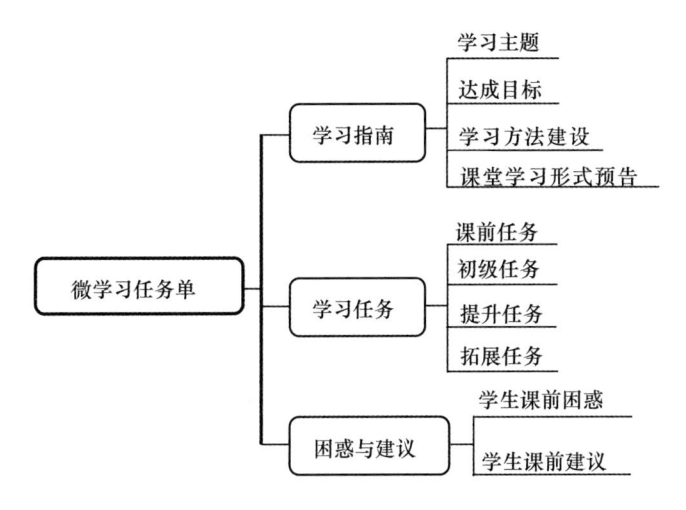

```
                      ┌─ 学习主题
        ┌─ 学习指南 ──┤─ 达成目标
        │             │─ 学习方法建设
        │             └─ 课堂学习形式预告
        │             ┌─ 课前任务
微学习任务单 ─┤─ 学习任务 ──┤─ 初级任务
        │             │─ 提升任务
        │             └─ 拓展任务
        │             ┌─ 学生课前困惑
        └─ 困惑与建议 ─┤
                      └─ 学生课前建议
```

图 10—5　微学习任务单结构

学习资源是指微学习单元包内提供的学生学习过程所需要的各种素材、资源和相关知识超链接。其中素材可以是文字、图片、音频、动画、视频等纸质的或者多媒体的素材。学习资源可以有效地支持学生的学习，为学生的学习活动创建丰富的场景。

微评价是由教师给出的一种描述性的评分表，评分表将评价的标准分为不同的一级指标，详细说明依据一级指标下设的二级指标，标出每一个评分要点所占的分值，主要用来分析学生的学习结果，评价其作品，是学生自检的标志，也是教师评价的评分指南。

微反思就是指学生在课后反思，反思自己的整个学习过程，对自己这节课所学到的知识内容进行系统的整理，并反思这节课的不足之处，以便下次能有所改进。

3. 交互式微学习单元包的基本模型

基于之前对课程概况、课程内容、学习者需求、学习者初始能力的了解，以及对本次教学实验的科学安排，设计了使用交互式微学习单元包的学习流程，如图 10—6 所示。

在课前，学生根据所列出的微学习任务单明确学习任务，然后根据微视频 1 学习基本知识点部分，掌握课前导学的知识点。随后进行导学练习，如果能顺利完成练习，则可进入课中的学习；若不能顺利完成练

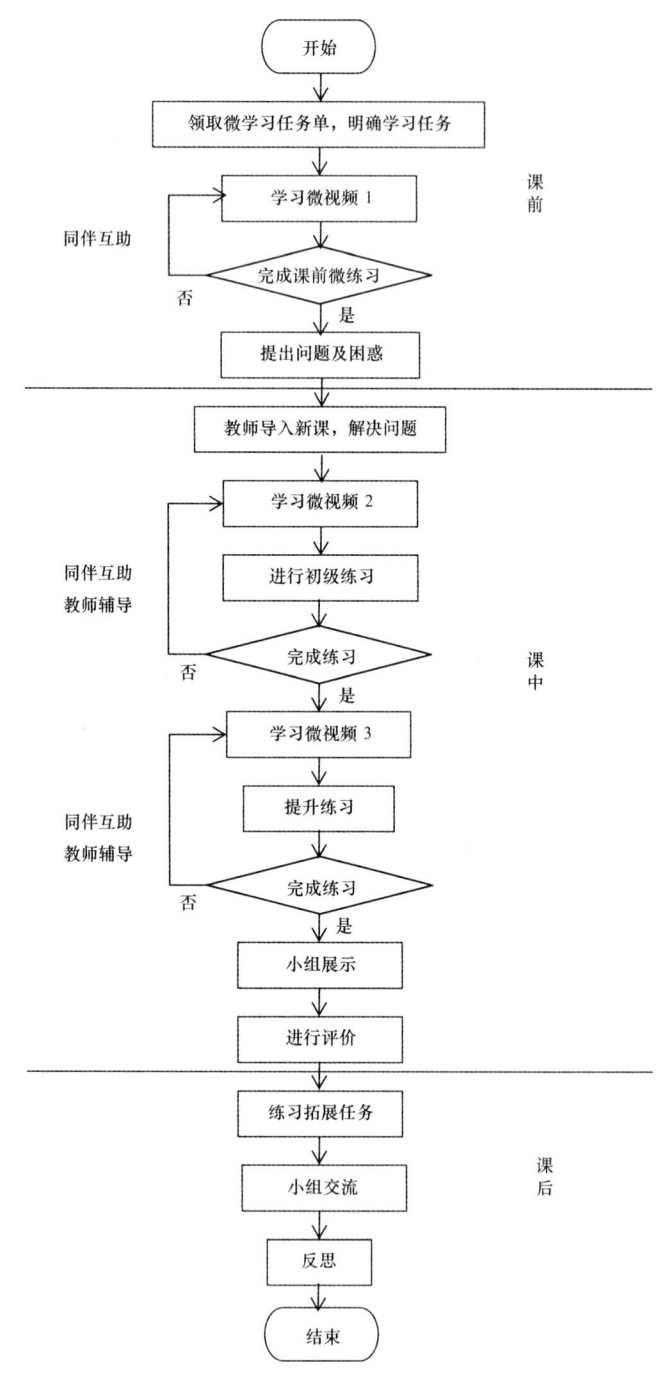

266 / 信息化时代的教学创新:环境、资源与模式

图10—6 学习流程

习，则要重新学习微视频1。在课前学习的过程中，学生可以自己独立地学习，也可以与同学一起组成小组，互帮互助，共同学习。完成课前学习以后，学生要提出课前学习过程中遇到的问题及困惑。在整个过程中，教师为学生提供这节课所要完成的微学习任务单、微视频1，以及在学习过程中所需要的一些文本、视频、动画、超链接等相关的素材。课前学习的时间不作规定和限制，由学生自行安排，完成基本的练习即可。

在课中，将学生的学习也分为三个阶段，分别是答疑解惑、初步练习和提升练习。在这个阶段，交互式微学习单元包里面会提供相关的学习素材和学习资料，方便学生学习。在答疑解惑阶段，学生首先汇报课前学习的基本情况，教师根据学生的汇报解决学生的疑难问题，然后导入新的内容和知识点。在初步练习阶段，根据微视频2，使用所给素材进行初级练习，如果可以完成练习，则可以进入提升部分的学习；如果这部分的练习过程出现一些疑难问题，学生同样可以通过自己上网查询、教师辅导或者请求同伴帮助来解决问题。在提升练习阶段，学生先学习微视频3，然后进行提升练习。如果提升练习顺利完成，则进入作品展示阶段；如果在做练习的过程中出现问题，学生仍然要重新学习微视频3，在学习的过程中可以寻求教师、同学的帮助，也可以自己查找资料解决问题。完成练习之后，需要学生对自己的作品进行展示，然后依据评价量表进行自评、同学互评以及教师评价。评价环节完成以后，则进入拓展练习阶段。

在课后，学生主要进行拓展练习。当然，如果学生顺利掌握了课前和课中的知识点，可以利用剩余课堂时间在课上完成拓展练习；如果课上刚好完成了初级和提升练习，那么要求学生在课后钻研拓展练习；如果学生课上并没有完成初级和提升练习，也可以在课后使用交互式微学习单元包完成剩余部分的学习。课后，学生也可以相互交流自己的作品以及学习经验。

五 交互式微学习单元包的开发

（一）开发工具的选择

在交互式微学习单元包的开发过程中，主要关注"微学习任务单""微视频""微练习""学习资源"与"微评价"这五个模块。

微学习任务单用思维导图来呈现。选择使用 XMind 来制作微学习任务单,是因为 XMind 的图形多样,包括思维导图、鱼骨图、组织结构图等,而且这些形式的图可以相互转换。

XMind 可以为学生提供一种结构化的思考模式。在 XMind 中设计的微学习任务单,主要从纵向深入和横向扩展两个维度出发,学生可以纵向深入挖掘感兴趣的重要知识点,也可以快速地跳转到下一个知识点。

XMind 具有丰富的样式主题,用它制作出来的微学习任务单不仅可以吸引学生的注意力,增强学生学习过程中与知识内容的交互性,还可以启发学生逻辑思考,帮助学生了解知识点的整体框架和内部结构。

Camtasia Studio 是一款专业的屏幕录像软件,选用它来进行微视频的开发。这款软件不仅可以录屏,还具有强大的视频编辑和处理能力,因此也被称作是视频课程开发制作的利器。作为一个专业的在线课程开发的工具性软件,Camtasia Studio 可以快速地制作基于 e-Learning 的交互性视频,能够吸引更多的学习者全身心地投入学习,是制作交互式微学习单元包不可或缺的利器。

微练习部分的习题可以以 Word 文档呈现,也可以制作成 PPT 增加与学生的互动性,还可以在 Flash 中制作交互性的练习题动画。

微评价部分的评价标准主要是由 Word 文档、PPT 等形式来呈现。

学习资源主要包括文字、图片、音频、动画、视频等,相关的这些资源都以文件夹命名保存在交互式微学习单元包中。此外,学习过程中所需要的一些超链接都会在相关的资源中给出网址,以便学生查阅汇总。

(二)交互式微学习单元包的开发

在开发阶段,要从操作交互和概念交互两个方面着手进行微学习单元包的交互性设计。首先,操作媒体界面交互性的设计和学生操作媒体熟练程度是影响微学习单元包操作交互的两个关键要素。其中,媒体界面交互性设计是微学习单元包设计开发的关键,而学生操作交互的水平则会随着学生实践经验的丰富逐步得到改善。其次,教学信息的视听化处理是促进概念交互的关键,通过一定程度的教学设计,转变知识内容原本的呈现形式,充分调动学生学习过程中的视听觉,有利于促进新旧概念之间的交互。

1. 微学习任务单

微学习任务单的交互性主要体现在两个方面，首先是其极强的可视性和丰富的样式。打开 XMind，在弹出的界面上选择"模板"区域，则会跳转到模板选择界面，如图 10—7 所示。教师可以根据不同的内容需求在系统已经预设好的众多模板中选择适合自己的模板，也可以选择"空白图"进行图形绘制。使用 XMind 制作的微学习任务单可以为学生呈现一种思维的方式，同时，也可以引导学生厘清思考脉络并发散自己的思维。

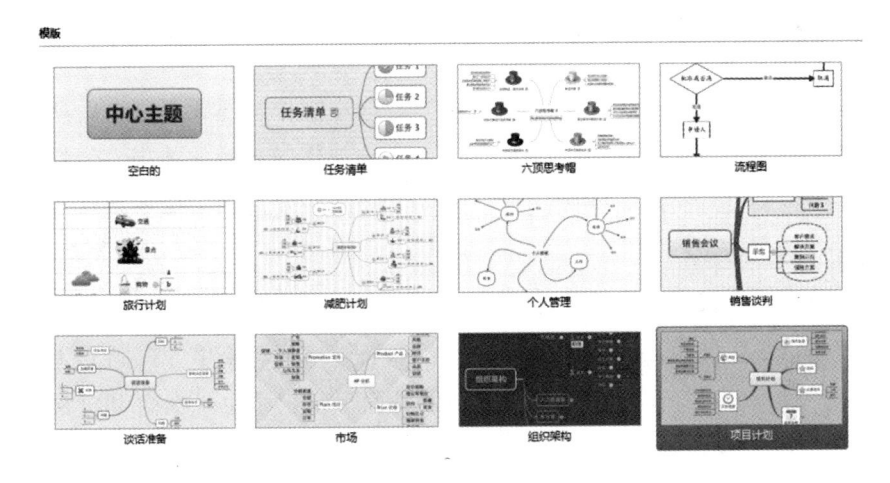

图 10—7　模板选择界面

其次，XMind 中图形可伸展闭合的功能提升了微学习任务单的交互性。选择组织架构进入设计界面，首先可以预览到的是系统自动生成的基本的组织结构图。如图 10—8 所示，在有的主题后面，有一个圆圈里面有"＋"的标志，当需要浏览详细内容时，点击它便可以展开隐藏的内容；若只是想浏览微学习任务单的大纲，单击图中的"－"图片，相应的内容便会自动缩回。这样的功能提升了学生与操作界面的交互，让学生可以根据自己需求有选择地浏览相应的内容。同时，也可以选中其中一个小模块单击鼠标右键，在弹出的列表中选择"插入"，即可为当前部分添加主题、子主题、副主题、文字、图片等等，还可以通过右边的编辑部分来编辑其样式。

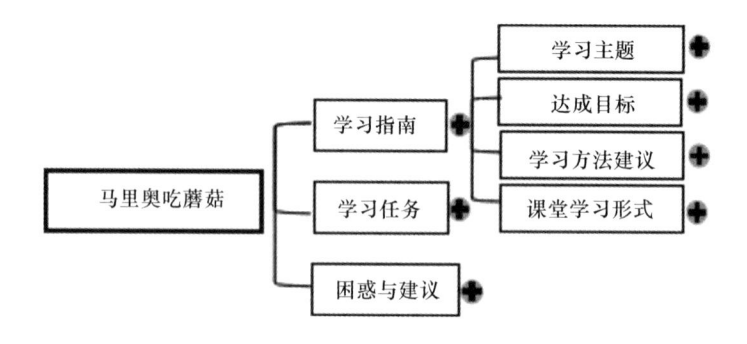

270 / 信息化时代的教学创新:环境、资源与模式

图10—8　"马里奥吃蘑菇"微学习任务单

2. 微视频

微视频的制作主要包括内容分析、幻灯片制作、视频录制、后期处理这四个关键步骤。其中，内容分析主要是制作微视频的前提，幻灯片制作、视频录制、后期处理这三个部分是设计开发过程中体现媒体界面交互性的核心。

首先，要根据内容设计视频演示过程中所需要的PPT。PPT的交互性主要是指学生使用或操作PPT的方式，如通过按钮、菜单等控制PPT的播放。另外，将知识内容以生动直观的画面呈现出来也是提高PPT交互性的一个好方法。如图10—9所示，将知识总结部分的内容以知识结构图的形式绘制出来。还可以文本、图片或动画的形式来呈现课后要求完成的拓展任务，如图10—10所示，创设一种自由快乐的学习体验，让学习者可以愉悦地学习。

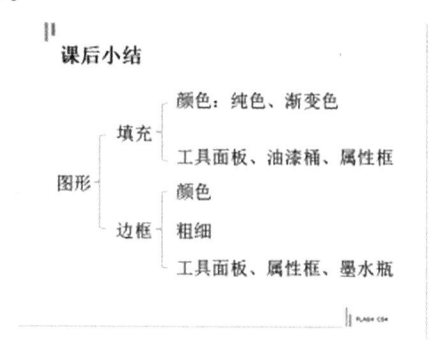

图10—9　知识小结

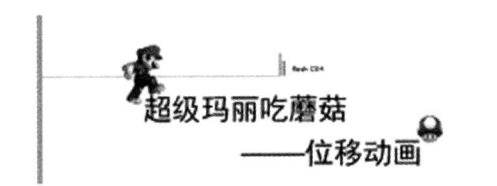

图 10—10　封面

其次，是视频的录制。主要包括 Flash 的操作步骤的演示视、音频的录制以及对 PPT 的录屏。所录制视频的质量直接影响到了学生后期学习过程中的交互性，因此在录制过程中保证视频质量才能保证视频后期的交互性。

选择相对安静的环境进行录制，以减少音频中的杂音。打开 Camtasia Studio 软件，弹出欢迎使用的界面，如图 10—11 所示。左边有录制屏幕、录制语音旁白、录制 Power Point 以及导入媒体四个模块。通常，选择录制屏幕进入，或者关闭此对话框，从软件界面的菜单栏进入相应的操作区域。

图 10—11　欢迎使用界面

录制操作界面的过程就是使用 Camtasia Studio 的录制屏幕功能，将教师的整个操作过程录制下来，包括操作过程中播放的 PPT。如图 10—12 编辑界面所示，点击图中的"录制屏幕"图标，则弹出开始录制的界面。

如图 10—13 所示，在弹出的界面左边设置所要录制的屏幕区域，右边进行声音以及摄像头的设置，然后点击"rec"开始录制。录制的时候可以一小节一小节进行录制保存，之后再处理成一个完整的视频。选择优质的带话筒的耳机，可以同步将声音录制下来，这样便省去后期继续录制语音的过程，而且声音和视频内容更切合。

图 10—12　编辑界面

图 10—13　开始录制

后期处理是体现微视频操作交互的一个关键环节。首先，通过视频中提示或者标注类的图片和文字来引导学生的学习；其次，通过视频播放过程中弹出的问题来测验学生学习过程中知识的掌握程度；再次，视频中教师讲解的过程中也会提出问题激发学生思考；复次，视频中所给出的一些拓展的练习题引发学生深入地思考；最后，创设一种自由快乐的学习环境，将游戏思想引入学习中，激发学生学习的兴趣和欲望，让学生快乐学习。

如图 10—14 所示，点击"导入媒体"，将之前保存的视频全部导入右侧的剪辑箱中，然后将剪辑箱中的视频拖拽到视频轨道，将轨道上的光标移至需要剪辑的地方，单击鼠标右键，选择"分割"，将视频中不必要的部分分割出来，然后单击键盘上的 Delete 键，将其删除。将之前录制的所有视频都按序拖拽到视频轨道，然后重复剪辑的操作，删去不必要的部分，使整个视频中的环节流畅地进行。导入视频的同时，音频轴上的音频也会同时形成，点击音频增强的图标，对声音进行增强、减弱以及除噪音等等。音频制作完成以后，可以为视频的切换过程添加过渡效果，在另外的视频轨道上添加视频，还可以将视频制作为画中画形式。

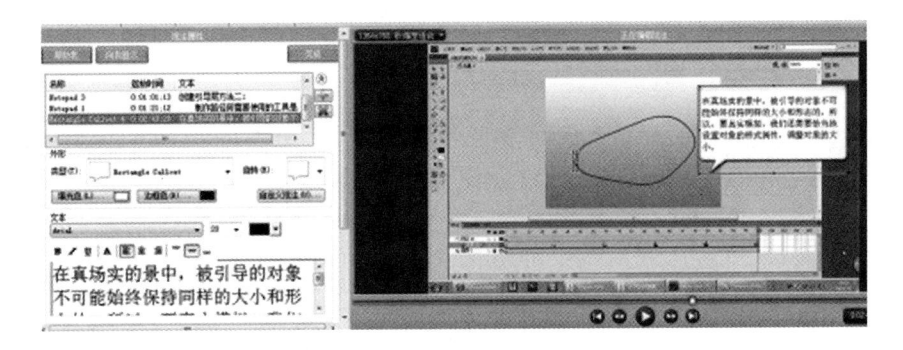

图 10—14　标注编辑界面

点击如图 10—14 编辑界面左侧所示的"标注"，则弹出如图 10—14 编辑界面右侧所示的标注编辑界面。点击绿色的"＋"，可以在相应位置为视频添加提示类的文字和图片等新的标注，同时，也可以对其外形和文本进行设置，使其更为美观。标注类的文字或图片可以提高学生进行新旧知识之间的交互频次，帮助学生有效学习。

在视频播放过程中会弹出问题也是视频交互的一种形式。将视频导出为 MP4 格式，再将其导入 Flash 中，然后使用 Flash 代码为其制作问题式交互。当某个知识点讲解完成以后，视频中会弹出练习题目，以客观题为主，如图 10—15 所示。若回答正确，则视频继续播放；若不正确，则给出提示，提示可以是文字、图片或者是视频、动画等，通过这样的

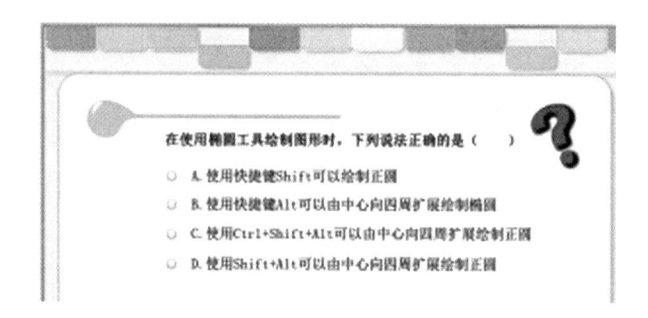

274 / 信息化时代的教学创新:环境、资源与模式

图 10—15 练习题目

交互方式可以启发学生思考，促进学习迁移。

视频中会给出拓展任务，通过拓展任务启发学生的思考，促进学生知识的迁移，如图 10—16 所示，同样是提高学生交互的一种形式。

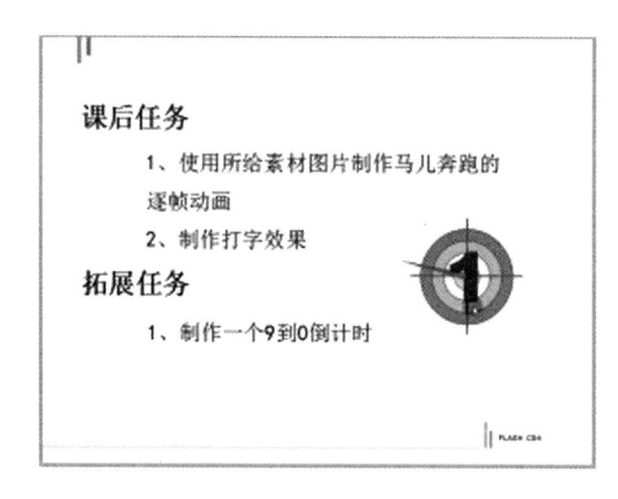

图 10—16 拓展任务

最后对生成的视频添加字幕，方便学生明确知识内容。学生在后期使用时，可以根据自己需求快进或者后退，更方便地控制学习的节奏。

3. 微练习

学生完成练习的过程也是一个交互的过程。首先，可以通过 Word 文档描述练习的要求，学生根据 Word 文档所要求的题目进行学习，但是这种呈现方式所能给予学生的交互性较差。也可以给出成品的动画效果图，让学生自己分析制作，这样的呈现方式相比前一种方法而言，交互性有了很大的提高，因为以动画形式呈现的案例，更加生动直观。另外，可以通过 Flash 软件设计练习题，当答对时，提示"恭喜你，答对了！"；当回答错误时，会弹出"不要灰心，再试一次！"；当学生二次答错的时候，会弹出提示框，帮助学生理解这部分的内容。根据学生的答案给予不同形式的反馈，及时准确的反馈有利于学生对知识的了解和学习。

4. 微评价

微评价主要是依据评价量表来进行，将整体的评价逐级量化，分为四个一级指标，分别是科学性、技术性、艺术性、创造性，并在每一个一级指标下面又具体列出了二级指标。这样学生和教师都根据这个量表来评价学生的作品，使得评价过程及目的更加明确。

5. 微反思

学生在课后进行系统性的总结，同样可以用 XMind 软件进行思维导图的设计，这样图示化的总结更加直观形象，有利于学生之后的复习。微反思还要反思学习过程中出现的问题以及要注意的情况，这些内容可以以文本的形式记录下来。

六 案例研究

除操作交互外，信息交互也是微学习单元包的一种重要交互形式。信息交互是教学设计中的关键，也是教学实施水平的体现，信息交互的水平与学习资源、学生和教师等因素具体相关。学生使用交互式微学习单元包学习的过程就是教师、学生与学习资源交互的过程，而教学设计即是对学习活动中教师与学生、学生与学生的相关活动进行合理的安排，因此，在使用交互式微学习单元包时对教学进行合理的设计有利于交互的提高。

（一）教学内容分析

Flash 是高校师范生所学的《现代教育技术》课程中很重要的实践部分，在分析学习者特征以后，根据教学目标并结合相应的教学方法对该部分的课程内容进行分模块。学习者在学习 Flash 部分的内容时应该先了解软件的基本操作，再学习基本的动画类型，然后学习在基本动画的基础上衍伸出的几种特殊的动画，最后学习难度较高也是 Flash 里面最能体现交互性的代码动画。学生在学习过程中由易到难，逐步掌握教学的基本内容，我们以位移动画的交互式微学习单元包的设计和使用为例来进行分析。

位移动画是 Flash 中使用较多的一种基本动画类型，属于整个 Flash 的重点。通过练习，对该动画的形成原理和制作方法有基本的认识和理解以后，才能进行较为复杂的动画的制作，例如，制作关于位移动画的小动画，为位移动画添加旋转、亮度等附加效果。

（二）学习者特征分析

本节内容是针对高校的师范生设计的。高校的师范生已经有了足够的理解能力和自学能力，同时自主性也较强，强烈的求知欲和叛逆心理互相矛盾着，不希望自己的学习过程被别人全权控制，希望自己安排自己的学习过程。不喜欢教师的"满堂灌"，期待与朋友一起互帮互助式地学习或者自我提升。学生对新鲜的事物有很强的好奇心，有积极探索精神，享受活动过程中的乐趣。他们合作与竞争性都十分明显，乐于小组合作且彰显自己的个性。

在开始之前，学生已经学习了基本的入门知识，认识了 Flash 以及动画制作，了解了 Flash CS3 的基本操作，认识了动画的帧、图层与场景，学会了如何在 Flash 中绘制基本的图形。本节的任务是要求学生制作以"马里奥吃蘑菇"为主题的动画，让学生在了解位移动画的基础上学会制作位移动画，同时可以为位移动画添加丰富的附加效果，并且学会测试动画的多种方法。整个学习的过程大部分情况是对视频中动画的模仿，缺乏深入的理解，这种情况容易导致学生虽然学会了制作方法，但不会迁移应用和创作。所以课堂上教师应该引导学生分析动画，拓展学生的创作思路，启发学生用所学到的技术方法创作其他自己感兴趣的动画。

（三）设计思想

本节课主要是通过分析课程和内容以及学习者的特征和学习风格，

设计关于本节课的交互性微学习单元包，并进行使用研究，希望可以提高学生在学习过程中的关注度，全身心投入学习中。在学习的过程中，使用交互式微学习单元包，以教师为主导，用接近生活的任务案例来创设学习情境，指导学生学习的流程，把控学习的方向以及基本进度，旨在激发学生的思维和求知欲，倡导学生自主探究和协作交流；以学生为主体，重视学生的实践练习，从模仿视频操作开始，逐步提升拓展。以"马里奥吃蘑菇"动画的制作来激发学生的制作愿望和学习兴趣，从刚开始模仿到逐步加入自己的思想，再到和同学交流讨论一起完成，完善和深化学习个体对知识的理解。将所要学习的位移动画置于一个大的游戏情境中，通过学生幼年时期爱玩的游戏——超级玛丽——来吸引学生的注意力，从题目上做到吸人眼球。不仅如此，给学生提供机会，让学生亲自尝试设计这款儿时喜欢的游戏的界面，提高了学生与知识内容的交互性，学习的过程不再淡然无趣，在学生逐步完成练习的过程中，给学生充足的自我满足感，让学生可以长期坚持下去。

（四）个案设计

1. 课前学习活动

教师：通过 QQ 邮箱或者其他的方式向学生发放关于位移动画的交互式微学习单元包。

学生：领取单元包，从该单元包中找到课前学习部分，打开关于位移动画的微学习任务单（如图 10—17 所示），了解课前需掌握的内容。

学生：从该单元包中找到课前微视频 1，了解课前的基本知识内容。微视频 1 主要介绍什么是位移动画，简单的位移动画如何制作，等等。

学生：完成微视频 1 的学习以后，学生需要进行课前练习，检验其对课前知识的掌握情况。如图 10—18 所示，课前练习都是在 Flash 中制作的练习题，由填空题、选择题、问答题以及实践操作题等几种题型组合而成。操作题要求学生模仿视频完成即可，而其他类型的题目均附有答案以及相关的解释说明。如果觉得课前准备不够充分，还可以与同学交流，重新观看微视频 1 或者自己上网查找相关资料。

学生：指出自己学习过程中的困惑，并且提出相关建议。

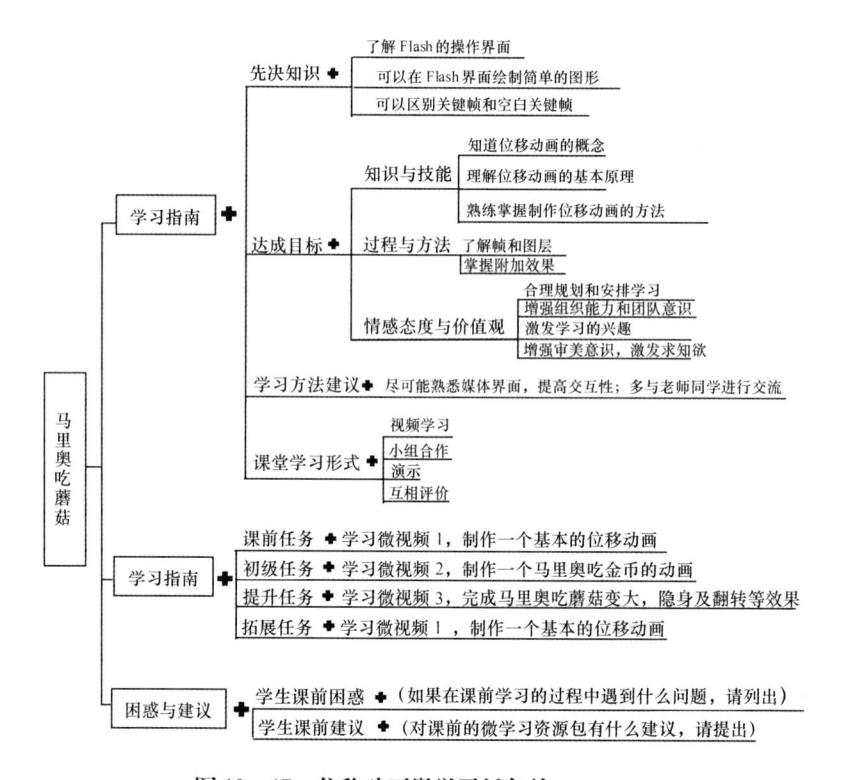

```
                              ┌─ 了解 Flash 的操作界面
                  先决知识 ────┼─ 可以在 Flash 界面绘制简单的图形
                              └─ 可以区别关键帧和空白关键帧

                                          ┌─ 知道位移动画的概念
                              ┌─ 知识与技能 ─┼─ 理解位移动画的基本原理
                              │             └─ 熟练掌握制作位移动画的方法
         ┌─ 学习指南 ── 达成目标 ┼─ 过程与方法 ┬─ 了解帧和图层
         │                    │             └─ 掌握附加效果
         │                    │                     ┌─ 合理规划和安排学习
         │                    │                     ├─ 增强组织能力和团队意识
         │                    └─ 情感态度与价值观 ──┼─ 激发学习的兴趣
         │                                          └─ 增强审美意识，激发求知欲
         │
         │         学习方法建议 ── 尽可能熟悉媒体界面，提高交互性；多与老师同学进行交流
马里奥     │
吃蘑菇 ────┤                              ┌─ 视频学习
         │         课堂学习形式 ──┼─ 小组合作
         │                              ├─ 演示
         │                              └─ 互相评价
         │
         │         ┌─ 课前任务 ── 学习微视频 1，制作一个基本的位移动画
         ├─ 学习指南 ┼─ 初级任务 ── 学习微视频 2，制作一个马里奥吃金币的动画
         │         ├─ 提升任务 ── 学习微视频 3，完成马里奥吃蘑菇变大，隐身及翻转等效果
         │         └─ 拓展任务 ── 学习微视频 1，制作一个基本的位移动画
         │
         └─ 困惑与建议 ┬─ 学生课前困惑 ── （如果在课前学习的过程中遇到什么问题，请列出）
                     └─ 学生课前建议 ── （对课前的微学习资源包有什么建议，请提出）
```

图 10—17　位移动画微学习任务单

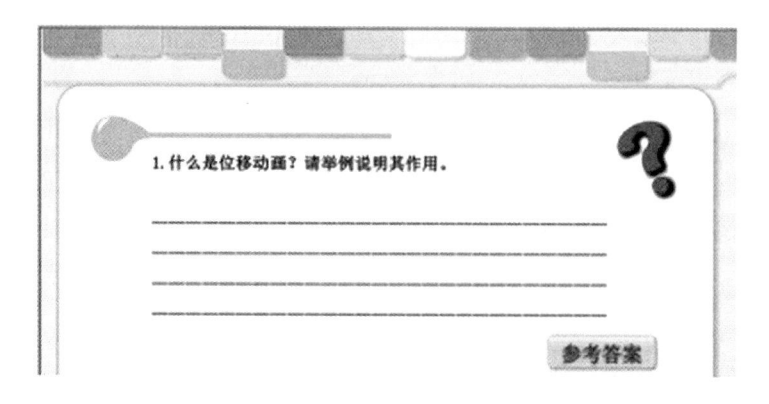

图 10—18　位移动画课前练习

2. 课中学习活动

（1）情境导入

教师：（教师在多媒体上为学生播放超级玛丽这个游戏的视频）同学

们，相信大家对视频上的这个游戏相当熟悉，这个游戏伴随大家走过了童年的时光，那大家想不想自己制作这样的一个游戏呢？我们可不可以自己制作出这样的一个游戏呢？

学生：也有想过，但是一直以为这样的游戏很"高大上"，做起来很复杂。

教师：其实呢，并没有大家想象得那么难，那这节课呢就来学习如何制作一个简单的"马里奥吃蘑菇"的游戏。在学习之前，我们先来解决大家课前提出的问题。首先，大家打开学习单元包，找到微视频2以及与微视频2相关的素材。

这部分主要是以接近生活的实事为例，让学生感受动画视频，用情境来激发学生学习的兴趣，陶冶学生的性情，引入新的课题。

（2）新手初练

学生：点开微视频2，学习微视频2中给出的初级部分的知识内容，并利用微视频2的相关素材来制作动画，这部分内容主要是要求学生使用所给的马里奥的图片素材，制作出一个可以沿直线移动并且吃金币的马里奥，如图10—19所示。

图10—19　马里奥吃金币

教师：随时观察学生的学习情况，如果学生在视频学习的过程中有问题，教师进行指导，或者指导其与其他学生相互交流学习。

学生：学生可以独自完成，也可以与其他学生一起交流完成初级练习，初级练习的要求并不高，只需要学生依据素材模仿练习，实现相应的效果即可。

这部分的设置主要是想让学生掌握制作位移动画的基本操作，为之后进行提升练习作铺垫。

(3) 启发思考

教师：大家完成初级练习以后，可以思考一下，在超级玛丽这个游戏中，除了马里奥和金币以外还有一个要素，是什么呢？

学生：(思考，然后回答) 蘑菇。

教师：对，就是蘑菇，在超级玛丽里面，马里奥可以吃到各种颜色的蘑菇，比如，红蘑菇、绿蘑菇等等，那大家知道马里奥吃了这些蘑菇以后都会有什么变化吗？

学生：吃了蘑菇身体会变大，或者会隐身。

教师：如果想制作出马里奥吃掉蘑菇以后发生变化的动画该怎么做呢？

学生的学习过程应该是积极主动的过程，而不是一个被灌输的过程，所以希望教师的引导可以激发学生的兴趣，让兴趣引导学生进一步学习。

(4) 任务驱动

教师：大家可以继续打开演示视频，观看演示视频中的几个简单的小动画。

学生：打开视频，进行观看。

教师：大家可以看到，演示视频中给出的几种效果呢，就是马里奥吃掉蘑菇身体发生相应变化的视频。那大家想不想自己做出这样的效果呢？

主要是希望通过观看视频培养学生的观察能力和分析能力。此处，教师可以只是演示一种动画的制作，鼓励学生通过学习网站自学相关知识，有关网络素材也可以在交互式微学习单元包中给出，以此来培养学生的自学能力和实践能力。

(5) 提升练习 (小组合作)

教师：接下来，给大家5分钟的时间，按照之前的分组，讨论一下，你们小组希望马里奥吃掉蘑菇以后会产生什么样的效果，也可以依次吃好几个蘑菇，产生不同的效果。讨论完成以后，每个小组依据微视频3进行学习，并使用给出的蘑菇以及金币素材制作动画。

学生：学生开始讨论，然后学习微视频3，小组合作制作动画 (微视频 3 为学生介绍位移动画的一些附加效果的制作，如旋转、亮度、透明度、色调以及其他的高级设置。例如，通过调节透明度可以为马里奥设置隐身效果）。

教师：教师来回观察，辅导学生。

这个环节主要是想让学生通过实际的练习巩固所学知识，并且，这种练习也可以作为学生学习效果的一种反馈。除此之外，小组合作还可以让学生发挥团队合作精神，培养学生协作学习能力。在小组协作的过程中，学生的观察能力和分析能力也得到了一定提高。

（6）作品展示

每个小组展示自己的作品并进行解释说明。

（7）学习评价

教师：引导学生，根据交互式微学习单元包中所给出的评价量表进行评价，评价形式包括自我评价、小组自评、小组互评、教师点评等。

采用不同的方式进行评价，目的是给出更为全面立体的评价，也希望通过评价，学生可以发现并弥补自己的不足，发挥自己的优势。让学生在分析与评价的过程中，提升相关能力。

3. 课后学习活动

教师：给出拓展任务。

（1）马里奥能不能发生形状变化呢？比如，变胖、变矮或者变大等等。如果能，该如何制作这样的动画？

（2）这节课学习的内容足以让马里奥沿着直线进行运动，那如果想让它沿着曲线运动该怎么做？如果想让他按着一定轨迹运动呢？

教师：为学生展示一些精彩动画，激发学生学习兴趣，同时，提供相应的学习网址供学生课后学习（如我要自学网，http://www.51zxw.net/default.aspx）。

学生：课后进行拓展练习，并且相互之间进行交流评价。

提出疑问的同时给学生一定的指导，激发学生学习兴趣的同时给予他们学习的方向，不仅鼓励学生课后继续探究，还为他们提供相应的学习资源。

七 本章小结

通过研读文献了解学生与媒体界面、教学要素以及新旧概念三个层面的教学交互，在此基础上，又对 Flash 的概况、内容，学习者的需求以及初始能力进行了分析，最后设计出了适用于 Flash 的交互式微学习单元包。在问卷调查中，微学习单元包中的交互性在提高学生学习兴趣，引导学生独立思考，促进学生的知识迁移的过程中起到了很大的作用。在使用过程中，交互式微学习单元包以任务驱动和问题导向为基本方式，为发展学生自主学习能力提供了有效帮助。学生的自学能力以及小组协作能力也得到了一定的提高。在教学效果上，交互式微学习单元包的使用提高了学生对 Flash 学习的兴趣，也提高了对 Flash 的综合运用能力，还提高了学生的学习效率以及自主学习的能力。

交互式微学习单元包的质量还有待提高，在录制微视频的时候使用的软件要和学生实际使用的软件相匹配，微视频中讲解的内容也要合理安排难度，重点部分详细讲解。特别要注意的是保证微课的音质和画质，因为视觉、听觉的感受会直接影响学生知识接收过程中的情绪，如果有可能，尽量为视频添加字幕。上课过程中应把课堂讲解和视频学习相互结合起来，教师适时针对相对较难、不易理解的知识点进行讲解，能让学生加深对知识的理解。多提供一些相关视频案例，学生可以通过观看这些案例学到更多的知识技巧。

第十一章

混合式学习共同体活动机制构建

随着网络学习空间不断完善与发展,关注与学习共同体的活动特征相适应的网络学习空间下的混合式活动机制,对学校教学具有重要的现实意义。

基于混合式教学的理念,从学习共同体的构成要素出发,兼顾个性化自主学习和合作学习,以真实情境、契约、共同目标、学习者、助学者和意义协商等核心要素为支撑,集成个人空间功能、机构空间功能和公共应用服务功能,构建融合网络学习空间与物理学习空间的混合式学习共同体活动机制。[①] S大学《学习科学与技术》课程实践结果表明:混合式学习共同体中的个体更易融入集体,并在协商会话与活动参与中实现个体的身份认同,推动成员的相互认知与共同发展,促进学习者高级知识建构,实现深度学习。

随着大数据分析、人工智能、VR/AR等技术的发展[②],虚拟仿真实验室、网上学习平台、数字博物馆、开源硬件等新型网络学习空间不断涌现,网络学习空间功能不断拓展,为师生开展教与学活动提供了极大的便利条件。《教育信息化2.0行动计划》提出要促进网络学习空间与物理学习空间的融合互动,推动网络学习空间在教与学活动中发挥重要作用。教育部颁布的《网络学习空间建设与应用指南》(以下简称《指

[①] 李志河、周娜娜、秦一帆、李宁:《网络学习空间下混合式学习共同体活动机制构建》,《中国电化教育》2019年第9期,第104—111页。

[②] 李志河、伊洁:《AIED技术支持下的适应性教育模式的构建及应用》,《现代教育技术》2017年第11期,第12—18页。

南》),提出网络学习空间中应包含个人空间和机构空间,并集成公共应用服务和数据分析服务,将网络学习空间构建成为支撑人人皆学、处处能学和时时可学的平台。学习共同体作为一个动态社会系统,融合教师、学习者、学习资源和学习环境等要素,形成网状的和相互关联的群体系统结构。

本章基于对学习共同体和网络学习空间共同体的认识,混合网络学习空间与物理学习空间,集成个人空间功能、机构空间功能和公共应用服务功能,建立契合学习共同体特征的混合式活动机制,支持学习共同体活动有序开展。

一 相关概念

(一)学习共同体

"学习共同体"又称为"学习社区",由学习者(学生)和助学者(专家、教师等)共同组成,以实现共同目标作为愿景,以促进成员全面成长为目的,强调在学习过程中以合作的学习观作为指导,通过协商和分享各种学习资源而产生影响并相互促进的基层学习集体。学习共同体聚焦知识意义的社会建构,激发学习者之间的经验交流和协商冲突,引发学习者反思,实现深度学习。一般地,学习共同体包括六个核心要素,它们分别是真实情境、契约、共同目标、学习者、助学者和意义协商,六个要素相互作用,推动学习共同体形成、发展与成熟。

(二)网络学习空间中的学习共同体

《指南》中将网络学习空间分为个人空间和机构空间,并集成公共应用服务。个人空间是具有角色基本功能且可拓展的个性化工作与学习场所,包括教师空间、学生空间等,具备管理个人、消息、资源和社区等的功能。机构空间包括班级空间、学校空间等,能够调用公共应用服务,支持用户管理、资源管理、消息发布、活动组织与分析等。公共应用服务提供资源共享服务、教学支持服务、学习交互服务和决策评估服务等基本服务。用户通过个人空间或机构空间,调用公共应用服务,支持教育教学活动。空间应用中形成的生成性资源,依据用户需求,存放于个人空间或机构空间。基于一定的学习空间，一个真正的学习活动包含三重意义：既有个人认知的改变（个人层面），又有合作建构的知识的产生（人际层面），同时还包含了共同体支持的文化共享和身份的形成（共同体层面）。参与活动的个体由于对目标达成的需求，与其他个体进行知识协商，当达到某种观念共识和意义共享时，参与活动的个体就是学习者，协商的过程就是学习的过程，所有参与者的集合就是一个学习共同体。而网络学习空间提供的个人空间、机构空间以及公共应用服务功能，契合学习活动中学习者从个人层面、人际层面到共同体层面的知识的社会建构层次。

二 文献综述

学习共同体融合环境、资源及相关构成要素开展学习活动。因此，选择合理的学习空间、构建有效的活动机制对学习共同体的发展具有重要意义。杨滨等人通过对网络学习空间环境下学生的学习发展的现状研究，构建了包含伙伴、教师、资源、环境、家长五因素的网络学习空间教学应用模式，形成了学习共同体中学习者参与活动的策略。郑兰琴等人通过对网络学习空间中同伴互助的研究，提出教师应发挥网络学习空间的优势，合理使用同伴互助策略推动学习共同体的形成，促进全体学生的共同进步，促进更大范围的资源分享与知识建构。王慧在对网络学习空间下教学活动相关要素的设计中提出教师应立足网络空间，鼓励学习者自主学习，构建学习共同体，围绕知识理解展开一系列活动，发挥个性化学习优势。国外诸多研究对学习者在网络环境中参与学习活动的方式进行设计：里尔（Riel）的"学习圈"模式[1]，实现不同空间的学习者利用网络空间在同一时间内对某一专题进行研究学习；哈里斯（Harris）的"远程协作课题"模式，[2] 包括建构远程学习者进行交流协作、信息搜集、问题解决三类模式；贝尔（Bell）和戴维斯（Davis）设计了

---

[1] Riel M. Learning Circles: Virtual Communities for Elementary and Secondary Schools. Distance Education, 2000, (5): 3-8.

[2] Harris. J. B. Organizing and facilitating telecollaborative projects. The Computing Teacher, 1995, (5): 66-69.

基于网络空间的"知识整合环境"。①

本研究对学习共同体各构成要素进行分析与设计,以推进学习共同体的形成、发展与成熟,依托网络学习空间提供的个人空间功能、机构空间功能并融合物理学习空间优势,构建促进学习的混合式学习共同体活动机制,以期为学习共同体活动提供可行性实施方案。

三 混合式学习共同体活动机制构建

混合是灵活融合网络和面对面教学课程体系的教与学方式,以学习共同体构成要素设计和活动机制构建为主体,以此构建支持学习共同体发展的混合式活动机制。

(一)学习共同体中构成要素的设计

安德森(Anderson)和克拉斯沃(Krathwoh)将布鲁姆教学目标中认知的记忆、理解、应用、分析、评价五层次,修改为记忆、理解、应用、分析、评价及创造六层次。这六种认知层次代表了认知能力由低到高,其中评价与创造属于高级认知的深度学习层次。在认知层次的发展过程中,学习者首先实现对基础知识的记忆与理解,以获得参与学习共同体的能力。在学习共同体活动中,学习者应能够应用相关知识,进行意义协商和反思,促进认知层次的进一步提升。个人认知的改变和合作建构的知识的产生,会形成代表集体认知的成果,通过观念冲突与协商,发展评价与创造能力,认知层次逐渐迈向高级阶段,实现深度学习。随着学习者认知层次的发展,学习共同体内真实情境、契约、共同目标、学习者、助学者、意义协商六个要素相互作用,共同推进学习共同体的形成、发展与成熟。

1. 真实情境。学习共同体是情境导向的。情境理论认为最有效的学习是发生在有意义的真实情境中的学习。在学习者理解知识的过程中,助学者应提供与学习者已有的文化实践相匹配的真实情境,以促进学生更好地理解与建构知识。由于空间、资源的限制,传统的学习共同体活

---

① Bell, P. &Davis, E. A. Designing an activity in the knowledge integration environment. New York: Paper presented at AERA, 1996.

动无法支持学习者进入真实情境。而在网络学习空间中，VR/AR资源、虚拟仿真实验室、开源硬件等技术和应用为学习者提供了多种进入真实情境的途径，有利于激发学习者的学习兴趣，促进学习者间的协商交流，提高学习者知识迁移的能力。

2. 契约。契约产生于共同体成员的集体意向，是学习共同体成员必须遵循的行为准则和共同体活动开展的前提条件。契约包括身份认证、签到、学习时间、评价方式等多个环节，基于学习共同体成员及其活动的规则约束性，确保学习共同体活动不因自由而无序。除了文本约束外，情感契约也必不可少，各成员要充分尊重彼此，认真听取每一位成员的观点，既要包容同伴的看法与观点，也要具有独立的思辨能力和大胆质疑的批判精神。学习共同体成员相互尊重，有利于促进学习者在共同体中的认同感和归属感，提高成员参与度。

3. 共同目标。目标是学习共同体存在的基本属性。对于学习共同体而言，主题的完成就是实现共同目标。共同体成员通过协商交流、冲突反思等方式，提高认知层次，形成高级知识建构能力，从而不断提升实现共同目标的能力。在活动中，助学者和每个小组的组长（意见领袖）为协调职责分工，应将共同目标有效分解，并将任务和责任确定到个人，通过成员协作，推进学习共同体共同目标的实现。

4. 学习者。在学习共同体中，学习者的身份会经历参与、认同和协商三个阶段，如图11—1所示。其中参与意味着个体获得了进入共同体的权利，认同意味着共同体对个体施加的影响，协商意味着个体对共同体文化的形塑。混合式学习共同体活动机制中，学习者以合法边缘参与者的身份进入学习共同体，借助助学者搭建的脚手架，以及公共应用服务提供的丰富学习资源和交流平台，实现个人认知的构建，获得了参与学习共同体活动的能力。学习者在共同体中随着参与活动的程度逐步深入，逐步得到各成员的认同，在共同体的影响下，逐渐实现了人际层面的发展。随着成员间协商程度的逐步深入，学习者利用在共同体中的身份建立和对共同体文化产生影响，与各成员达到观念共识和意义共享，学习者完全参与学习共同体，实现了由边缘参与逐步走向中心的过程。学习者从参与、认同到协商学习共同体的过程，标志着学习者的身份在个人层面、人际层面和共同体层面的不断发展和认同，学习共同体由形成、发展逐渐达到成熟的过程。

共同体层面：学习者通过在共同体中身份的建立，对共同体文化产生影响，与共同体成员达到概念共识和意义共享。

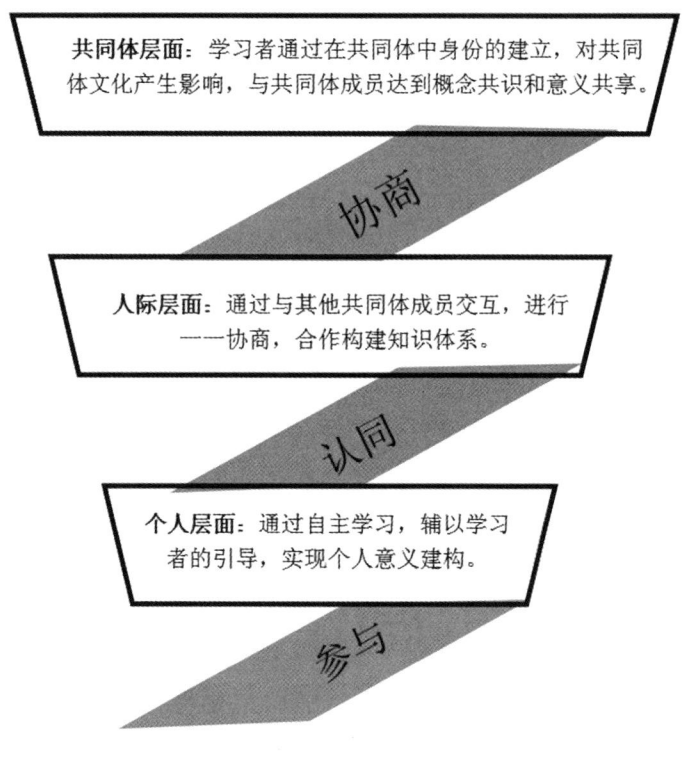

协商

人际层面：通过与其他共同体成员交互，进行——协商，合作构建知识体系。

认同

个人层面：通过自主学习，辅以学习者的引导，实现个人意义建构。

参与

图 11—1　学习共同体发展示意图

5. 助学者。混合式学习共同体活动机制中助学者既包括线下的教师和助教，也包括线上的课程专家、智能教学助理等。助学者由课程专家、智能教学助理等角色充当，使分工更明确、更智能化的助学者团队对课堂学习环境中教师的作用起到了较好的补充。在混合式学习共同体活动机制中，助学者充当知识的促进者，不仅要提供相应的学习资源，还要在学习者的学习过程中给予引导、帮助和反馈。与此同时，助学者还要为学习者提供完善的学习支持服务体系，与学习者共同探讨问题，进行共同学习，实现师生共同成长。

6. 意义协商。共同体中学习的最为适切的隐喻是意义协商，混合式学习共同体活动机制为学习者提供充分的协商机会和丰富的资源，使每名成员都能介入学习轨迹中，支持自己的知识建构。助学者为学习者设计的主题任务的呈现结果应充满不确定性，具有定义不良的特征，探究机会面向每名成员。而宽松自由的交流环境和线上、线下的沟通平台，为每名成员提供了多种介入学习共同体的路径。

（二）混合式学习共同体活动机制构建

我们以真实情境、契约、共同目标、学习者、助学者、意义协商等六个学习共同体的构成要素为支撑，集成个人空间功能、机构空间功能和公共应用服务功能，融合物理学习空间的环境优势，结合各部分属性，以契约作为约束，以共同目标为指引，构建混合式学习共同体活动机制。学习者、助学者结合网络学习空间与物理学习空间的环境属性，通过自主预习、问题解决、异质分组、参与、认同、协商、评价、反思与修改等步骤，最终完成作品，如图11—2所示。

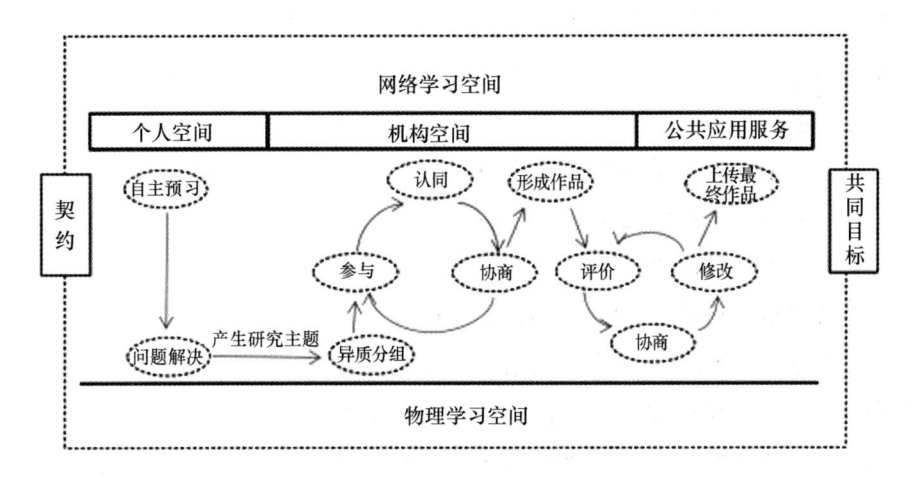

图11—2 混合式学习共同体活动机制

1. 个人空间。学习者和助学者都有个人空间，学习者通过个人空间进行个人管理、消息管理、资源管理、应用管理等，支持在线参与学习活动、学情反馈以及过程记录。助学者通过个人空间进行在线组织教学活动、在线备课、作业发布、作业批改以及提供在线辅导等，同时通过监测、追踪学习者的学习过程，开展个性化分析，为精准教学提供条件，比如个性化资源与作业推送等。在学习共同体活动中，学习者利用助学者推送的学习课件结合公共应用服务中的相关资源进行自主预习，借助网络学习空间和物理学习空间与助学者、其他学习者进行协商交流，解决自主预习中存在的问题。

2. 物理学习空间。物理学习空间有助于学习氛围的营造，为学习共同体的形成提供环境，满足学习者的社会情感需求。助学者在物理学习空间中通过问题反馈情况对基础知识进一步梳理和总结，学习者与助学者、学习者与学习者之间依托物理学习空间的实时交互进行意义协商，完善知识的建构。学习者根据个人知识的意义建构过程形成对研究主题的兴趣，通过异质分组形成不同小组。

3. 机构空间。机构空间中各小组组成一个学习共同体，学习共同体中成员通过协商制定契约，明确共同目标，组织讨论、交流，及时发布任务，设计完成任务时间节点等。为确保活动有序开展，每个小组选举产生组长作为意见领袖。在学习活动中，共同体知识向个体传递的过程即为认同，个体对共同体文化的形塑则是协商[1]。成员间以契约相互制约，以共同目标为指引，通过参与、认同和协商，形成小组作品。由各小组组成的集合也是一个学习共同体，秉持共同的契约和共同目标，在机构空间中，各小组展示小组作品，并接受评价，为减少群体压力的影响，评价形式采取语音、视频或书面评价，匿名与实名评价兼有。各小组结合评价进行协商、修改，形成最终作品。

4. 公共应用服务。公共应用服务提供资源共享功能，并能根据用户个性化特点自动查找、关联和生成资源。在教学支持上，为教师在线备课提供各类资源，支持多种授课方式，支持学习者开展探究与虚拟实践活动，并为学习者提供个性化问题解决工具。在学习交互上，提供多种实时交互工具、可视化分析工具，提供智能助手、智能伙伴等，支持开展精准教研。学习者将最终生成的作品上传至公共应用服务，形成公共教育资源。

---

[1] 高文：《学习科学的关键词》，华东师范大学出版社2009年版。

四 案例研究

《学习科学与技术》是 S 大学的一门研究生专业必修课程，课程以专题形式进行模块化教学，充分结合物理学习空间和网络学习空间开展混合式教学。课程活动主要包括三个阶段，其中第一阶段为主题 Lecture 的专题授课，为学习者的专题学习搭建脚手架和提供知识基础。第二阶段为基于第一个阶段的主题 Lecture 和专题任务，学习者基于兴趣和主题任务建立学习共同体小组，通过线上线下的混合式活动，进行自主学习、合作学习和主题任务讨论。第三阶段以网络学习空间为平台，各学习共同体小组汇报主题任务成果，分享成果，自我评价和组间评价，在交流反思中拓展知识的深度和广度。本研究以 S 大学 17 级教育技术学硕士研究生作为研究对象，利用混合式学习共同体活动机制对《学习科学与技术》课程进行实践研究。

（一）活动设计

结合学习共同体中的真实情境、契约、共同目标、学习者、助学者和意义协商六个构成要素，从学习环境、团队组织、学习主题和任务、学习资源四个方面对学习活动进行设计，以实现混合式学习共同体活动机制与实际课程的结合。

1. 学习环境设计

学习环境包括物理学习空间和网络学习空间。在物理学习空间中，教师在教室中开展为学而教的班级授课，主要进行专题项目内容讲解，学习者遵循原有班规和活动惯例，如提前 10 分钟进教室、自觉预习、主动提问等。而在网络学习空间中，任课教师与学习者实名进入个人学习空间，并以原有的物理学习空间班级共同体为基础，构建网络学习共同体。因此，共同体成员间在生活中有实际的接触，排除了无基础学习共同体成员间存在的孤独感，增强了集体归属感。助学者通过机构空间推送必要的学习资源，对学生使用资源的情况进行监控与反馈，以督促学生完成学习任务。

2. 团队组织设计

依据学习者的兴趣爱好、学习风格，并兼顾其差异性分配共同体成员，从主题讨论到主题汇报的过程中，共同体成员并非固定不变，可以根据学习任务的解决状况、成员的表现能力、学习主题的兴趣以及成员的分工等进行调整，教师也应充分鼓励共同体成员根据自己的能力主动承担共同体内相应的角色。

3. 学习主题和任务设计

《学习科学与技术》课程主题共计10个，按照课程进度、教学目标和学习者的学习水平设计相应的学习目标和学习任务。高质量的活动任务需要在学习者已有的知识结构基础上，将新知识的学习与学习者的学习兴趣和学习需要联系起来。学习活动需要在特定的情境中进行，让学习者在与生产、生活实际或自然紧密联系的、尽可能真实和生动的学习情境中，开展学习活动。依托网络学习空间，通过真实学习，在解决问题过程中建构知识，更新知识结构，促进关键学习能力的形成。与此同时，学习者可以运用已有知识基础和认知能力，通过自己的努力或与共同体成员的合作，在教师的启发指导和帮助下，理解、掌握和解决主题学习任务的复杂性问题。一般来说，具有吸引力的学习主题和有挑战性的活动，有利于引发学习者的高级思维活动。为此，每个活动主题的各项学习活动的要求和复杂程度不同，要有层次、呈递式地安排，以此调动学习者参与学习活动的主动性和积极性。

4. 学习资源设计

学习资源设计包括三个阶段，结合物理学习空间与网络学习空间的环境属性，围绕学习主题和学习任务推动学习共同体的形成、发展与成熟。

第一阶段，设计物理学习空间活动，开展为学而教的班级授课。课前，教师在机构空间中发布上课内容，学生使用课本和网络学习空间中的资源进行预习，通过预习发现问题，并向教师端发送问题。教师随时追踪、检测学生的预习情况，以便及时调整教学内容和计划。课中，教师结合学生在预习时所提问题进行讲解和梳理课程内容，并进行有效的师生、生生互动交流。

第二阶段，设计网络学习空间活动。教师把课堂讲解的内容，设计成相关研究主题。学习者以兴趣为导向，按照异质构组原则建立学习小组，形成学习共同体，选择感兴趣的主题开展自主探究式的学习。小组共同体通过教师机构空间中共享的资源或在公共应用服务平台检索相关资料学习和交流。每个共同体结合研究主题制作微课（微课时间控制在5—10分钟），这些主题围绕课程内容进行设计，这样不仅能帮助学生复习所学的知识内容，还可以在协商交流和反思中提高认知层次，促进高级知识的建构。

第三阶段，以公共应用服务提供的网络学习空间，如慕课、网络直播或者其他网络教学辅助平台，搭建交流方式和资源分享平台，汇报成果、互动交流和成果评价。各小组依次汇报学习成果，汇报者通过分享屏幕和网课直播，实现全体学习者同时在线观看微课，各小组遵守契约积极发表评价；汇报者借助演示文档和演示白板等功能就提出的问题进行讲解。汇报者根据评价与组内成员进行协商，进一步修改作品；各小组共同体将各自的参考资料、PPT课件、微课等压缩打包共享到公共应用服务中，供其他成员下载再次学习。最后对学生知识掌握程度、学习过程中的表现、参与讨论交流次数、微课精致性、小组活跃度等情况及时进行小组自评、组间互评、教师评价等多元评价方式。

（二）数据收集与分析

对学习共同体在网络学习空间中开展活动的各项数据进行收集，分析学习者资源交互、知识建构水平、团队成员交互以及学习效果。

1. 资源交互分析。通过数据分析，如图11—3所示，在10个不同主题的学习过程中，每名共同体成员都能积极地与同伴分享自己的学习资源，其中教育资源利用率和使用价值都较高。学习者频繁地下载和上传学习资源，保证了平台资源的更新。

2. 知识建构水平分析。连续收集该学习共同体4个月的聊天记录，共计约5500条数据记录。依据古纳瓦德纳的知识建构分析指标方法，使用T1表示分享与比较、T2表示质疑与讨论、T3表示协商与共建、T4表示假设与检验、T5表示共识与应用。对共同体的交流信息采用NVi-

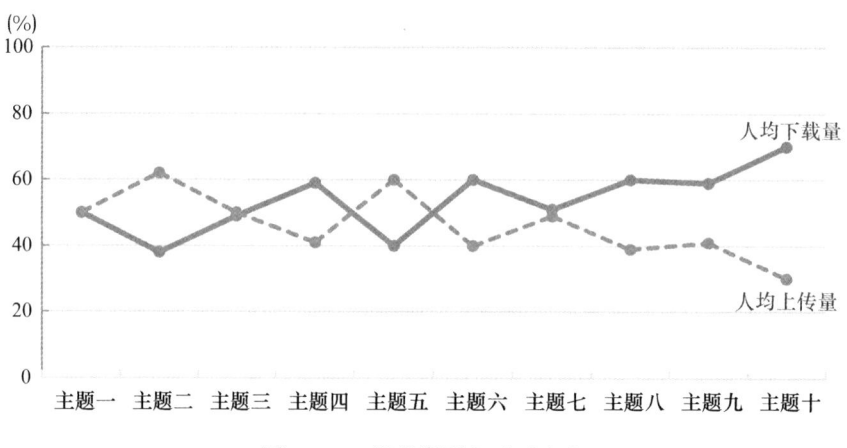

图 11—3　课程资源交互百分比

vol1.0 进行知识建构水平的内容分析，将非知识建构的内容统一编码为其他，包括情感交流（鼓励、支持、赞同等）、技术支持、学习组织等方面。

如表 11—1 所示，T4 和 T5 高级知识建构交流总频次为 1546 次，约占总体知识建构交流频次的 28.10%；T3 中级知识建构交流频次为 800 次，约占总体知识建构交流频次的 14.55%；T1 和 T2 低水平知识建构交流的总频次为 2196 次，约占总体知识建构交流频次的 39.93%；非知识建构的交互占交互内容的比重为 17.42%。数据分析结果表明，混合式学习共同体活动机制在教学过程中的应用，使学习者在活动中不再处于边缘低位，而是能够将所学知识迁移应用，创新性地发表自己的见解，有效地促进了学习者的深度学习。

表 11—1　　　　共同体成员交互各阶段编码

组别、阶段	T1n（%）	T2n（%）	T3n（%）	T4n（%）	T5n（%）	T6n（%）	总计
主题一	104（21.31）	92（18.85）	72（14.75）	78（15.98）	58（11.88）	84（17.21）	488
主题二	110（21.11）	107（20.53）	76（14.59）	80（15.35）	60（11.51）	88（16.89）	521
主题三	120（22.77）	98（18.59）	74（14.04）	85（16.12）	64（12.14）	86（16.31）	527
主题四	108（20.57）	105（20）	78（14.86）	82（15.62）	62（11.8）	90（17.14）	525

续表

组别、阶段	T1n（%）	T2n（%）	T3n（%）	T4n（%）	T5n（%）	T6n（%）	总计
主题五	120（22.39）	86（16.04）	82（15.3）	86（16.04）	68（12.69）	94（17.27）	536
主题六	118（21.45）	108（19.63）	80（14.54）	84（15.27）	65（11.81）	95（17.27）	550
主题七	124（22.06）	96（17.08）	80（14.23）	92（16.37）	72（12.81）	98（17.43）	562
主题八	112（19.86）	102（18.09）	82（14.54）	92（16.31）	76（13.48）	100（17.73）	564
主题九	126（20.97）	112（18.64）	86（14.31）	95（15.8）	74（12.31）	108（17.97）	601
主题十	130（20.76）	118（18.85）	90（14.37）	98（15.65）	75（12）	115（18.37）	626
总计	1172（21.31）	1024（18.62）	800（14.55）	872（15.85）	674（12.25）	958（17.42）	5500

3. 团队成员交互分析

利用 Ucinet 和 Netdraw 两款社会网络分析软件对数据进行分析，结果显示，7 个小组的成员交互质量都比较高，第一组与第四组最具代表性，社群图完整，交互质量和数量较高。下面我们对第一组与第四组同伴交互的模式和特点进行分析。第一组的社群图是一个完备的网络图，各小组成员间两两均有交互，具有较高的交互数量和交互质量。该小组的密度和凝聚系数分别是 5.4600 和 6.400，说明小组成员间联系紧密，小组形成的凝聚子群对个体的认知、行为、情感态度等都有积极的促进作用，度数中心度为 15.68%，较之其他小组偏小，表明该小组所有成员都积极参与交流互动，如表 11—2 所示。

表 11—2　　　　　　　　　第一组整体网参数

密度		凝聚系数	度数中心度	中间中心度	接近中心度
Avg Value	Std Dev				
5.4600	2.0302	6.400	15.68%	0.00%	0.00%

第一组个体网络中心化指数参数，如表 11—3 所示，表明组长 dqq 和组员 fm 的度数中心度较大，处于小组网络核心。中间中心度相同，说明共同体成员对资源的控制力相同，都积极地分享资源并充分利用资源。

在交互过程中，各小组成员均能积极参与交流互动，从小组评语中可以得出成员间不仅能彼此鼓励和肯定，还能大胆提出质疑与探讨。在尊重彼此的同时，也保留了反思和批判精神。组长 dqq 和组员 fm 不仅积极参与互动，还负责小组活动的组织管理，在任务完成和交流过程中起带头参与和组织活动的作用。

表 11—3　　　　　　　　　　第一组个体网参数

成员	度数中心度	标准化的度数中心度	中间中心度	标准化的中间中心度	接近中心度	标准化的接近中心度
dqq	24.000	61.477	0.000	0.000	5	100
zzh	20.000	43.000	0.000	0.000	5	100
ctt	19.000	38.400	0.000	0.000	5	100
fm	24.000	61.477	0.000	0.000	5	100
ml	18.000	34.667	0.000	0.000	5	100
zwy	16.000	25.167	0.000	0.000	5	100

第四组的密度和凝聚系数分别是 4.300 和 5.260，如表 11—4 所示，具有较高的网络密度和凝聚力。第四组中间中心度可视化社群图中，构成了多个三方结构，成员间的权力分配和责任分工较平衡，稳定性强。

表 11—4　　　　　　　　　　第四组整体网参数

密度		凝聚系数	度数中心势	中间中心势	接近中心势
Avg Value	Std Dev				
4.300	4.989	5.260	56.000%	21.000%	83.480%

第四组个体网络中心化指数参数，如表 11—5 所示，ln、lpy、xn 标准化的中间中心度分别是 30.000、15.000、10.000。其中成员 ln 处于网络核心位置，在小组中起决定性作用。三位小组成员的标准化接近中心度分别是 100.000、72.429、62.500，具有较高的整体中心度，与其他成员的距离较近，信息资源的传递和共享率较高。

表11—5　　　　　　　　　　第四组个体网参数

成员	度数中心度	标准化的度数中心度	中间中心度	标准化的中间中心度	接近中心度	标准化的接近中心度
ln	33.000	82.500	6.000	30.000	5	100.000
lpy	35.000	84.500	3.000	15.000	7	72.429
xn	28.000	69.300	2.000	10.000	8	62.500
xc	24.000	61.477	2.000	10.000	8	62.500
yz	20.000	47.267	1.500	7.5000	8	62.500
zlm	19.000	34.667	0.500	2.5000	9	55.556

从小组内部交互发现，ln、lpy、xn 构成了小组的核心凝聚子群，其中 lpy 是该组组长。小组交互数量频繁、知识建构层次高、凝聚力强。组长能够合理安排任务、及时给予同伴帮助，认真负责，有良好的组织管理能力；同时组员 ln 的中心度也较高，在小组活动中能积极发表意见建议、及时提供优质的学习资源，并帮助组长进行小组协调管理工作，为小组创建了良好的学术交流氛围。

4. 学习效果分析

学习效果分析以学期末的知识测试为主，试题由本专业两位教师共同协商和编制，测试内容包括本学期所学知识点，每道题满分为 10 分，难度适中。测试结果表明，混合式学习共同体活动机制的学习效果良好。另外，全部学生每道题的得分的独立样本 t 检验结果显示：单样本 t 检验 sig 值 <0.01，这表明该班学生的每道题的得分与满分 10 分之间有显著差异，混合式学习共同体活动机制对学生知识掌握具有不同程度的影响。

（三）讨论与建议

混合式学习共同体活动机制是融合了物理学习空间和网络学习空间的环境属性，形成支持学习共同体学习活动的有效模式，有效提升了学习共同体成员的交互水平、知识建构以及共同体资源建构等多个方面，实现了深度学习。

第一，混合式学习共同体活动机制能有效地提高学习共同体成员的交互水平。契约规范了成员参与活动的秩序性，借助网络学习空间的强大功能，规定共同体成员进行学习资源交互的时限和权限，以此提升成员的主动性和积极性。在协商交流活动中，以共同兴趣和完成共同目标建立"责任承诺和问责关系"。聚集在一起的小组学习共同体，成员有了认同的身份，通过意见领袖的引导，平衡共同体内的权力分配和责任分工，成员承担参与活动的责任，交互水平随着学习者的参与和认同程度逐步提高。与此同时，高频次高质量的交互逐渐增多，有效地促进了共同体成员获取知识、建构知识以及转化知识的能力。

第二，混合式学习共同体活动机制能促进学习共同体成员高级知识建构。学习共同体成员通过线上、线下的互动交流，因身份认同和目标一致而产生同质性的认同，又因个体差异性而产生异质性的冲突，在意义建构过程中，不断进行交流、协商、反思与再反思，促进个体概念转变和身份转变，从而完成成员身份的建构。学习共同体以完成共同目标为导向，逐步推进学习者对知识的理解、应用、评价到创造，在与助学者和同伴的信息共享、冲突协商、作品创作和评价反思等过程的循环推进下，实现对高级知识的建构，完成个体身份的认同，学习者认知能力逐步走向认知层次的顶层，实现深度学习。

第三，混合式学习共同体活动机制为共同体的发展提供了可依赖的数据储存、可循环的活动模式。助学者提供的学习资源、成员间信息分享、作品呈现以及意义协商中产生的过程性制品（有效问题解决措施、问题解决途径等）都能得到记录存储，形成了对所有学习共同体成员开放的资源库。活动机制的要素和媒介明确，活动模式可复制性强，循环利用性高，为学习共同体的发展提供保障。

五 本章小结

大数据、人工智能、虚拟现实等技术的迅速崛起，为个性化学习和深度学习提供了有力的技术支撑。利用物理学习空间的环境优势，集成网络学习空间提供的个人空间功能、机构空间功能和公共应用服务功能，以真实情境、契约、共同目标、学习者、助学者、意义协商等学习共同体的核心要素为基础，为学习共同体搭建了可操作的活动模式，这不仅打破了传统课堂在学习空间上的封闭格局，而且实现了学习者在物理学习空间和网络学习空间的混合式环境下思维方式、学习方式和互动交流方式的灵活转变，提高了交互层次和水平，完成了知识从主动建构、理解性接受到深层内化的过渡，实现深度学习。随着5G技术的到来，网络学习空间类型将会越来越多，诸如VR/AR资源、虚拟仿真实验室、数字博物馆、开源硬件等应用技术将搭乘5G速度快车，不断拓展学习空间的内涵，最大限度地满足不同学习者的需求，加快学习共同体身份的生成、认同和文化共享，实现网络学习空间人人通，学习共同体处处在，混合式学习伴随终身。

第十二章

智慧学习环境中学习者满意度

教室作为实施教学活动的主要场所，是学校教育必不可少的基础设施。随着信息技术和教育理念的飞速发展，传统的"秧田式"教室也发生了翻天覆地的变化，智慧教室成为时代新宠，走进了各级各类学校教育中。

结合 S 大学智慧教室特征，从学习者预期、行为意向、感知体验、感知价值、学习者满意度和持续使用意愿 6 个构念编制并发放了智慧教室学习者满意度调查问卷。利用结构方程分析法，借助 AMOS 软件对问卷回收后的数据进行分析，对初始假设模型进行评估并修正，以确定可以与观察数据契合的最终模型。借助 SPSS 软件，结合最终确定的满意度模型，对各影响因素进行路径分析和描述性统计分析，了解智慧教室学习者满意度现状。

研究结果表明，行为意向、感知体验、感知价值会直接影响学习者满意度，其中感知价值对学习者满意度的影响最显著，其次是感知体验，最后是行为意向。学习者预期并不会直接影响学习者满意度，而是以感知体验或感知价值为中介变量，对其产生间接影响。外因变量学习者预期和行为意向之间存在高度相关，并且二者会直接影响感知体验和感知价值，但对感知体验的影响较大，对感知价值的影响较小。学习者通过在智慧教室中的真实体验，直接产生对智慧教室的价值感知。其中资源的获取对学习者感知体验的影响最大。基于以上研究结果，结合对教师的访谈，分析目前智慧教室存在的问题并提出提高学习者满意度的策略。

信息化时代，教育改革逐步深化，智慧教育理念逐渐深入人心，但是，目前我们面对的问题就是传统教学空间的局限性，无法实现有效的互动性学习，学习者的学习满意度不高。因此，教育变革首要解决的就是学习空间不足和教学互动不够等问题。《2018年地平线报告》指出："要在短期内实现学习空间的重新建设，长期目标是建设创新技术支持的灵活且包容的学习空间。"[1] 新型学习空间已然成为实现教育信息化的基础和前提。近年来各高校积极响应国家号召，投入大量精力建设新型学习空间，如智慧教室、虚拟仿真实验室和创客教室等。本研究从学习体验的视角研究智慧教室中学习者满意度，以顾客满意度模型、技术接受模型为理论基础，分析影响S大学学生在智慧教室中的学习满意度的因素及其相互关系。

一 相关概念

（一）智慧教室

智慧教室有两个层次，第一个层次是包含各种先进技术比如人工智能技术、数据挖掘技术、学习分析技术等在内的高端智慧教室；第二个层次是包含移动终端、交互式电子白板，优化内容呈现，可智能录播，支持多种交互的简易型智慧教室。由于物力、财力的限制，高端智慧教室目前在S大学还未投入建设，加之教师教学任务繁重、学生课业负担大，为每个学生、每门课都量身定制学习，实现个性化教学的难度大、可行性小。因此本研究特指第二个层次的简易型智慧教室。

S大学于2017年完成智慧教室的建设并投入使用，为本研究的开展提供了支撑环境。该教室以环境心理学、人体工程学等为理论基础，以现代教育技术手段为依托，多屏呈现教学内容，满足师生互动需求，鼓励学生自带设备，支持线上线下混合教学，提供教学过程的记录、直播与再现，便于师生对教与学过程的反思，教师教学模式、教学方式的相互借鉴和交流，既促进了教师教育理念的转变，又可促进教师专业的发展。S大学智慧教室可以从物理环境、空间布局、信息技术三方面进行描述。

---

[1] 《2018年地平线报告》，EDUCAUSE Publications，2018年8月16日。

1. 物理环境。智慧教室采用绿色吸音棉、淡黄色隔音板包围四周墙壁，以保证智慧教室不受外界噪音干扰，同时也不会影响其他教室的正常教学。绿色吸音棉具有吸音、环保、保温、防潮等特点，不仅可以保护学生视力，同时也给师生营造了一种安静、温馨的环境氛围。智慧教室配有空调，可适时调控室内温度，还可通过补光灯调节室内光线的亮度。

2. 空间布局。智慧教室配有可灵活移动的桌椅，可根据不同的教学组织形式转换成满足相应需求的布局风格，可以是传统的秧田型、协作学习的圆桌型、会议式的半包围型等等。智慧教室每面墙壁都有一块交互式电子白板，方便学生清楚地看到教学内容，便于学生开展组内、组间交流活动，分享学习成果。

3. 信息技术。智慧教室中有四个交互式一体机和一套智能录播系统，AVCare网络多媒体管理平台实现门禁系统和其他的日常管理；多媒体平台以支持视频直播和视频点播；互动视频控制平台支持远程互动和会议直播。智慧教室在四周墙壁安装有跟踪摄像头和感应摄像头、天花板上安装了7麦克风矩阵，可实现多路摄像机＋VGA高清采集、全自动跟踪/定位、智能（特技）切换/编辑、实时滚动字幕、实时抠像（虚拟演播室）、多码流直播等全部功能。智慧教室还有无线投屏发射端，可将手机上的资料、图像、视频等进行放大共享，增强演示的交互性和协作性，支持智能手机和平板电脑的无缝接入，是自带设备场景的绝佳解决方案。

（二）学习体验

体验是指"亲自处于某种环境而产生认识"，强调主体的亲身经历和实践，在实践中形成对客观事物的理解，是一种比较抽象的自我主观感受。在以人为本的社会文化背景下，"体验"在各种生活情境中均得到了应用，形成了用户体验、顾客体验、学习体验等不同的术语。基于以上认识，本研究将体验界定为：人在某种环境中的亲身感受，包括对客体的认识和自身的感情变化。

美国将学习体验定义为学生在学习过程中对教学环境、教学内容、教学活动等所产生的主观印象①。该定义阐述了学习体验的来源，它既可以发生在学校、教室等正式学习场所，也可以发生在博物馆、图书馆、科技馆等非正式学习的场馆中。学习和体验是相互联系、密不可分的。基于体验的学习才能促进有意义学习的发生。李国娟认为学习体验是指学习者在亲自经历过程中，经过反复观察、感受，对客体形成某种观念、情感和态度的过程，最终认识客观事物②。胡永斌、黄荣怀将学习体验定义为学习者对智慧学习环境、学习活动和学习支持服务等学习过程中涉及的诸多教学要素的感知③。基于以上认识，本研究将智慧教室学习体验界定为：以学习者自身在智慧教室中的亲身经历为中心，经过学习者反复的实践和活动，最终形成的对智慧教室物理环境、智慧教室教学法、智慧教室信息技术的感知、情感和态度。

（三）学习者满意度

满意度最早由美国消费心理学家提出，目的是要调查顾客对产品的满意程度。本研究将顾客满意度的观点迁移到教育领域，将学习者满意度界定为：学习者在智慧教室学习过程中需求满足的状态，是学习者的一种主观感受，是学习者对智慧教室学习过程的期望与实际学习过程经历的比较，即学习者满意度是学习者对所接受的智慧教室学习过程进行评估，以判断是否能达到他们所期望的程度。如果达到学习者预期则为满意；如果和学习者预期有较大差距则为不满意。

学习者满意度不仅仅是指学生评价，还包括教学中涉及的其他因素比如教学环境、教学内容、教学媒体等各方面，是学生对学校教育的全面感知反应。学生是教育教学过程中的直接参与者，对教学环境、教学质量等有最真实的感知，通过获取学生在各方面的满意度，可以及时、有效地反映出学校教育目前存在的问题，进而为学校下一步的改进提供具有实际价值的信息。

---

① Nellie Mae Education Foundation. Learning Experience [EB/OL]. [2016—04—02]. http://edglossary.org/learning—experience/.
② 李国娟：《小学数学体验学习研究》，西泠印社出版社2007年版。
③ 胡永斌、黄荣怀：《智慧学习环境的学习体验：定义、要素与量表开发》，《电化教育研究》2016年第12期，第67—73页。

二 文献综述

罗纳德·雷西尼奥（Ronald Rescigno）于 1988 年认为智慧教室是一种典型智慧学习环境的物化，能够感知学习情境、识别学习者特征、提供合适的学习资源和便利工具、自动记录学习过程和评测学习成果以促进学习者有效学习的学习场所或活动空间。关于智慧教室的研究主要从理论研究、设计研究、应用研究和评价研究四个方面展开。威利·王（Wylie Wong）认为智慧教室应具有激发学生学习兴趣，支持多种交互，提供丰富的教学资源，教学方法多样的功能。[1] 黄荣怀认为智慧教室应有促进师生交互、资源获取、内容呈现、环境管理和情境感知等功能[2]。比克纳（Beichner）在 SCALE—UP 项目中以合作学习理论为基础，结合空间设计原则，提出了圆桌教室的设计方案，研究结果表明圆桌布局更有助于师生、生生之间的交互[3]。李志河等人从具身认知环境的设计角度，构建了具身认知环境和模型，并认为智慧教室也是一种具身认知环境[4]。许亚锋等在分析现有空间开发框架的基础上，结合体验学习的特征，提出了基于改进的 PST 框架，形成了未来课堂设计的基本原则和核心特征[5]。应用研究主要是智慧教室环境下的教学模式设计、教学方法创新以及将设计的教学模式应用到具体教学中的案例研究、师生互动研究等。如詹姆斯（James D. Slotta）以完成学习任务枢纽，依据异质分组的原则，实施协作学习的知识社区教学模式，以提高学生的合作能力和问题解决能力[6]。徐显龙

---

[1] Wylie, W. The Case for Smart Classrooma. Community College Journal, 2008（10）：31-34.

[2] 黄荣怀、胡永斌、杨俊锋、肖广德：《智慧教室的概念及特征》，《开放教育研究》2012 年第 2 期，第 22—27 页。

[3] Beichner, Robert, J. &Saul, Jeffery, M. (2003) Introduction to the SCALE— UP（Student – Centered Activities for Large Enrollment Undergraduate Programs）Project ［J］. The International School of Physics Enrico Fermi, Varenna, Italy,（6）：1-17.

[4] 李志河、李鹏媛、周娜娜、刘芷秀：《具身认知学习环境设计：特征、要素、应用及发展趋势》，《远程教育杂志》2018 年第 5 期，第 81—90 页。

[5] 许亚锋、张际平：《面向体验学习的未来课堂设计——基于改进的 PST 框架》，《中国电化教育》2013 年第 4 期，第 13—19 页。

[6] Lui M., Tissenbaum M., Slotta J. D. Scripting collaborative learning in smart classrooms: towards building knowledge communities. Proceedings CSCL, 2011：430-437.

等人结合智慧教室特征,设计了小组合作学习的四种模式——小组竞赛、学习测评、学生讨论和展示分享,并采用问卷法、访谈法对应用效果进行评估,发现学生对在智慧教室中的小组合作效果的满意度明显优于传统教室[1]。评价研究主要关注智慧教室的应用效果和探究智慧教室对学习行为的影响等方面。如弗里曼(Freeman)认为可以从三个方面评价智慧教室的应用效果:(1)是否更深入地理解教学内容;(2)是否缩短了学习时间,提高了学习效率;(3)不明白的内容是否减少[2]。毛齐明、蒋立兵等人以 H 大学的教师为研究对象,通过问卷调查法,从智慧教室整体使用情况、个人特征差异、应用行为等方面调查了智慧教室的使用现状,研究发现智慧教室的应用效果存在学科和教龄上的差异,但对于提高教学质量具有一定的作用[3]。国内外关于智慧教室的教学效果评价和智慧教室建设标准尚没有统一、完善的评价体系,学者们对评价方面的研究还比较少,对智慧教室应用效果方面的研究还比较薄弱。师生是智慧教室教学活动的实践者和参与者,师生满意度是衡量智慧教室是否满足需求、智慧教室有效性最直接的指标。因此,从师生的角度研究智慧教室更有利于其发展,更有利于环境设计与教学接轨,开发出满足师生需求、更好地支持教学的智慧学习环境。

三 学习者满意度影响因素假设模型构建

(一)智慧教室中学习者满意度影响因素的确立

满意度研究起初主要集中在销售、市场、管理、医院等日常生活领域,常见的有顾客满意度、员工满意度等。1994 年,乔森(Johnoson)等在 SCSB 模型的基础上,提出了美国顾客满意度指数模型(ACSI)[4]。

---

[1] 徐显龙、王雪花、顾小清:《智慧教室小组合作学习设计及成效》,《开放教育研究》2017 年第 4 期,第 112—120 页。

[2] Freeman, R. J. (2004). Cost-effectiveness of the intelligent classroom for information systems instruction. Journal of Information Technology Management, Volume XV, Numbers 1—2: 39-43.

[3] 毛齐明、蒋立兵、侯敬奇:《高校教师应用智慧教室的有效性调查研究——以 H 大学为例》,《现代教育技术》2018 年第 10 期,第 49—55 页。

[4] Johnoson, M. D., Fornell, C., A Framework for Comparing Customer Satisfaction across Individuals and Product Categories. Journal of Consumer Research, 1991, 12: 267-286.

顾客满意度指数模型是测量顾客对购买产品或服务的满意程度，是顾客的实际经历过程与顾客预期之间的差异比较，差异小则顾客满意，差异大则顾客感到不满意。教育是一种特殊的服务行业，其服务对象是学生，即教育领域的顾客是学习者，产品或服务包括教学系统软件、教学环境、师资水平等各方面。学生选择教育产品或服务取决于使用之后得到的反馈，可以将学生的学习满意度理解为学生消费教育产品或服务时的情绪反应。因此，顾客满意度模型适用于教育领域。通过阅读文献发现，该模型在教育技术领域中的应用已经取得了很多研究成果。如钱晓群将顾客满意度指数模型引入网络教育中，以探究网络教育服务质量、学生期望、学生价值与学习者满意度之间的关系[1]。戴心来等人基于顾客满意度模型，探究影响MOOC学习者满意度的影响因素[2]。本研究以中、美两国顾客满意度指数模型和技术接受模型为依据，结合智慧教室的特性，将顾客满意度模型中的"顾客期望"修改为"学习者期望"，将"感知质量"修改为"感知体验"，"顾客忠诚"修改为"持续使用意愿"。综上所述，智慧教室环境下学习者满意度影响因素包括学习者预期、行为意向、感知体验、感知价值、学习者满意度和持续使用意愿六个潜变量，结合学习空间PST设计框架，将教学法—空间—技术渗透到满意度模型中，从这三个方面设置潜变量的观察变量，初步构建了智慧教室学习者满意度模型。

（1）学习者期望，是指学习者希望在智慧教室的体验是怎样的，即学习者在进入智慧教室学习之前对智慧教室的整体预期，包括对环境设置的整体预期、对教学质量的整体预期和对技术支持的整体预期三方面。我们将这三个指标作为学习者期望潜变量的观察指标。

（2）行为意向，是指学习者对智慧教室的使用态度、使用意愿等。感知易用性和感知有用性会直接影响学习者使用智慧教室的态度，进而影响学习者在智慧教室中的行为表现。我们从感知有用性和感知易用性

---

[1] 李志河：《赛博格视角下的金属外骨骼AMP三维建模》，《电化教育研究》2012年第12期，第78—82页。

[2] 戴心来、郭卡、刘蕾：《MOOC学习者满意度影响因素实证研究——基于"中国大学MOOC"学习者调查问卷的结构方程分析》，《现代远距离教育》2017年第2期，第17—23页。

两个维度来测量学习者的行为意向。

（3）感知体验，是指学习者在智慧教室中学习后，对智慧教室的环境设置、教学质量、技术支持的真实体验和切身感受。其中，对环境设置的体验包括物理环境和座位布局；对教学质量的体验包括学习方式、教学方式、人人交互、人机交互和学习支持；对技术支持的体验包括资源获取、内容呈现和设备获取。我们将这 10 个指标作为感知体验潜变量的观察指标。

（4）感知价值，是指学习者综合智慧教室的整体水平，在智慧教室中的学习体验以及自身所付出努力后的学习成效与智慧教室建设成本的对比关系。用来衡量智慧教室对学习者的有用性。我们从学习体验的优化、学习方式的改善、教学方式的改善和学习效果四个维度来测量学习者对智慧教室的感知价值。

（5）学习者满意度，是指学习者在进入智慧教室学习后的实际感受与自己对智慧教室的期望之间的差异程度。若达到了自己的期望，则学习者感到愉悦满意；若达不到学习者预期，则学习者会感到不满意。我们从学习者预期满意度、学习体验满意度和学习需求满意度三方面衡量学习者满意度水平。

（6）持续使用意愿，是指学习者在智慧教室学习后，愿意继续使用智慧教室上课或愿意推荐给他人使用智慧教室的程度。我们从再次选择使用智慧教室的可能和推荐他人使用智慧教室的可能两个方面来测量学习者的持续使用意愿。

（二）变量间的研究假设及模型的初步构建

1. 初始模型的构建

以顾客满意度模型为参考，结合技术接受模型（TAM），基于上述对学习者满意度影响因素的确定，构建了智慧教室环境中基于学习体验的学习者满意度初始模型，如图 12—1 所示。其中，学习者预期、行为意向、感知体验和感知价值是影响智慧教室环境下学习者满意度的原因变量，持续使用意愿是学习者满意度的结果变量，各变量之间的关系或路径用箭头表示，共同组成了学习者满意度模型。

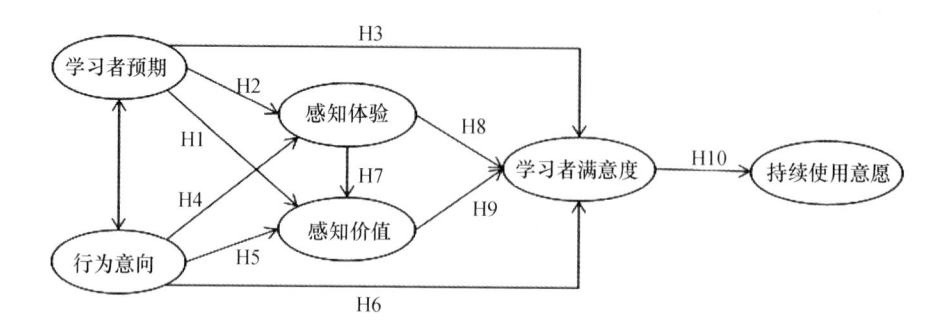

图 12—1 智慧教室中基于学习体验的学习者满意度初始模型

2. 变量间的研究假设

学习者满意度变量间关系的研究假设，如表 12—1 所示。

表 12—1　　　　　　　　　　　　研究假设

研究假设
H1：学习者预期对感知体验有显著性影响
H2：学习者预期对感知价值有显著性影响
H3：学习者预期对学习者满意度有显著性影响
H4：行为意向对感知体验有显著性影响
H5：行为意向对感知价值有显著性影响
H6：行为意向对学习者满意度有显著性影响
H7：感知体验对感知价值有显著性影响
H8：感知体验对学习者满意度有显著性影响
H9：感知价值对学习者满意度有显著性影响
H10：学习者满意度对持续使用意愿有显著性影响

四　研究方法与过程

结构方程模型是利用协方差和路径分析原理来建立模型的一种多元统计技术，它综合了路径分析、探索性因子分析、验证性因子分析与一般统计方法①，是社会科学领域常用的研究方法，主要应用于市场、经济和管理方面。该模型包括由可观测变量组成的观测模型和潜在变量组成的结构模型，它既可以表示观测变量和潜变量之间的关系，又可以研究各潜变量之间的相关关系，以及与目标变量之间的路径关系，更好地检验修正模型。

基于学习者满意度模型，结合智慧教室的特点，编制"智慧教室学习者满意度调查问卷"，收集相关数据，分析学习者预期、行为意向、感知价值和感知体验对学习满意度和持续使用意愿的影响关系及其相互关系，通过已获取的实际数据对模型进行实证分析和研究，检验模型的解释能力。

（一）问卷设计与试测

依据满意度模型和研究假设的需要，编制了由 28 个题项组成的问卷，其中学习者预期（LE1—LE3）、行为意向（BI2/3/5/6）、感知体验（PE1—PE10）、感知价值（PV1—PV4）、学习者满意度（LS1—LS3）、持续使用意愿（CW1—CW2）。问卷采用李克特 5 级量表，从 1—5 代表不同的满意程度：1 表示非常不满意、2 表示不满意、3 表示一般、4 表示满意、5 表示非常满意，并依次赋值 1—5 分，分值越高，表示学习者满意度越高。随机发放给在智慧教室上课的 50 名学生，进行小范围的试测。

在 Amos 24 软件中运用验证性因子分析检验模型的准确性和解释能力。

（二）信度和效度检验

通过测量观察指标的题项信度和潜在变量的组合信度来检验问卷信度。学习者预期、行为意向、感知体验、感知价值、学习者满意度和持续使用意愿六个潜在变量的组合信度分别为：0.864、0.945、0.903、0.938、0.915、0.923，均在 0.6 以上，说明构成每一因素的观察指标有较好的内在关联，具有一致性，可反映同一构念。平均变异量抽取值

---

① 曾嘉灵、陆星儿、杨阳、吴秀菡、郑勤华：《基于结构方程的远程学习者满意度影响因素研究》，《中国远程教育》2016 年第 8 期，第 59—65、80 页。

（PV）表示相对于测量误差变异量而言，潜在变量可以解释观察指标变异量的程度，平均变异量抽取值越大，表示观察变量被潜在构念解释的程度越大，测量误差越小，一般的判别标准是PV>0.5，表示观察变量可有效表征其潜在变量。六个潜在变量的平均变异量抽取值分别为：0.679、0.671、0.699、0.500、0.781、0.856，均在0.5以上，说明该问卷具有良好的信度。

本研究采用Amos中的验证性因子分析检验问卷的结构效度。在初始模型构建的基础上，将LE3←学习者预期、BI6←行为意向、PE1←感知体验、PV4←感知价值、LS3←学习者满意度、CW1←持续使用意愿的未标准化回归系数，设置固定参数为1，因此，上述六条路径均不需要进行显著性检验，其相应的标准误（S.E）、临界值（C.R）、P值均为空白，其余标准化回归系数（即因素符合量）均在0.5以上，临界比值均大于1.96，P值栏均显示"***"表示在0.001水平上达到显著。因此，该问卷具有良好的结构效度。

（三）研究对象人口学信息

本研究以S大学在智慧教室上课的大学一、二、三、四年级本科生为研究对象，共收集问卷543份，剔除作答时间少于1分钟或全部选择同一选项的问卷，有效问卷489份，有效率为90.06%，将其作为样本分析智慧教室中基于学习体验的学习者满意度。由于涉及专业范围广，按照对智慧教室概念的了解程度，将不同的专业归类为教育技术相关专业和非教育技术相关专业。

1. 不同性别学习者满意度差异分析

女生在各个构念的满意度均高于男生，除目标变量学习者满意度外，男女学生在各维度的满意度走向基本趋于一致，如图12—2所示。

为了进一步检验不同性别的学习者满意度是否在各维度存在显著差异，以性别为分组变量，对各构念进行了独立样本T检验，如表12—2所示。检验结果显示，除学习者预期构念（P=0.040）在0.05水平上存在显著差异外，其余构念不存在性别差异。

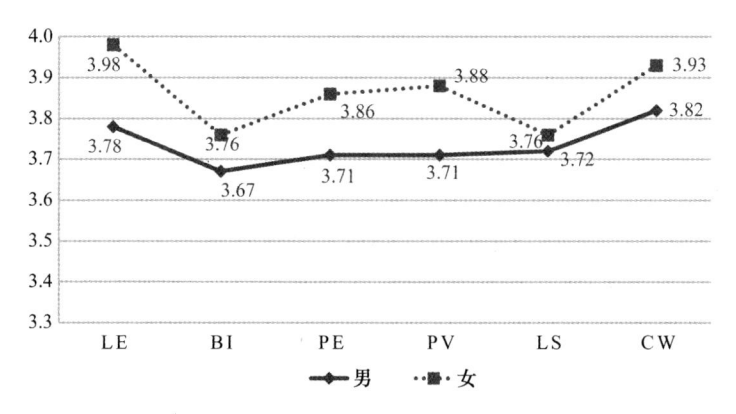

图 12—2　不同性别的学习者满意度差异

表 12—2　　　性别对学习者满意度影响的差异性检验

		方差方程的 Levene 检验		均值方程的 t 检验						
		F	Sig.	t	df	Sig.（双侧）	均值差值	标准误差值	差分的95%置信区间 下限	差分的95%置信区间 上限
LE	假设方差相等	10.163	0.002	-2.414	487	0.016	-0.19238	0.07968	-0.34894	-0.03581
LE	假设方差不相等			-2.073	124.364	0.040	-0.19238	0.09278	-0.37602	-0.00874
PE	假设方差相等	5.437	0.020	-1.968	487	0.050	-0.15570	0.07910	-0.31112	-0.00028
PE	假设方差不相等			-1.719	126.141	0.088	-0.15570	0.09059	-0.33498	0.02358
BI	假设方差相等	5.022	0.025	-1.153	487	0.249	-0.08958	0.07768	-0.24221	0.06306
BI	假设方差不相等			-1.010	126.541	0.314	-0.08958	0.08865	-0.26500	0.08585
LS	假设方差相等	6.402	0.012	-0.502	487	0.616	-0.04198	0.08359	-0.20622	0.12225
LS	假设方差不相等			-0.426	123.045	0.671	-0.04198	0.09859	-0.23714	0.15317
CW	假设方差相等	8.155	0.004	-1.263	487	0.207	-0.11104	0.08794	-0.28383	0.06174
CW	假设方差不相等			-1.083	124.260	0.281	-0.11104	0.10250	-0.31391	0.09182
PV	假设方差相等	16.450	0.000	-2.078	487	0.038	-0.17404	0.08374	-0.33859	-0.00950
PV	假设方差不相等			-1.724	120.906	0.087	-0.17404	0.10097	-0.37394	0.02586

2. 不同专业学习者满意度差异分析

考虑到不同专业和学科特征的差异性，对环境的要求也"因专（业）而异"，因此其在智慧教室学习体验的满意度也不同。我们按照对智慧教室概念的了解程度，将不同的专业归类为教育技术相关专业和非教育技术相关专业。图12—3 是不同专业的学生在各个构念上的总满意度，非教育技术相关专业的学习者满意度均高于教育技术学相关专业。

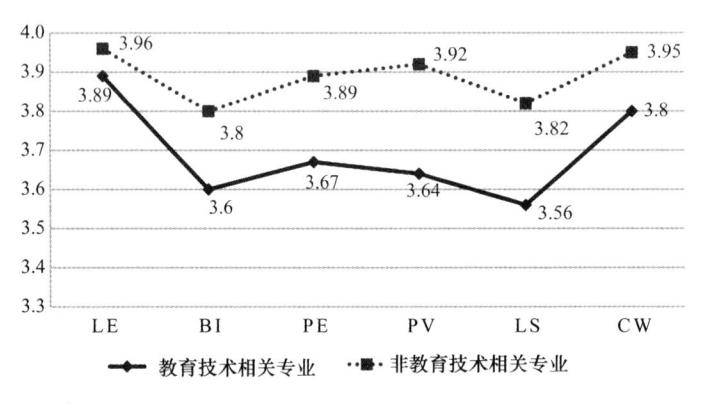

图12—3 不同专业的学习者满意度差异

为了进一步检验不同专业的学习者满意度是否在各维度存在显著差异，我们以专业为分组变量，对各个构念进行了独立样本 t 检验，如表 12—3 所示。学习者预期（P = 0.364 > 0.05）和持续使用意愿（P = 0.061 > 0.05）这两个构念没有显著差异，行为意向（P = 0.004 < 0.01）、感知体验（P = 0.003 < 0.01）、感知价值（P = 0.000 < 0.001）和学习者满意度（P = 0.001 < 0.001）构念均存在显著差异。

表12—3　　　　专业对学习者满意度影响的差异性检验

		方差方程的 Levene 检验		均值方程的 t 检验					差分的 95% 置信区间	
		F	Sig.	t	df	Sig.（双侧）	均值差值	标准误差值	下限	上限
LE	假设方差相等	0.005	0.942	−0.909	4086	0.364	−0.06586	0.07247	−0.20825	0.07653
	假设方差不相等			−0.912	224.940	0.363	−0.06586	0.07220	−0.20812	0.07641

续表

		方差方程的 Levene 检验		均值方程的 t 检验						
		F	Sig.	t	df	Sig.（双侧）	均值差值	标准误差值	差分的95%置信区间	
									下限	上限
PE	假设方差相等	0.315	0.575	-3.020	486	0.003	-0.21497	0.07119	-0.35485	-0.07508
	假设方差不相等			-3.000	220.676	0.003	-0.21497	0.07167	-0.35621	-0.07373
BI	假设方差相等	0.020	0.889	-2.906	486	0.004	-0.20278	0.06977	-0.33987	-0.06568
	假设方差不相等			-2.947	229.318	0.004	-0.20278	0.06880	-0.33834	-0.06722
LS	假设方差相等	1.180	0.278	-3.501	486	0.001	-0.26157	0.07471	-0.40837	-0.11478
	假设方差不相等			-3.402	212.223	0.001	-0.26157	0.07688	-0.41312	-0.11003
CW	假设方差相等	1.530	0.217	-1.876	486	0.061	-0.14896	0.07941	-0.30499	0.00708
	假设方差不相等			-1.836	214.989	0.068	-0.14896	0.08112	-0.30885	0.01093
PV	假设方差相等	1.610	0.205	-3.624	486	0.000	-0.27214	0.07510	-0.41970	-0.12457
	假设方差不相等			-3.515	211.601	0.001	-0.27214	0.07742	-0.42474	-0.11953

五　学习者满意度模型评估与修正

（一）模型评估与修正

根据初步构建的理论模型，在 Amos 24 中构建学习者满意度初始假设模型图。导入观察数据，采用极大似然法对满意度假设模型进行检验，模型可以识别，初始假设模型的标准化参数估计，如图12—4所示。学习者满意度结构方程模型中，标准化回归系数绝对值均小于1、误差方差都大于0，说明该模型无不合理的参数存在。学习者预期指向学习者满意度路径的标准化回归系数为0.028，临界比值（CR）为0.582＜1.96，显著性P值为0.561＞0.05，表示该条路径不显著，在后期的模型修正中考虑释放该条路径。

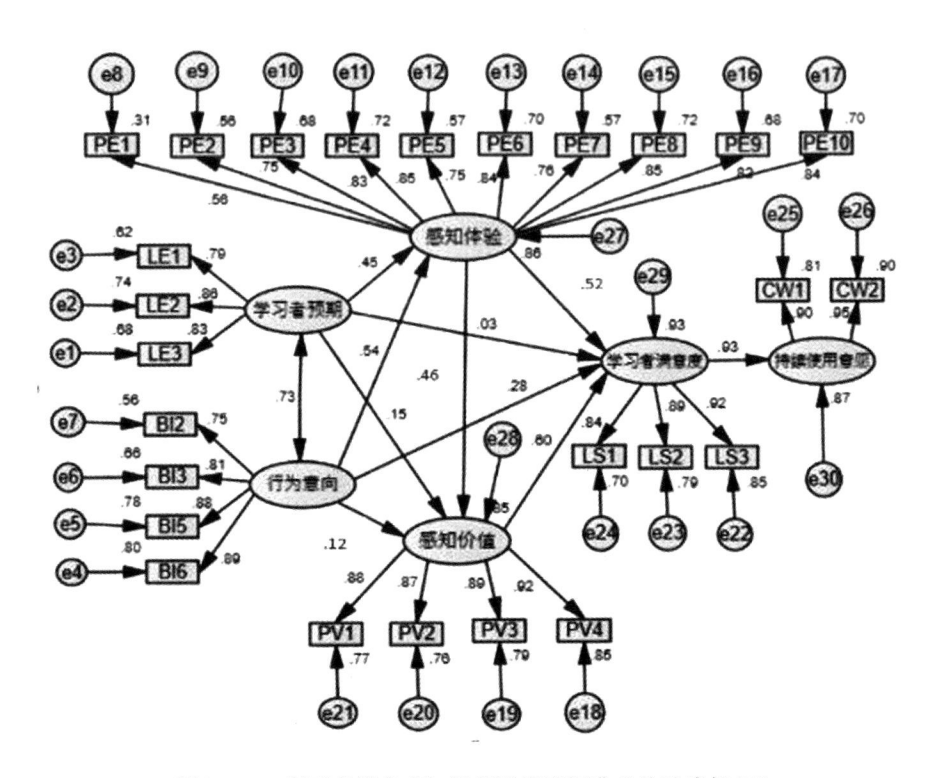

图 12—4　学习者满意度初始假设模型标准化估计路径 M1

模型拟合度检验的初始假设卡方值为 867.456，自由度为 288，P = 0.000 < 0.05，达到显著水平，所以拒绝虚无假设，说明初始假设模型与观察数据无法适配，具体的检验统计量如表 12—4 所示。

表 12—4　　　　　　　　　　模型 M1 的适配度检验

适配度指标	NC	RMR	RMSEA	GFI	CFI	TLI	IFI	CN	PNFI
初始模型	3.012	0.025	0.085	0.814	0.922	0.912	0.922	130	0.800
参考值	>1，<3	<0.05	<0.08	>0.9	>0.9	>0.9	>0.9	>200	>0.5

NC 值在 1 < NC < 3 的合理范围内，RMSEA 值为 0.085 大于 0.08，GFI 值为 0.814 小于 0.9，临界样本数（CN）值为 130 小于 200，以上四

项拟合指标均不在合理范围内。因此，需要对模型进行修正，以使模型与观察数据较好地适配。模型修正的具体过程和内容包括删除不显著路径，增列遗漏路径和判断误差变量之间是否存在公变关系。修正依据为 Amos 输出报表中的修正指标值，系统内定的修正指标临界值为 4，本研究将其设定为 20。

从修正指标表 12—5 中可以看出 e21 <- -> e30 的 MI 值最大，即感知价值和持续使用意愿的测量误差间可能存在某种相关，所以考虑先在误差变量 e21 和误差变量 e30 之间增列公变关系以对模型进行细微的修正。

表 12—5　　　　　　　　　　　模型 M1 的适配度检验

			M.I.	Par Change
e25	<- ->	e29	27.971	-0.026
e23	<- ->	e30	29.788	-0.031
e23	<- ->	e24	43.045	0.050
e20	<- ->	e25	42.283	0.050
e21	<- ->	e30	90.848	0.068
e19	<- ->	e20	20.649	0.035
e16	<- ->	e17	49.044	0.072
e15	<- ->	e16	32.169	0.059
e14	<- ->	e15	23.878	0.065
e12	<- ->	e17	21.730	-0.055
e10	<- ->	e11	82.343	0.094
e8	<- ->	e16	26.763	-0.089
e6	<- ->	e7	75.249	0.094
e2	<- ->	e15	26.799	-0.053

由表 12—6 修订后的参数检验值可知，满意度模型中标准化回归系数绝对值均小于 1，误差方差全都大于 0，说明该模型无不合理的参数存在。C.R. 临界值均 >2，P 值均在 0.05 水平上显著，说明各条路径都达到了显著水平。

表12—6　　　满意度假设模型修订前、后的参数检验值

假设路径	标准化路径系数 修订前	标准化路径系数 修订后	S.E 修订前	S.E 修订后	C.R 修订前	C.R 修订后	P 修订前	P 修订后
感知体验←学习者预期	0.453	0.453	0.043	0.043	8.530	8.524	***	***
感知体验←行为意向	0.544	0.544	0.041	0.041	9.789	9.774	***	***
感知价值←行为意向	0.117	0.117	0.064	0.064	2.550	2.550	0.011	0.011
感知价值←学习者预期	0.151	0.154	0.068	0.068	2.521	2.590	0.012	0.010
感知价值←感知体验	0.462	0.458	0.123	0.123	3.398	3.398	***	***
学习者满意度←学习者预期	0.028	—	0.055	—	0.582	—	0.561	—
学习者满意度←感知体验	0.520	0.524	0.094	0.094	5.404	5.404	***	***
学习者满意度←感知价值	0.604	0.613	0.067	0.065	9.002	9.450	***	***
学习者满意度←行为意向	0.275	0.261	0.081	0.077	3.523	3.510	***	***
持续使用意愿←学习者满意度	0.931	0.931	0.035	0.035	27.419	27.402	***	***
学习者预期<-->行为意向	0.732	0.733	0.029	0.029	11.108	11.125	***	***

对修正后的模型进行检验，模型卡方值为702.746，自由度为288，P为0.352＞0.05，接受虚无假设，说明修正模型与观察数据可以适配，然后对模型进行拟合度检验，如表12—7所示，卡方与自由度比值为2.440，在1＜NC＜3的范围内，表示模型达到了简约适配；RMR值为0.022小于0.05，RMSEA值为0.064小于0.08，GFI、CFI、TLI、IFI值分别为0.953、0.932、0.934、0.964均大于0.9，样本临界值CN为1785

大于200，各拟合指标均在合理范围内，表示修正后的模型可以与观察数据良好契合。

表12—7　　　　　　　　满意度模型适配度检验

适配度指标	NC	RMR	RMSEA	GFI	CFI	TLI	IFI	CN	PNFI
初始模型	2.440	0.022	0.064	0.953	0.932	0.934	0.964	1785	0.827
参考值	>1，<3	<0.05	<0.08	>0.9	>0.9	>0.9	>0.9	>200	>0.5

（二）影响效应分析

借助Amos软件对满意度初始假设模型进行路径显著性分析与拟合度检验，依据修正指标删除不显著路径、在误差变量间设立公变关系，经过两次修正后，模型各拟合指标均在可接受范围内，确定了与观察数据可以契合的最终模型，各因素之间的影响路径及影响大小如图12—5所示。

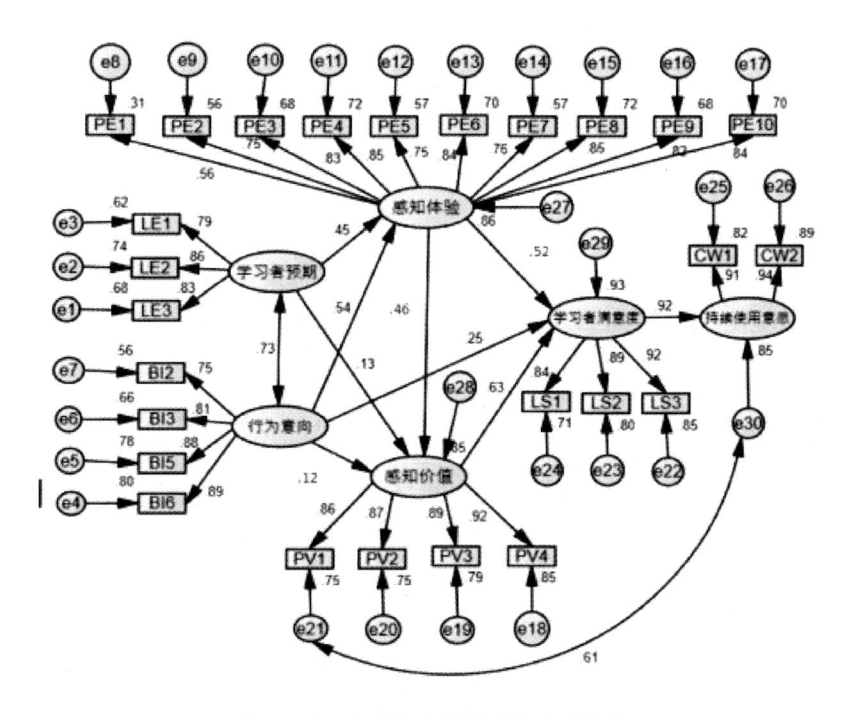

图12—5　修正后的学习者满意度路径

学习者预期与行为意向间的相关为0.73，说明两个外因变量之间存在高度相关。学习者预期对感知体验的直接效果和总体效果均为0.45，对感知价值的直接效果为0.13，间接效果为0.207，总体效果为0.337。说明学习者预期对感知体验和感知价值有显著的直接正向影响，验证了假设1和假设2。学习者预期不会直接影响学习者满意度，而是通过学习者预期—感知体验—学习者满意度、学习者预期—感知价值—学习者满意度、学习者预期—感知体验—感知价值—学习者满意度这三条路径间接影响学习者满意度，对学习者满意度的总体影响效应为$0.45 \times 0.52 + 0.13 \times 0.63 + 0.45 \times 0.46 \times 0.63 = 0.446$。

行为意向对感知体验的直接效果和总体效果都为0.54，支持假设4。行为意向对感知价值的直接效果为0.12，又通过感知体验间接影响感知价值，间接效果为$0.54 \times 0.12 = 0.0648$，总体影响效应为0.185，支持假设5。行为意向对学习者满意度的直接影响效果为0.25，并通过行为意向—感知体验—学习者满意度、行为意向—感知价值—学习者满意度、行为意向—感知体验—感知价值—学习者满意度三条路径间接影响学习者满意度，总效果值为$0.25 + 0.54 \times 0.52 + 0.12 \times 0.63 + 0.54 \times 0.46 \times 0.63 = 0.763$，支持假设6。说明学习者的使用态度和使用意愿会显著影响学习者在智慧教室环境下基于学习体验的满意度。

感知体验对感知价值的直接影响效应和总体影响效应都为0.46，支持假设7。感知体验对学习者满意度的直接影响效应为0.52，并通过感知价值这一中介变量对其产生间接影响，间接影响效应为$0.46 \times 0.63 = 0.290$，所以感知体验对学习者满意度的总体影响效应为0.81，说明感知体验对学习者满意度有显著的正向影响，支持假设8。

感知价值对学习者满意度的直接影响效应和总体影响效应都为0.63，说明学习者对智慧教室的价值感知会显著影响学习者满意度，支持假设9。

目标变量学习者满意度对结果变量持续使用意愿的直接影响效应和总体影响效应都为0.92，说明学习者满意度会显著影响学习者的持续使用意愿，支持假设10。学习者预期、行为意向、感知体验、感知价值这四个变量可以联合解释"学习者满意度"变量93%的变异量。

(三) 各因子影响效应及描述性统计分析

1. 基于学习体验的总体满意度

学习者在智慧教室中基于学习体验的总体满意度如表12—8所示,其均值为3.83,处于基本满意偏上水平。标准差(SD)反映一组数据的离散程度,标准差为0.81,较大,说明样本数据与均值之间的差异较大,各构念满意度存在差异。

表12—8　　　　　　　　　　总体满意度

样本量	均值	标准差
489	3.83	0.81

表12—9各维度满意度统计表明,学习者预期、感知价值和持续使用意愿的均值超过了总体满意度均值,分别为3.94、3.85和3.91,说明学习者在进入智慧教室之前对智慧教室有较高的预期,期望可以在智慧教室获得良好的学习体验。经过一段时间的亲身体验后,学习者总体上认为智慧教室相较于传统教室而言,在促进教学方式的改进、提高学习成效方面具有一定的价值,并表示出强烈的持续使用意愿。行为意向和感知体验较总体满意度均值略低,分别为3.75、3.80,说明学习者认为智慧教室使用较难,存在心理障碍,缺乏自信心。学习者在智慧教室的感知体验达不到学习者预期,智慧教室需要进一步改进。

表12—9　　　　　　　　　　各维度满意度

	学习者预期	行为意向	感知体验	感知价值	持续使用意愿
样本量	489	489	489	489	489
均值	3.94	3.75	3.80	3.85	3.91
标准差	0.79	0.77	0.84	0.80	0.80

2. 感知体验及感知价值分析

我们从学习空间维度、信息技术维度和教学法维度（PST）具体分析学习者的感知体验和感知价值，如图12—6所示。

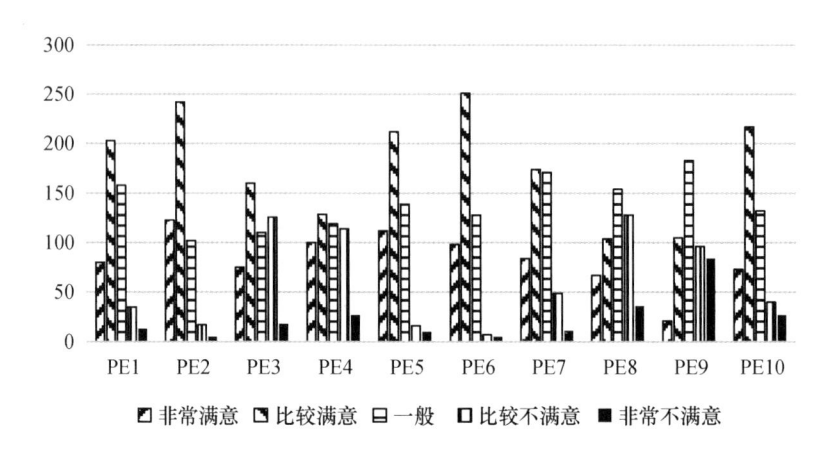

图12—6 感知体验构念

学习空间维度：57.9%的学习者对智慧教室的光线、温度等环境设置感到满意。49.4%的学习者对智慧教室的桌椅布局感到比较满意，25.2%的学习者对座位布局非常满意。说明智慧教室整体物理环境良好，多数学习者都达到了比较满意甚至非常满意水平。

信息技术维度：30%的学习者对智慧教室中的设备获取感到不满意，22.5%的学习者认为设备的可获取性一般，说明智慧教室在设备获取和网络支持方面还很薄弱，需要加大投入力度，为师生提供更便捷的服务。53.2%的学习者对智慧教室中的资源获取感到不满意或一般，说明智慧教室在教学支持方面缺乏资源支助，无法满足师生需求，更谈不上个性化支持。66.3%的学习者对智慧教室的内容呈现感到满意，智慧教室在每个方向都安装有一体机，方便了学习者对教学内容的获取。

教学法维度：71.4%的学习者对智慧教室中的人人交互感到满意，智慧教室的环境设置更有助于同学们主动讨论学习问题，合作完成学习任务。52.7%的学习者对智慧教室中的人机交互感到满意，会利用智能手机分享学习成果，但是也有近一半的学习者对智能手机分享学习成果、交流互动感到不满意。33.5%的学习者对学习方式感到不满意，31.5%的学习者感到基本满意。说明智慧教室改善学习方式的作用并不明显。36.8%的学习者对教学方式感到不满意，37.4%的学习者感到基本满意，结合课堂观察发现在智慧教室中上课的老师大都还是采取传统的讲授法，并没有创新地应用多种教学方式、教学模式开展个性化教学。说明智慧教室在改善教学方式方面也没有起到显著的促进作用，但仍有部分教师在不断探索新的教学方式，充分利用智慧教室的环境优势，鼓励学习者自带设备开展翻转课堂和混合式教学。59.3%的学习者对智慧教室中得到的学习支持较为满意，说明其还是促进了学习者之间的交流协作。

图12—7是感知价值四个内部因素的总体分布图，70.1%的学习者表示智慧教室比传统教室有更好的学习体验，主要体现在位置布局、绿色隔音棉构成的墙壁（不仅保护眼睛，还能隔绝外界噪音）、温度的可调节等都为学习者带来了全新的学习体验。57.1%的学习者认为智慧教室并没有改变传统的讲授型教学法，而要催生新的、多样的教学方式，这与上述学习者在智慧教室的学习体验统计结果相呼应。50.5%的学习者认为智慧教室不能支持个性化学习和促进深度学习。60.5%的学习者认为在智慧教室上课可以提高学习投入度，更好地掌握课程内容，提高了学习效率。

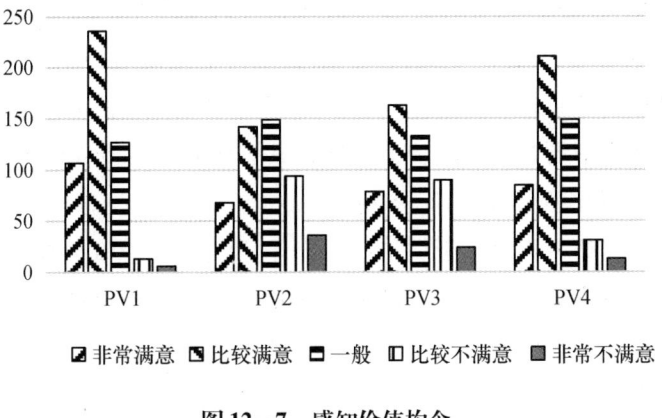

图12—7 感知价值构念

六 本章小结

确定影响学习者满意度的关键因素,构建智慧教室中基于学习体验的学习者满意度模型,不仅可以为学校自身开展智慧教室教学提供有效参考,还可以从学习者的角度为学习空间的设计者在构建智慧学习环境时提供建议。同时,也可以促进教师创新教学模式和教学方式,探究更有利于智慧教育理念落地的教学策略,提高教学效果。通过对智慧教室和学习者满意度的实证研究,聚焦智慧教室中学习者满意度的影响因素,可以为智慧教室的评估标准提供可靠数据和依据,提高智慧教室对师生的持续吸引力,为师生有效利用智慧教室提供借鉴和指导。

1. 研究结论

(1) 行为意向、感知体验、感知价值会直接影响学习者满意度,其中感知价值对学习者满意度的影响最显著,标准化路径回归系数为 0.63;其次是感知体验,其直接影响效应为 0.52;最后是行为意向,其直接影响效应为 0.25。学习者预期并不会直接影响学习者满意度,而是以感知体验或感知价值为中介变量,对其产生间接影响。

(2) 外因变量——学习者预期和行为意向之间存在高度相关,标准化相关系数为 0.73。学习者预期会直接影响感知体验和感知价值,其影响效应分别为 0.45 和 0.13。行为意向也会直接影响感知体验和感知价值,其影响效应分别为 0.54 和 0.12。两个外因变量对感知价值的影响较小。感知体验会直接影响感知价值,学习者通过在智慧教室中的真实体验,从而产生对智慧教室的价值感知,其影响效应为 0.46。最终得到的学习者满意度模型图如图 12—8 所示。

综上,本研究得出以下结论:(1) 行为意向、感知体验、感知价值与学习者满意度显著正相关。(2) 对影响学习者满意度的关键指标进行分析可得出,教学法对学习者满意度的影响较强,然后是学习空间,最后是信息技术。

2. 存在的问题

S 大学智慧教室的建设以及投入使用都处于初级阶段,目前还有很多不完善的地方,通过上述对学习者满意度现状的描述性统计发现存在如

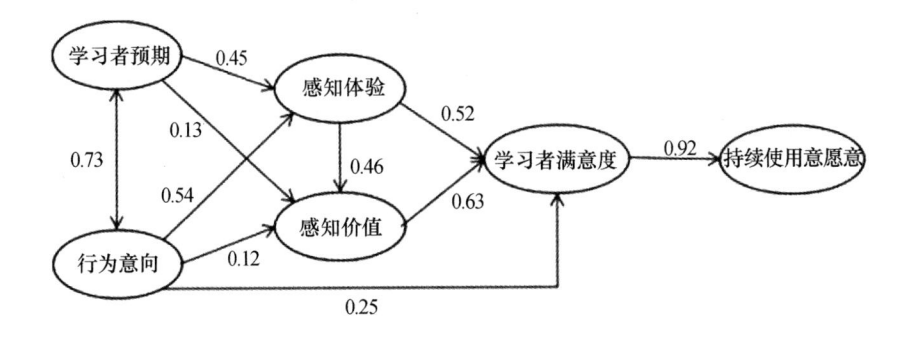

图 12—8　学习者满意度模型

下问题。

（1）现实与学习者的预期不符。学习者在进入智慧教室学习前对智慧教室的空间布局、技术支持和教学方式普遍都有较高的预期，但是各方面的满意度却达不到预期效果。在空间布局上，桌椅虽可移动，但移动便利性低。一体机固定在前后左右四面墙体上，不仅存在学生视觉盲区，而且操作不便，移动性和灵活性差。智慧教室形式统一、内容单一，没有考虑到专业差异性。

（2）学习者对智慧教室的感知易用性较低。说明学习者在接触新的学习环境时，适应能力差，自信心不足。多数课改老师并没有充分利用智慧教室，对智慧教室所具备的功能一知半解，依旧只是利用"多个一体机+PPT""满堂灌"式地传授知识内容。智慧教室数量有限，课时安排紧凑，教师没机会在闲暇时间进入智慧教室，充分了解智慧教室的功能设置，无法依据新环境做好课前准备。

（3）智慧教室的设备资源短缺。设备短缺，目前智慧教室中学生可以使用的智能设备只有自带的智能手机，且使用率低，"管控"现象严重；资源短缺，师生在智慧教室中的资源来源主要是教师自制资源；软硬件设备不齐全，师生只能借助外界平台如蓝墨云班课、学习通等软件组织在线学习交流，没有统一的电子书包系统；网络状态不好，有时候网速很慢，甚至无法连接网络，这在本质上阻碍了智慧教室的有效利用。

（4）智慧教室无法得到充分利用。智慧教室起步晚、使用时间短，新课程改革的师生还没有完全适应，大部分教师采取的还是传统授课模式，"以教师的教"为中心，忽视了新型学习空间的建设目的，缺乏空间认知，缺少实质性的、常态化的应用，没有充分发挥智慧教室的优势。学习者作为学习的主体，主动学习意识差，习惯于坐等老师传授知识。这也从侧面反映出学习支持服务的不到位，学生面对新的学习环境，不可能自然而然地就知道如何作出改变，这时的学习支持服务就显得尤为重要。教师作为教学过程的主导，创新意识不够，课堂教学结构、教学过程没有发生变化，教学活动仍然是告知和被告知。

3. 提升策略

师生在智慧学习环境中的学习体验主要由学习空间、信息技术和教学法三个维度交互协同产生，三者相互依赖，相互影响，但要发挥其最大效用，需要教师在实践应用中不断地积累经验。智慧教室为师生提供了新的教学环境，其根本目的是让教师轻松、高效地授课，促进学生有效学习，提高学习绩效，实现个性化学习。本研究针对当前存在的问题和主要影响因素，从以下四个方面提出学习者满意度的提升策略。

（1）空间设计层面：满足学习者个性化、多样化的学习体验和感知需求

智慧教室作为一种新型学习空间，是教学活动实施的主要场所。学习者的学习预期、学习体验与学习空间建设密切相关。在智慧教室的学习空间设计和布局上应遵循以下设计原则：A. 灵活性，智慧教室可根据教学需要，随时调整空间布局，以支持多种教学模式，可以进行集体授课、小组讨论、个性化学习、协作学习、展示、表演、游戏等活动。B. 包容性，智慧教室可支持不同专业的实际需求，与学科教学内容有机契合，带动课程发展。C. 激励性，智慧教室的环境布局可以激发学习者学习兴趣，提高学习投入度。D. 交互性，智慧教室空间布局能高效开展师生交互、生生交互、人机交互，成为学习者学习社交场所，让学习者在沉浸式学习中交互、在交互式学习中沉浸。

（2）技术支持层面：为智慧课堂组织与活动高效地开展提供支撑和保障

技术支持是提升智慧教室中学习者满意度的关键所在。应用于智慧

教室中主要支撑技术的实施措施有：A. 创造良好的网络环境，为师生的网络教学和混合式教学创造必要条件，实现线上线下随时沟通。B. 增加智能设备，充分利用已有资源，在资金允许的情况下，采购容量合适的 iPad、电子书包系统。建设资源库，为师生提供丰富的学习资源。C. 增列 AR/VR 技术，增强学习体验，为学生带来更真实的感知、更多参与感，给无法进行真实实验的专业实践带来可能，增强智慧教室和各专业的契合度，迈向全纳教育。D. 引进大数据、学习分析和情境感知等人工智能技术，实现精准教学，根据学习者特征为每个学生推送定制化教学内容，个性化学习路径。

（3）教学法层面：为学习者提供多元化、智慧化发展需求的教学模式

教学法是影响智慧教室中学习者满意度的重要维度。提高教师信息素养，培养智慧型教师。教师应根据学习者特征、学习内容，结合环境功能，开展个性化的教学活动，及时且适时地提供学习支持服务，引导学生积极思考，设计出满足学习者多元化、智慧化发展需求的教学模式。同时，学习者也要积极转变学习观念，变被动学习为主动学习，做好充分的准备，主动发现问题、解决问题，增强师生、生生交互。

（4）实践应用层面：整体提升智慧学习环境中基于学习体验的学习者满意度

教师应当基于教学法的视角，立足于学习空间创设实践，考虑如何更好地运用信息技术支持组织开展课堂教学活动，为学习者提供多层次、多角度及立体化的学习支持和服务，并最终实现智慧教室中学习空间、信息技术和教学法三者的互联互通，从总体上提升智慧学习环境中学习者的满意度。

4. 结论可推广性

本研究旨在分析影响 S 大学学生在智慧教室中的学习满意度的因素及其相互关系，希望能为高校智慧教室的建设、使用提供些许意见和帮助。另外，应用 Amos 软件修正后得到的最终模型，并不表示该模型是最佳模型，只是与样本数据适配度高，所以该模型及其结论的普遍实用性还具有一定的局限性。

第十三章

研究总结

本研究主要围绕学习环境、学习资源、教学模式以及学习者满意度四个方面开展系列化的教学研究，现总结如下。

一 学习环境

本研究主要对多媒体教室、智慧教室、场馆以及虚拟网络学习空间等新型学习环境进行了多方面的研究。研究表明，近年来，学习环境的形式发生了很大的变化，传统的教室逐渐退出历史舞台，代之以普遍存在的多媒体教室、智慧教室等正式学习空间，博物馆、科技馆和图书馆等非正式学习空间，以及虚实结合的混合式网络学习空间。学习环境要充分考虑人性化、交互性和智能化的需求，物理学性的学习空间要充分考虑采光和照明、音响效果、通风、色彩搭配、温度、座椅配置等硬件设施，还应该考虑教师使用多媒体功能区时的方便程度，以及学生在感受投影幕布角度和位置高低问题的舒适程度等问题。

通过构建具身认知学习环境，其环境中各构成要素之间交互影响、互利共生，能够帮助学习者将身体各感官带入学习环境中，结合智慧教育、未来课堂等学习环境，有效地促进学习者对知识的深层加工和运用，充分发挥学习者的具身性学习，激发学习者的各感官感知能力，引导学习者多角度、发散性地探索解决问题的方法，提高有意义学习，为培养学习者的技术思维、发散性思维和创新性思维奠定基础。另外，我们可以结合当前的STEAM教育，有效促进科学知识的建构迁移，变革现行的场馆教育学习模式，充分发挥场馆的非正式学习作用。

二 学习资源

教学和学习的最小单元是概念，概念以一定形式表示出来就是学习资源。学习资源的类型多样，我们既可以将学习过程中的人、财、物看成资源，也可以通过将学习过程中的各种知识以各种媒体形式表现出来，如文字、图片、视频或者书本、录像、课件、微课和网络课程等形式，也可以是一些微教学/微学习单元包，如资料型、问题式或者交互式单元包，这些资源的主要特点是集合学习过程的各种资源，形成主题性资源，满足差异化、个性化学习的需要。由于，微教学单元包本身包括导学案、教学设计、PPT、微教学视频以及评价量表等上课所需要的各种资源，这些资源都是最有利于学生学习的资源形式，可以提高学生的学习效率。研究表明微教学单元包可以提高学生的学习积极性和学习兴趣，还可以增强学生自主学习的能力和分析问题、解决问题的能力。总之，微教学单元包的设计及应用不仅优化了教育资源，而且极大地满足了学生自学的要求，平衡了教育资源，可以推断微教学单元包在实际教学中具有广阔的应用前景。

三 教学模式

良好的教学模式是实施有效教学的重要保证。信息技术与学科课程的深度融合，催生了很多新型教学模式，这些教学模式以新型的学习理念为指导，全面改变当前的教学观，注重学生的主体性和教师的主导性，深化课程教学变革，在全球范围掀起了课程教学模式变革运动。

目前最有影响力的教学模式主要有翻转课堂教学模式、PBL 教学模式以及混合学习模式等。这些教学模式很好地弥补了传统教学法的缺陷，充分体现了学生的教学主体地位，发挥学生的自我主动性和协作能力，师生之间构成了新型的师生关系。充分利用信息技术手段和优势，进行课程内容、教学方法、教学评价、教学活动的整合，构建翻转式、混合式和项目式教学模式，形成学习共同体，提高了学生的群体认知性、独立思考能力、问题解决意识和能力，提高了交互层次和水平，完成了知识从主动建构、理解性接受到深层内化的过渡，实现了深度学习，学生学习效率和课程教学效果明显提高。

四 学习者满意度

学习者满意度主要考虑学习者对学习过程中的环境、条件和人力等方面的满意程度。满意度不仅考虑学习内容、学习模式，更重要的是学习者的体验感、沉浸感以及愉悦感。满意度的形式和内容多元，既可以是课程教学内容满意度、学习满意度，也可以是教学环境满意度、教学资源满意度。本研究着重考虑在智慧教室环境下，以顾客满意度相关理论为基础，探讨学习者的满意度问题，并就此从空间设计层面、技术层面、教学方法层面以及管理层面做了较为全面的研究。总体来说，对于一个实体性教学环境而言，合理的空间布局、良好的交互条件、丰富的学习资源、有效的技术和工具支持以及和谐的人际环境对学习者学习体验和满意度具有一定的影响。

附　　录

附录1　高校多媒体教室使用情况调查问卷（教师部分）

亲爱的老师，您好！

我是该校在读研究生研究小组成员，开展本次问卷调查，目的是了解＊＊＊大学多媒体教室的使用情况，恳请耽误您几分钟宝贵时间填写，希望得到您的真实想法和宝贵意见。我们一定会尊重您的隐私，仅将所得数据用于分析研究，请您放心填写。谢谢您支持我们工作。

1. 您的性别是（　　　）

A. 男　　　　B. 女

2. 您的年龄是（　　　）

A. 30 岁以下　　　B. 31—40 岁　　　C. 41—50 岁　　　D. 50 岁以上

3. 您的职称是（　　　）

A. 助教　　　B. 讲师　　　C. 副教授　　　D. 教授

4. 您的学历是（　　　）

A. 本科　　　　B. 研究生　　　C. 博士

5. 您所带学科专业的类属于（　　　）

A. 文科　　　B. 理科

6. 您现在使用多媒体进行教学的频率是（　　　）

A. 根本不用　B. 几乎不用　C. 一半时间会用　D. 几乎都用

E. 每课都用

7. 您比较喜欢用哪一类多媒体形式呈现教学内容？（　　）

　　A. 纯文本　　　B. 图文并茂　　　C. 视频和动画　　　D. 其他

8. 您使用的多媒体课件一般是（　　）

　　A. 完全网上下载　　　B. 借鉴别人的

　　C. 网上搜集资料，自己制作　　　D. 完全自己做

9. 您在使用多媒体的同时也使用板书的频率是（　　）

　　A. 经常　　　B. 偶尔　　　C. 几乎没有　　　D. 没有

10. 你是通过以下哪种方式来提升多媒体技术？（　　）

　　A. 学校培训　　　B. 询问别人　　　C. 自己学习　　　D. 其他

11. 您觉得使用多媒体教学和传统教学相比，能不能达到优化教学的目的？（　　）

　　A. 能　　　B. 不能

12. 如果教室的多媒体在上课途中损坏了，您一般会怎么处理？［多选题］

　　A. 直接利用黑板上课　　　B. 联系管理员维修　　　C. 让大家自习

13. 多媒体教室中多媒体硬件的安装情况满意度。

问卷题项	非常满意	基本满意	一般	不太满意	非常不满意
1. 您对教室当中多媒体荧幕的安装位置否满意？					
2. 您对教室当中多媒体荧幕的大小是否满意？					
3. 您对教室中黑板和多媒体荧幕的相对位置是否满意？					
4. 您对在利用多媒体讲课时教室的明暗度是否满意？					
5. 您对该校多媒体教学设备配备是否满意？					
6. 上课时能看清荧幕吗？					
7. 上课时教室的灯光亮度怎么样？					
8. 上课时教室温度适宜吗？					

续表

问卷题项	非常满意	基本满意	一般	不太满意	非常不满意
9. 您喜欢教室墙壁、座椅的颜色吗？					
10. 您对多媒体教室的大小满意吗？					
11. 您对多媒体教室中的音响强度满意吗？					
12. 您对上课过程中桌椅的舒适度满意吗？					

14. 您觉得您在上课过程中多媒体使用起来方便吗？（　　）

　　A. 很方便　　B. 比较方便　　C. 一般　　D. 不太方便　　E. 非常不方便

15. 您觉得在上课过程中利用多媒体上网方便吗？（　　）

　　A. 方便　　　B. 不方便

16. 您所在学校是否建立了多媒体教室硬件配置标准的评价体系？（　　）

　　A. 是　　　　B. 否

17. 您理想中的多媒体教室是什么样的？

对于您所提供的协助，我们表示诚挚的感谢！为了保证资料的完整与翔实，请您再花一分钟，翻一下自己填过的问卷，看看是否有填错、填漏的地方。谢谢！

调查时间：　　　　　　调查地点：
调查对象：　　　　　　调查人员：

附录2　有关Photoshop微教学单元包学习满意度的调查问卷

亲爱的同学：

您好。本问卷旨在了解您对Photoshop微课程学习满意度的情况，采用匿名形式，不会对您造成任何影响和伤害，请您如实填写，我们将为您的回答进行保密。谢谢您的合作！

请您点选认为合适选项，如无特别说明，选择题默认为单选。

1. 您的性别

A. 男　　B. 女

2. 您对Photoshop采用微课教学这种新型教学方式满意吗？

A. 完全满意　　B. 满意　　C. 不满意　　D. 一点也不满意

3. 针对微课程中将各个知识点以任务（项目）的形式讲述，从而能够很清晰地让你吸收掌握课程知识，您感到满意吗？

A. 完全满意　　B. 满意　　C. 不满意　　D. 一点也不满意

4. 针对教师提出的教学任务很贴近生活（比如标志的制作、雨景及雪景的制作），您感到满意吗？

A. 完全满意　　B. 满意　　C. 不满意　　D. 一点也不满意

5. 每个微课由基础、提高、拓展三个模块组成，在课程中允许学生进行创新，您感到满意吗？

A. 完全满意　　B. 满意　　C. 不满意　　D. 一点也不满意

6. 针对微课程中，每个知识模块讲完后，都会有一个小结，您感到满意吗？

A. 完全满意　　B. 满意　　C. 不满意　　D. 一点也不满意

7. 对于每个微课大约10分钟，您觉得满意吗？

A. 完全满意　　B. 满意　　C. 不满意　　D. 一点也不满意

8. 微课中添加了对重要知识点的标注，以及一些比较重要的操作步骤，对于这个您感到满意吗？

A. 完全满意　　B. 满意　　C. 不满意　　D. 一点也不满意

9. 由于微课以视频形式存在，您能够控制微课学习进度自定步调，从而满足个性化学习需求，您感到满意吗？

A. 完全满意　　B. 满意　　C. 不满意　　D. 一点也不满意

10. 针对微课程课学习后，教师可以提供除了文档等资料外的视频课程，对于知识的复习帮助很大，您感到满意吗？

A. 完全满意　　B. 满意　　C. 不满意　　D. 一点也不满意

11. 针对教师采用课堂表现以及作品成绩来进行课程教学评价，您感到满意吗？

  A. 完全满意　　B. 满意　　C. 不满意　　D. 一点也不满意

12. 您认为 Photoshop 采用微课程的形式进行教学，教学效果优于传统课堂的教学效果吗？

  A. 完全同意　　B. 同意　　C. 不同意　　D. 一点也不同意

13. 请您谈谈所用的 Photoshop 微课程学习资源学习后的感受与看法，并给此微课程学习资源提出一些建议，以便我们今后的改进。

参考文献

专著

[美]阿妮塔·伍德沃克:《教育心理学》,陈红兵、张春莉译,江苏教育出版社2005年版,第302页。

丁玉兰:《人机工程学(第三版)》,北京理工大学出版社2000年版。

高文:《学习科学的关键词》,华东师范大学出版社2009年版。

[美]理查德·E. 迈耶主编:《多媒体学习》,傅小兰、严正译,商务印书馆2006年版。

李志河:《我国高校教学科研人员绩效考评研究》,科学出版社2010年版。

[美]乔纳森:《学习环境的理论基础》,郑太年、任友群译,华东师范大学出版社2002年版。

[美]索耶:《剑桥学习科学手册》,徐晓东等译,教育科学出版社2010年版。

赵健、吴刚:《学习共同体的建构》,上海教育出版社2008年版。

期刊

鲍贤清:《场馆中的学习环境设计》,《远程教育杂志》2011年第2期,第84—88页。

鲍贤清、杨艳艳:《课堂、家庭与博物馆学习环境的整合——纽约"城市优势项目"分析与启示》,《全球教育展望》2013年第1期,第62—69页。

Beichner, Robert, J. &Saul, Jeffery, M.(2003)Introduction to the SCALE

-UP（Student-Centered Activities for Large Enrollment Undergraduate Programs）Project. The International School of Physics Enrico Fermi, Varenna, Italy，（6）：1-17.

陈明选、张康莉：《促进研究生深度学习的翻转课堂设计与实施》，《现代远程教育研究》2016年第5期，第68—78页。

戴心来、郭卡、刘蕾：《MOOC学习者满意度影响因素实证研究——基于"中国大学MOOC"学习者调查问卷的结构方程分析》，《现代远距离教育》2017年第2期，第17—23页。

杜星月、李志河：《基于混合式学习的学习空间构建研究》，《现代教育技术》2016年第6期，第34—40页。

段金菊：《e-Learning环境下促进深度学习的策略研究》，《中国电化教育》2012年第5期，第38—43页。

冯嘉慧：《深度学习的内涵与策略——访俄亥俄州立大学包雷教授》，《全球教育展望》2017年第9期，第3—12页。

郭炯、黄彬等：《网络学习空间建设与应用指南解读》，《电化教育研究》2018年第8期，第34—38页。

郭晓珊、郑旭东等：《智慧学习的概念框架与模式设计》，《现代教育技术》2014年第8期，第5—12页。

郭永志：《基于学习共同体理论的网络学习模式研究》，《中国电化教育》2011年第8期，第55—59页。

何克抗：《深度学习：网络时代学习方式的变革》，《教育研究》2018年第5期，第111—115页。

何克抗：《网络时代学习方式的变革》，《教育研究》2018年第5期，第111—115页。

何克抗：《信息技术与课程深层次整合的理论与方法》，《电化教育研究》2005年第1期，第7—15页。

JISC. Designing spaces for effective learning. Bristol, UK：JISC, 2006：4-5.

李洪修、李哨兵：《深度学习下翻转课堂的实施路径设计》，《中国电化教育》2017年第7期，第67—72页。

李宁、李志河：《交互式电子白板教学应用研究现状分析》，《中国教育信息化》2018 年第 7 期，第 69—73 页。

李志河：《发展性评价在中学信息技术课程中的应用研究》，《电化教育研究》2010 年第 4 期，第 54—57、66 页。

李志河：《基于 Web 的高校教师绩效考评系统的研究》，《电化教育研究》2011 年第 11 期，第 59—63 页。

李志河：《赛博格视角下的金属外骨骼 AMP 三维建模》，《电化教育研究》2012 年第 12 期，第 78—82 页。

李志河等：《非正式学习环境下的场馆学习环境设计与构建》，《远程教育杂志》2016 年第 6 期，第 95—102 页。

李志河、黄云芳等：《我国教育技术学本科专业培养目标与学生就业断层因素分析》，《现代教育技术》2012 年第 8 期，第 47—50 页。

李志河、李鹏媛等：《具身认知学习环境设计：特征、要素、应用及发展趋势》，《远程教育杂志》2018 年第 5 期，第 81—90 页。

李志河、李鹏媛、李宁：《虚拟现实技术在"阅读空间"中的应用》，《中国教育信息化》2018 年第 6 期，第 89—92 页。

李志河、刘丹、李宁、李粉琴、杨玉霞：《翻转课堂模式下的深度学习影响因素研究》《现代教育技术》2018 年第 12 期，第 55—61 页。

李志河、刘志华：《高职院校 3D Max 课程中的翻转课堂教学设计》，《现代教育技术》2014 年第 4 期，第 33—39 页。

李志河、孟瑞娟：《基于 Blog 的教育叙事促进教师专业发展的案例研究》，《现代教育技术》2008 年第 4 期，第 62—65 页。

李志河、师芳等：《数字化场馆中的非正式学习影响因素及其模型研究》，《电化教育研究》2018 年第 12 期，第 70—77 页。

李志河、王岚等：《高职院校网络教学资源库系统的研究与设计》，《中国远程教育》2013 年第 6 期，第 69—75 页。

李志河、王云等：《基于 Web 的学位论文管理系统研究》，《现代教育技术》2011 年第 2 期，第 125—128 页。

李志河、吴峰丽等：《XX 高校教学科研人员绩效考评案例研究》，《现代教育技术》2009 年第 8 期，第 16—20 页。

李志河、伊洁：《AIED 技术支持下的适应性教育模式的构建及应用》，

《现代教育技术》2017年第11期,第12—18页。

李志河、伊洁:《近十年我国高等教育信息化研究综述》,《中国教育信息化》2016年第17期,第5—8页。

李志河、张宏业等:《高校教学科研人员绩效考评体系指标权重确定研究》,《现代教育技术》2008年第6期,第36—42页。

李志河、赵唱等:《基于Web的抛锚式教学模式研究》,《电化教育研究》2004年第6期,第59—63页。

李志河、周娜娜等:《网络学习空间下混合式学习共同体活动机制构建》,《中国电化教育》2019年第9期,第104—111页。

刘光余、邵佳明等:《课堂学习共同体的构建》,《中国教育学刊》2009年第4期,第65—67页。

刘菊霞、杜婧等:《网络学习质量监控系统的研究与开发》,《电化教育研究》2004年第7期,第53—58页。

卢强:《学习共同体内涵重审:课程教学的视域》,《远程教育杂志》2013年第3期,第44—50页。

毛齐明、蒋立兵、侯敬奇:《高校教师应用智慧教室的有效性调查研究——以H大学为例》,《现代教育技术》2018年第10期,第49—55页。

宁伟:《多媒体综合教室视听环境建设的优化》,《中国现代教育装备》2008年第8期,第59—60页。

卜彩丽、冯晓晓、张宝辉:《深度学习的概念、策略、效果及其启示——美国深度学习项目(SDL)的解读与分析》,《远程教育杂志》2016年第5期,第75—82期。

石小岑:《美国K-12混合式学习模式变革的多元化路径》,《远程教育杂志》2016年第1期,第1—5页。

苏小红、赵玲玲等:《基于MOOC+SPOC的混合式教学的探索与实践》,《中国大学教学》2015年第7期,第62—63页。

唐佩佩、叶浩生:《作为主体的身体:从无身认知到具身认知》,《心理研究》2012年第3期,第3—8页。

田世生、傅钢善:《Blending Learning初步研究》,《电化教育研究》2004

年第 7 期，第 7—9 页。

王慧：《基于网络学习空间的智慧教学设计与实践探索》，《中国电化教育》2016 年第 11 期，第 87—93 页。

王靖、陈卫东：《具身认知理论及其对教学设计与技术的应用启示》，《远程教育杂志》2012 年第 3 期，第 88—93 页。

王佑镁、钟志贤：《多媒体课堂教学软件及其教学效率评价的理论模型、指标体系与方法》，《现代教育技术》2004 年第 1 期，第 56 页。

伍新春、曾筝等：《场馆科学学习：本质特征与影响因素》，《北京师范大学学报》（社会科学版）2009 年第 5 期，第 13—19 页。

吴亚婕：《影响学习者在线深度学习的因素及其测量研究》，《电化教育研究》2017 年第 9 期，第 57—63 页。

徐晶晶、田阳等：《智慧教室中基于学习体验的学习者满意度研究》，《现代教育技术》2018 年第 9 期，第 40—46 页。

许亚峰等：《学习空间：概念内涵、研究现状与实践进展》，《现代远程教育研究》2015 年第 3 期，第 82—84 页。

杨滨、聂竹明、陶佳：《网络学习空间环境下学生学习发展分析——网络学习空间人人通促进教与学深度变革实践反思之五》，《中国电化教育》2019 年第 1 期，第 116—122 页。

曾嘉灵、陆星儿等：《基于结构方程的远程学习者满意度影响因素研究》，《中国远程教育》2016 年第 8 期，第 59—65、80 页。

詹泽慧等：《混合学习：定义、策略、现状与发展趋势——与美国印第安纳大学柯蒂斯·邦克教授的对话》，《中国电化教育》2009 年第 12 期，第 1—2 页。

张浩、吴秀娟：《深度学习的内涵及认知理论基础探析》，《中国电化教育》2012 年第 10 期，第 7—11、21 页。

张红波、徐福荫：《基于社会网络视角的学习共同体构建与相关因素分析》，《电化教育研究》2016 年第 10 期，第 70—76 页。

张剑平、许玮等：《虚实融合学习环境：概念、特征与应用》，《远程教育杂志》2013 年第 3 期，第 3—9 页。

张立国、谢佳睿、王国华：《基于问题解决的深度学习模型》，《中国远程教育》2017年第8期，第27—33、79页。

张卫平、浦理娥：《国内非正式学习的研究现状剖析及对策》，《中国远程教育》2012年第7期，第58—61页。

郑兰琴、李欣等：《网络学习空间中同伴互助焦点和手段的研究》，《中国电化教育》2017年第3期，第76—81页。

郑兰琴、李欣、黄荣怀、陈凤英：《网络学习空间中同伴互助焦点和手段的研究》，《中国电化教育》2017年第3期，第76—81页。

郑旭东、王美倩：《从静态预设到动态生成：具身认知视角下学习环境构建的新系统观》，《电化教育研究》2016年第1期，第18—24页。

钟志贤：《论学习环境设计》，《电化教育研究》2005年第2期，第35—41页。

钟志贤：《知识建构、学习共同体与互动概念的理解》，《电化教育研究》2015年第11期，第20—24、29页。

祝智庭：《智慧教育新发展：从翻转课堂到智慧课堂及智慧学习空间》，《开放教育研究》2016年第1期，第1—24页。

学位论文

鲍贤清：《博物馆场景中的学习设计研究》，博士学位论文，华东师范大学，2013年。

杜世纯：《MOOC背景下混合式学习的实现路径与效果评价研究》，博士学位论文，中国农业大学，2017年。

杜星月：《基于混合式学习的学习空间构建及其应用研究》，硕士学位论文，山西师范大学，2017年。

高小伶：《项目教学法在〈现代教育技术〉课程中的应用研究》，硕士学位论文，山西师范大学，2018年。

华鸿燕：《隐喻性话语取象的具身认知研究》，博士学位论文，西南大学，2019年。

蒋娇姣：《信息化背景下初中生英语学科深度学习的现状及培养策略》，硕士学位论文，苏州大学，2015年。

李玲玲：《基于问题的微教学单元包的设计与应用》，硕士学位论文，山西师范大学，2016年。

李珊珊：《基交互式微学习单元包的设计与研究》，硕士学位论文，山西师范大学，2016年。

刘丹：《翻转课堂下深度学习的影响因素研究》，硕士学位论文，山西师范大学，2018年。

刘艳春：《MOOC+SPOC新型混合式教学模式知识互动研究》，博士学位论文，哈尔滨工业大学，2018年。

刘仪辉：《基于具身认知的教学设计研究》，硕士学位论文，江西师范大学，2014年。

裴峻：《博物馆设计空间集成技术研究》，博士学位论文，东南大学，2017年。

盛瑨：《博物馆展示陈列中的数字艺术应用研究》，博士学位论文，南京艺术学院，2017年。

师芳：《数字化场馆中的非正式学习影响因素研究》，硕士学位论文，山西师范大学，2018年。

王锐：《数字博物馆资源虚拟化与数据集成方法研究》，博士学位论文，山东大学，2010年。

王婷：《行为、身份与认知的交互：亲子群体博物馆学习机制的文化透视》，博士学位论文，华中师范大学，2019年。

王秀云：《网络环境下师范生深度学习的现状及对策研究》，硕士学位论文，西北师范大学，2013年。

武冰星：《博物馆教育中的非正式学习环境模型构建研究》，硕士学位论文，山西师范大学，2015年。

谢泉峰：《基于网络学习空间的混合式学习共同体构建研究》，博士学位论文，湖南师范大学，2018年。

许芳：《高校多媒体教室适用状况调查研究》，硕士学位论文，山西师范大学，2016年。

许双成：《基于学科核心素养的高中历史翻转课堂研究》，博士学位论文，陕西师范大学，2018年。

徐献军：《具身认知论》，博士学位论文，浙江大学，2007年。

翟雪松:《翻转课堂学习者满意度的影响因素及其作用机理研究》,博士学位论文,中国科学技术大学,2016年。

张生:《混合式学习环境下基于学习活动的形成性评价的理论与实践》,博士学位论文,东北师范大学,2008年。

赵君香:《博物馆视觉信息的传播研究》,博士学位论文,山东大学,2019年。

郑奕:《博物馆教育活动研究——观众参观博物馆前、中、后三阶段教育活动的规划与实施》,硕士学位论文,复旦大学,2012年。

朱晓冬:《数字博物馆关键技术研究》,博士学位论文,西北大学,2004年。

其他

Bell, P. &Davis, E. A. Designing an activity in the knowledge integration environment. Paper presented at AERA, New York, 1996.